꿈이
있는
공부

꿈이 있는 공부

초판 1쇄 발행 2015년 3월 16일
초판 4쇄 발행 2016년 9월 30일

지은이 · 김진애, 정기원, 강영희, 황선준, 강영안, 송인수
발행인 · 표완수
편집인 · 문정우

펴낸곳 · ㈜참언론 시사IN북
출판신고 · 2009년 4월 15일 제 300-2009-40호
주소 · 100-858 서울시 중구 중림로 27 가톨릭출판사빌딩 신관 3층
주문전화 · 02-3700-3256, 02-3700-3250(마케팅팀), 02-3700-3255(편집부)
주문팩스 · 02-3700-3209
전자우편 · book@sisain.kr
블로그 · book.sisain.co.kr

ISBN 978-89-94973-20-3 03300

이 도서의 국립중앙도서관 출판예정도서목록(CIP)은 서지정보유통지원시스템 홈페이지(http://seoji.nl.go.kr)와
국가자료공동목록시스템(http://www.nl.go.kr/kolisnet)에서 이용하실 수 있습니다. (CIP제어번호: CIP2015002699)

점수와 등수를 뛰어넘는 '두근두근 공부 이야기'

꿈이 있는 공부

사교육걱정없는세상 기획

김진애, 정기원, 강영희, 황선준, 강영안, 송인수 지음

이젠 '꿈이 있는 공부'입니다

〈꿈이 있는 공부〉. 이제야 오랜 숙제를 푼 기분입니다. 사교육걱정없는세상이란, 당신의 자녀를 학원 사교육에 의존적인 사람으로 키우지 말라는 말입니다. 그 알량한 점수와 등수로 억지로 SKY(서울대·고려대·연세대)에 넣고 서울권 대학에 넣어봤자, 그것이 행복을 보장하지 못한다는 말이지요. 19세에 인생이 결판나는 것이 아니니, 성패의 시점을 저기 뒤로 밀어놓고, 아이에게 자유를 주고 자신의 숨결과 자기색을 찾아 길을 떠나도록 격려하라는 말입니다. 사람마다 가치 있는 인생을 살도록 태어난 것이니, '성공'을 보지 말고 '뜻'을 살피라는 것입니다.

그럼 사람들은 묻습니다. 공부는요? 두 가지 극단적인 태도가 있습니다. 한쪽은 목적을 생각하지 않고 자녀들에게 미친 듯이 공부하게 만드는 것입니다. 학원을 다니든, 학원을 끊고 자기주도 학습법으로 무장하든, 어쨌든 돈과 안정성이라는 성공의 기준을 가슴 한 켠에 품고 아이에게 공부를 강요합니다. 물론, 때로 은근히 권유하는 방식을 쓰기도 합니다. 그들에게 공부는 묻지 마 투자입니다. 어린 시절 투자한 만큼 여유 있게 사는 것이니, 오직 그것에만 몰두하게 합니다. 또 하나의 극단은, 그런 공부에 환멸을 느껴서, 공부 자체를 부정하는 것입니다. 즉, "공부는 탐욕을 위한 도구이니 얼씬거리지도 말 것! 나는 그런 공부에 노예로 살아왔지만, 너희는 그렇게 살지 마라", 이렇게 말입니다. 즉, 탐욕을 위한 공부를 부정한 나머지, 공부 자체를 멀리하는 것입니다. 문명과 단절하며 살라는 것은 아니겠지만, 이렇게 하다 보면, 아이의 삶과 지식, 삶과 문명을 연계할 길이 끊어져버립니다. 성공 프레임은 없어지겠지만, 공부의 삶도 사라지는 것입니다.

공부와 관련해서, 우리 부모들은 대체로 이 중간 어디쯤에서 서성거립니다. 그러나 공부란 무엇입니까? 그것은 배움입니다. 배움이 없는 인생은 성장하지 않습니다. 세상을 이해하고 그럼으로써 자기를 알아가는 그 빛나는 과정을 공부라 부른다면, 공부하지 않는 인생, 배움이 없는 인생은 망한 인생입니다. 물론, 그 참다운 공부의 영역 속에 '학교 공부'가 얼마만큼 포함되는지, '입시를 위한 과목'이 그 참다운 공부와 어떻게 연결되는지, 그 경계는 모호합니다. 하지만, 한 가지 확실한 것은, 우리 부모들과 교사들은 아이들에게 주입식 암기 과목 틈 속에서도 정신을 살찌우는 공부의 힌트를 찾도록 해주어야 합니다. 그 힌트를 확장해 학교를 넘어 더 큰 깨달음으로 달려가도록 하는 것이 올바른 가르침일 것입니다. 아니, 입시를 위해 참다운 공부를 유보하는 것이 아니라, 오늘 참다운 공부를 하다가 그 끝자락에서 입시와 만나는 것, 그 속에서 입시가 우상이 되어 내 삶을 유린하지 않도록 그 자리와 지위를 낮추고 낮출 것, 대학이든 일자리든 그 무엇이든 공부로 인해 얻어진 다음 길에서 공부로 인해 자기 삶의 지평이 넓어지고 나의 울타리 바깥의 세상과 사람들이 보이고 그들에게 헌신하는 삶을 사는 것, 그것이 참다운 공부가 주는 기품일 것입니다.

그런 의미에서 우리가 말하는 공부는 결코 극단적이지 않습니다. 내 이익을 추구하는 공부가 아니라 얻은 것으로 자기 이익을 버리는 공부를 하라는 것이고, 높아지는 공부가 아닌 낮아지는 공부를 하라는 것이요, '성공'보다는 '뜻'을 주목하는 공부, 욕망을 위한 공부가 아닌 꿈이 있는 공부에 관심을 기울이라는 말이니까요.

이렇게 말하면, 사람들은 반문합니다. 그렇게 공부하는 사람이 얼마나 되느냐고 말입니다. 그러나 우리는 대답합니다. '소수'가 선택하는 가치라고 해서 '주변부적 가치'는 아니라고 말입니다. 도대체 무엇이 주변부적 가치입니까? 선택하는 사람이 적어서 주변부적 가치입니까? 아니지요. 가치의 주변성 여부는, 선택하는 사람의 '숫자'가 아니라 선택한 가치의 '보편성'이 결정합니다. 소수가 붙든 가치일지라도, 세상 본질과 만나며 광장에 드러날수록 더욱 빛나며, 사람들의 탐심이 아닌 양심을 자극하고, 사람의 불안을 자극하지 않고 자유를 자극하는 것이라면 이것은 오히려 중심부적 가치요 주류적 가치입니다. 그런 의미에서 다수의 사람들이 붙드는 탐욕의 가치야말로 부끄러운 주변부적 가치입니다.

"그런 가치의 공부를 어떻게 알 수 있을까? 어떻게 아이를 입문시키

랴?" 우리는 이 문제를 붙들고 오랜 동안 고민했습니다. 그리고 그 고민의 끝자락에서 드디어 새로운 시도를 하게 되었습니다. '꿈이 있는 공부' 부모 학교. 꿈이 없는 시대, 욕망을 위해 몰두하는 미친 공부의 시대에 우리 아이들 영혼이 썩지 않게 하기, 이를 위해 부모가 정신 바짝 차리기, 목적이 있는 공부, 꿈이 있는 공부를 위해 우리 부모가 알아두어야 할 것을 일러두기. 그런 고민 속에서 대한민국에서 이 문제를 강의로 정확하게 잘 풀어낼 적임자들을 찾아내고, 그 사람들과 시민들을 연결하는 장을 열었습니다.

뜻밖에도 이 강좌에 시민들의 반응은 너무도 뜨거웠습니다. 그들의 그 기쁨과 자유와 흥분을 우리는 잊을 수 없습니다. 그래서 여기에서 멈출 것이 아니라, 이 강좌를 단행본 책으로 발간해서 더 많은 시민들에게 알리기로 했습니다. 목적이 없이 오직 탐욕을 위해 달려가는 공부를 멈추고 꿈이 있는 공부에 아이들이 몰두하며 행복해할 날은 반드시 올 것입니다. 그리고 확신하건대, 그날, 그 변화된 세상에 대한 공로자를 호명할 때, 〈꿈이 있는 공부〉 이 책도 반드시 기억될 것입니다. 감사합니다.

사교육걱정없는세상 공동대표 송인수 · 윤지희 올림

차례

1장

공부 생태계를
꿈꾸는
공부 이야기

김진애
〈왜 공부하는가〉 저자·도시건축가

한국 사회에 부는 공부 열풍

〈왜 공부하는가〉라는 책을 내고 나서 솔직히 저도 놀랐습니다. 공부 관련 책들이 그렇게 많은지 몰랐고, 책에 대한 뜨거운 반응을 보고 '공부'가 정말 우리 사회의 트라우마 중 하나라는 것을 실감했어요. 트라우마라고 하지만 다른 한편으로는 좋은 점도 있어요. 최근에 다시 공부 열풍이 부는 것을 저는 건강한 신호로 봅니다. 우리 어른들이 공부에 진짜 갈증을 느끼기 시작했다는 얘기거든요. '부자 되세요, 성공하세요' 같은 열풍, 다 가짜였던 셈이에요. 이제 자신으로 돌아와서 나의 내공을 좀 더 키우는 것이 필요하다고 느끼시는 분들이 많아요.

주최 측이 정한 원래 강의 제목은 '어느 건축가의 공부 이야기'였어요. 제가 그 제목 싫다고 바꿨습니다. 건축가라고 지목하는 순간 사람들은 고정관념을 갖게 되거든요. 제가 고등학교나 대학교에 가서 건축 강연하는 게 아니잖아요. 여러분이 저를 건축가라고 보면 고정관념이 생긴단 말이죠. 제가 전공자로서만 살아온 것도 아니고 전공 공부 책을 쓴 것도 아니거든요. 그래서 오늘 강의 제목을 '공부 생태계 이야기'로 바꿨어요. 강의는 두 부분으로 나누겠습니다. 먼저 공부 생태계 이야기를 하고, 그다음에 부모 이야기를 하겠습니다. 강의는 길게 안 할게요. 질의응답을 많이 하는 게 여러분에게도 더 나을 테니까요.

1남6녀 중 셋째 딸로 태어난 운명,
오직 공부만이 살 길이었다

대학 2학년 열아홉 시절에는 사실 남녀 가리지 않고 다 근사해요. 저는 800여 서울공대생 중 유일한 여학생이었어요. 그것도 7년 만에 처음 들어온. 그러니 오죽했겠습니까. 거기다가 1971년, 막 미니스커트가 유행하기 시작했을 때예요. 윤복희 씨가 이 나라에선 처음으로 입고 나타났지요. 저도 미니스커트 입고 캠퍼스 휘젓고 다녔어요. 대학 때 공부는 하나도 안 했지만 그 4년 동안 '남자 세계에서 어떻게 살아남는가, 그 수많은 시선을 어떻게 견디는가'는 정말 많이 공부했어요. 그런 공부가 진짜죠. 시커먼 남학생들만 득실거리고 여자 화장실도 없는 캠퍼스에서 냄새나는 남자 화장실 같이 쓰면서 말이죠. 졸업 후에는 도시건축계에 나가 상당히 거칠게 일했어요. 얼마 전에는 갑자기 또 국회의원이 돼 정치권에 들어가 4대강 찾아다니면서 비 쫄딱 맞고 다리 무너진 현장에 가서 고발하고 그랬죠.

일단 여러분도 그렇고 여러분 자식들도 그렇고 이력이 어떻게 전개될지는 누구도 모른다는 점을 말씀드리고 싶어요. 자식들한테 얘기할 때 전공, 전공 하시겠지만 앞으로는 전공의 경계가 더욱 흐려지리라고 생각합니다. 그러니 너무 전공, 전공 하지 마세요.

유치원과 초등학교에 다닐 때 저는 남들 뒤에 숨는 아이였어요. 어려서 트라우마가 있었습니다. 1남6녀 중 셋째 딸이니 별 대접을 못 받고 자랐습니다. 그냥 딸 중의 하나였지요. 너무 흔한 딸. 아들 하나에 딸 여섯이니까 존재감이라곤 없었죠. 그런 집에서 자의식이 강한 여자가 나온다는 설이 있는데, 제가 그중 하나인 셈이지요. 자의식이 컸어요. 나는 누구인가, 왜 나는 있는가, 왜 여기 있어야 하는가, 의문이 많았습니다.

어렸을 때 제가 싫어한 말이 있었어요. 외모가 예쁜 건 아니지만 공부는 잘하는 편이니까, "불알 차고 나왔더라면 얼마나 좋았겠느냐?"는 말을 지겹도록 들었어요. 특히 고모들한테 많이 들었죠. 이모는 그런 소리 안 하죠. 고모가 그런 말을 한 이유가 있어요. 자기는 아들을 넷이나 낳았는데 우리 엄마는 아들 하나에 딸을 여섯이나 낳았다고 은근히 빗대는 겁니다. 어렸지만 그 심리를 알 수 있었지요. 여러분도 가끔 내가 만약 남자로 태어났다면 어떻게 되었을까? 다시 태어난다면 남자로 태어날까 여자로 태어날까 이런 생각 하실 거예요. 저한테는 그게 트라우마였어요. '왜 내가 이런 소리를 들어야 하지? 도대체 여자가 뭐기에? 왜 남자로 태어나는 게 더 좋다는 건가?' 이런 의문을 갖게 되는 건 사회적인 문제입니다. 특히 최근 일자리 사정이 안 좋아지면서 더 심해졌습니다. 소비와 허영이 거품처럼 부푼 사회에서는 더 심각해집니다. 남성의 퇴행 못지않게 여성의 퇴행도 문제입니다.

또 한 가지 싫었던 말이 있는데, "넌 참 이상하다!"는 말이었어요. 요즘엔 칭찬으로 받아들일 수도 있지만 예전에 저는 이 말을 들으면 구석에 몰리는 느낌이었어요. "내가 뭐가 잘못된 건가, 혹시 친자식이 아닌가, 얼굴이 이상하게 생겼나?" 하면서 혼란스러웠죠. 나중에 보니까 그냥 조금 질문이 많았던 것뿐이었어요. 질문이 많으면 이상한 애 취급을 하는 게 우리 사회입니다. 그래서 저는 입을 꽉 다물었어요. 입을 열면 항상 상처만 받는다고 생각했거든요. 특히 집에서는 벙어리가 돼

만화와 책과 영화로 도망쳤어요. 덕분에 지금의 제가 있게 됐습니다만 그게 어렸을 때는 얼마나 괴로웠는지 몰라요. 오죽하면 나중에 크면 '말 못 해서 답답한 세상은 절대로 안 만들겠다'고 결심까지 했겠습니까. 그런 결단이 저를 많이 세워준 것도 사실입니다.

'불알' 얘기가 듣기 싫어서 열 살 무렵에는 내 손으로 벌어서 먹고살겠다는 결심도 했어요. 전업주부는 좀 기분 나쁘게 들으실 수도 있겠지만, 저는 남자한테 돈을 받아서 쓰는 처지는 절대로 안 되겠다고 마음먹었지요. 어렸을 때는 내 손으로 돈만 벌면 모든 고민이 다 해결된다고 굳게 믿었어요. 그것만이 아니라는 걸 지금은 알지만, 어렸을 때 한 그 결심이 지금의 저를 만든 게 사실입니다. 고등학교 2학년 때 혼자서 미친 듯이 공부만 했어요. 부모의 스트레스는 좋든 나쁘든 자녀에게 전해집니다. 여러분이 만약 자식한테 뭔가 심하게 하고 있다 싶으면 한풀이를 하고 있는 게 아닌지 의심해보실 필요가 있어요.

그래도 저는 중·고등학교 시절을 잘 보냈다고 생각해요. 제가 그 뒤에 하게 된 거의 모든 생각이 이미 사춘기 때 정해졌다는 생각이 들기도 해요. 그때 가졌던 의문들이 나중에 제 행동에 큰 영향을 끼쳤으니까요. 그런 의미에서 여러분도 자녀가 사춘기일 때 각별히 신경을 써줘야 한다고 생각합니다.

MIT와 세종 그리고 공부 생태계

그럼 본격적으로 공부 생태계 얘기를 해보죠. 제가 책에 마음먹고

MIT 얘기를 썼어요. 사실 우리 사회에서 어떤 때는 가방끈이 길다는 게 소통을 방해하는 편이라 평소 잘 얘기하지 않는데 말이죠. 유학했다, 박사학위 받았다고 하면 주변에서 편견을 갖기 쉬워요. 머리가 무척 좋을 것이다, 공부는 1등만 했을 것이다, 부모가 엄청난 부자일 것이다, 뭐 이런 거죠. 일부만 맞아요. 제가 생각해도 머리는 괜찮은 편이에요. 그래도 1등 해본 적은 없어요. 괜찮은 학교에 간당간당하게 들어갈 정도였죠. 집도 웬만큼 먹고사는 걱정은 없는 정도지만 유학비를 지원받을 정도는 아니었지요.

MIT는 공부 생태계라는 말을 붙이기 적당한 곳입니다. 박사학위를 받을 때까지 7년 동안 몸으로 겪었습니다. 제대로 하면 공부라는 게 얼마나 신날 수 있고, 어떤 결과를 빚는지 온전히 뼈저리게 느낀 시간이었습니다. 이런 얘기를 그동안 거의 안 했는데 이번에 책에 작심을 하고 썼습니다. 제 나름으로 우리 사회가 공부 생태계가 됐으면 좋겠다는 바람이 있거든요.

공부 생태계를 저는 이렇게 표현합니다. '아이디어라는 물방울이 물줄기가 되는 것이다.' 아이디어를 사람으로 바꿔도 됩니다. 사람이라는 물방울이 모여서 물줄기를 만들어가는 겁니다. 저는 MIT에서 세 가지 태도를 배웠어요. MIT에선 누구도 이런 얘기를 해준 적 없어요. 제 스스로 깨친 거죠. 교수도 학장도, 총장도 이런 얘기 한 적이 없습니다.

MIT 정신의 첫 번째가 '문제 창조'예요. 우리는 보통 문제를 풀라고만 하잖아요? 그런데 거기서는 "Design your problem!"이라는 얘기를 많이 해요. 네가 문제를 어떻게 디자인하느냐에 따라서 거기에 이미 해답이 다 녹아 있다는 겁니다. 두 번째는 '현장 정신', 즉 땅에 발을 붙이는 태도입니다. MIT는 학교지만 연구도 하고, 비즈니스가 끊임없이 생겨나고, 세계 곳곳에서 벌어진 일들이 논의의 중심이 돼요. 교재로 쓰이는 것들은 대개 현장의 사례들이죠. 현장에 가서 직접 겪기도 합니다. 우리나라 대학이 예전보다 많이 나아졌다고는 하지만 여전히 이론을 많이 강조하거든요. 구체적인 현장에서 출발하면 추상적인 개념과 이론이 빠르게 이해되죠. 세상이 달라 보이고 이론이 진짜 내 문제라는 생각이 듭니다. 순수 공학자인 제 남편은 이런 환경을 제대로 즐겼어요. MIT 박사과정이었는데도 학부 1학년 과목을 들었어요. 열역학 강의였는데 대단한 깨달음을 얻은 것처럼 기뻐하더라고요.

MIT에서 번번이 놀랐던 것은 평소에 당연하게 여겼던 일들이 깊이 있는 의문으로 변하는 거였어요. 저는 MIT에서 처음으로 도시도 부도가 날 수 있다는 것을 배웠어요. 우리도 이제 도시도 파산할 수 있다는 얘기를 하잖아요? '도시가 파산하면 어떻게 해야 하는가' 하는 사례를 가지고 논의하는데 참 구체적이더라고요.

'도대체 건축이 왜 필요한가?' 이런 의문을 갖게 된 것이 가장 좋았습니다. 건축가와 건축이 그렇게 권력의 시녀이자 자본의 노예인 걸 알았더라면 아마 저는 건축과를 선택하지 않았을 겁니다. 예전엔 전혀 몰랐거든요. 건축이란 근본적으로 자연에 대한 죄악이라는 생각을 평소 해왔는데, MIT에서는 이런 질문이 예사더라는 거죠. 정말 재미있는 것은, 그렇게 진짜 깊은 회의를 하다 보면 자기 안에 뭔가 생긴다는 겁니다.

세 번째는 '창업정신 혹은 기업가 정신'이라고 할 수 있는 앙트르프러너십entrepreneurship이에요. 보통 앙트르프러너십이라고 하면 비즈니스만 생각하는 게 아쉬워서 저는 창업정신이라고도 표현합니다. 돈을 벌라는 게 아니라 뭔가를 깨쳤으면 세상에 도움이 되는 것을 만들라는 겁니다. 사업이 될 수도 있고 조직이 될 수도 있는데, 그걸 만들어 세상에 돌려준다는 거죠. MIT가 단순히 교육과 연구만 하는 학교가 아니라, 수많은 앙트르프러너entrepreneur가 모인 곳이라고 얘기하는 게 그런 이유입니다. 끊임없이 창업이 일어나고 성공도 하고 실패도 하는 게 무척 인상적이었습니다. 정작 MIT에 있을 때는 이걸 몰랐어요. 그래도 제가 나중에 한국에 돌아와 대학에도 안 가고 연구소에만 잠깐 있다가 나와서 결국엔 창업을 한 걸 보면, 분명 영향을 받았던 게죠.

생태계란 무엇인가요? '자생력이 있다. 스스로 살아갈 수가 있다. 서로 밀접하게 연결되어 있다. 끊어지는 고리라고는 하나도 없다. 가만히 있지 않는다. 끊임없이 변화하고 움직이며 에너지를 찾고 발산하고 새로 만들어낸다. 생명이 태어나고 자라고 사라지고 또 이어진다. 이런 과정 속에서 진화가 일어나고 때로는 혁명도 일어나면서 생명력은 이어진다.' 이게 생태계의 개념입니다.

그럼 공부 생태계란? '대다수가 기본적인 가치관과 행위 기준을 공유하고, 기반이 단단하며, 네트워크가 촘촘하다. 사람들은 각기 부지런히 어디선가 어떤 활동들을 시도하고 추진하고 있으며, 실패하고 성공하며, 진화와 혁명이 끊임없이 일어난다. 아이디어가 돌고, 일이 돌고, 돈이 돌고, 지식이 돈다. 서로 자극하고 격려하고 촉진하면서 새로운 에너지를 만들어낸다.' 이런 게 공부 생태계예요. 여러분은 우리 사회에서 이런 걸 느껴보신 적 있나요?

왜 르네상스 시대에는 그렇게 위대한 사람들이 많이 나왔을까요? 엄청난 일들이 벌어졌잖아요? 세종 시대에는 왜 그렇게 인재가 넘쳐났을까요. 한글을 창제한 세종이야 말할 것도 없고 어디서 그 뛰어난 음악가, 과학자, 장군 들이 튀어나왔을까요. 정조 때도 그렇죠? 북학파니, 노론 소론이니, 굉장히 많은 사람들이 갑자기 수원 화성도 짓고 별짓을 다 했잖아요. 참 이상하지 않습니까? 저는 왜, 어떤 시대에는 그렇게 유능한 사람이 한꺼번에 많이 나오는지 의문이었어요.

여러 가지로 설명할 수 있겠지만 제 생각은 이렇습니다. 그때에 바로 그 공부 생태계, 또는 지식 생태계, 또는 창업 생태계, 혁신 생태계가 이루어져 있었기 때문이라고. 서로 경쟁도 하지만 남을 막 밟고 넘어가는 짓은 안 했을 겁니다. 신분제의 장벽도 높지 않았을 것이고. 정조 시대에는 서얼들이 큰 역할을 했죠. 그동안 주목받지 못했던 사람들이 일할 수 있는 토대가 마련됐고, 그런 생태계를 끌어가는 리더가 있었기 때문이라고 생각합니다. 어느 사회에서나 그런 일이 계속되면 좋겠으나 그게 잘 안 되죠. 저는 제가 쓴 책에 나도 공부 생태계를 만들고 싶다, 공부 생태계에서는 어떤 일을 했으면 좋겠다 하는 생각으로 여덟 가지를 적어놓았습니다.

일단 공부 생태계에서는 지금처럼 이 분야 저 분야, 이 파트 저 파트, 이 부처 저 부처가 따로 놀지 않고 함께 일을 합니다. 여러 세대가 같이 모여서 얘기합니다. 초짜의 철없는 열정과 산전수전 다 겪은 경륜자의 지혜가 맞물려 돌아갑니다. 앉아서 책 보고 강의 듣는 데만 그치지 않습니다. 워크숍이든 스튜디오든 직접 만들어봅니다. 이게 굉장히 중요합니다. 팀으로, 프로젝트로 작업합니다. MIT가 그렇듯, 세종 시대에도 정조 시대에도 프로젝트로 일을 했습니다. 사례들을 놓고 서로 머리 맞대고 고민하는 것이 훨씬 재미있습니다. 그렇게 했을 때 진정한 자기 원칙이 서거든요. 토론도 중요합니다. 안 되면 질의응답만이라도 좋습니다. 그다음이 현장. 아까도 얘기했지만 현장의 문제는 현장에서 얘기해야 합니다.

우리 사회는 공부, 선생, 학생을 지나치게 구분하는 게 문제라고 저는 생각해왔습니다. 선생이 일방적으로 학생을 평가하는 게 아니라, 학생 스스로 자신의 페이스에 따라 공부하면서 어떤 때는 선생도 평가하고 부모도 평가할 수 있어야 하죠. 요즘 자기주도 학습이라고들 말하는데, 저는 이 표현이 별로입니다만, 스스로 자기 페이스를 지키는 것은 무척 중요합니다. 스스로 자신의 성장 단계를 테스트할 수 있는 일이 열다섯 살 전후에 일어납니다. 그렇게 되면 인생을 살아갈 힘을 얻습니다. 남의 평가만 받는 대상이 되면 결국 계속 기대게 되거든요.

마지막으로 선생과 학생이 역할을 서로 돌아가면서 해야 합니다. 피어peer 멘토링이라고 그러잖아요? 동년배끼리 서로 멘토링해주는 게 중요합니다. 가르칠 게 없는 사람이란 없거든요. 여기 오신 분들도 '나는 이렇게 하는데 우리 애는 어떻고, 이런 노하우가 있고……' 이런 것을 나누는 게 중요하거든요. 그렇게 하면 공부 생태계가 작동합니다. 사람들이 스스로 주도적이 되어서 일을 물어옵니다. 뿌듯해져서 점점 뭔가 더 해보려고 합니다. 이런 게 생태계의 기본입니다. 공부 생태계 이야기는 여기서 끝내겠습니다. 대통령이 창조경제 운운해가지고는 절대 창조가 안 일어납니다. 그쪽으로 가면 할 얘기가 많은데 그만 하도록 하죠.

생태계는 어디나 적용되죠. 지구 생태계 얘기도 많이 하잖아요. 경제 생태계, 벤처 생태계도 있습니다. 공부 생태계는 그중에서도 기본 중의 기본입니다. 생태계 개념이 머리에 들어오면 우리 사회에서 지겹도록 얘기하는 성공, 일등, 리더 등이 부질없다는 걸 알게 됩니다. 교육은 결코 탁월한 사람을 길러내는 걸 목표로 삼으면 안 된다고 생각해요. 그러면 실패할 사람들만 잔뜩 만들게 됩니다. 특히 공공 부문의 역할은 건강하고 지속가능한 교육 체제를 만드는 겁니다. 어느 분야에나 정말 탁월한 사람들이 있어요. 0.000몇 퍼센트가 될는지 모르겠지만 있습니다. 그런 탁월성은 자연적으로 나오는 것이지 지금처럼 세계 몇 위에 들어야 하고 어쩌고 난리 피워서 나오는 게 아닙니다. 더군다나 우리 애들은 백 살 넘게 살 것이기 때문에 오래오래 버틸 수 있어야 해요.

부모가 자녀들에게
반드시 가르쳐야 하는 아홉 가지

자 이제 두 번째, '부모' 얘기로 넘어가죠. 부부가 먼저인가 부모가 먼저인가. 이게 제 의문입니다. 우리 사회는 어쨌든 아이 먼저, 부모 먼저입니다. 부부 먼저인 경우도 물론 있지요. 그래도 대개는 일단 아이를 낳으면 부부는 뒷전으로 밀립니다. 저는 고쳐야 한다고 생각합니다. 우리 아이들이 제대로 자라려면 이런 생각이 바뀌어야 합니다. 이와 관련해 제가 아홉 가지를 늘어놨는데 여러분 생각과 한번 비교해

보십시오.

　첫째, 아이들은 스스로 크는 게 중요합니다. 부모는 옆에서 지켜봐 주고 가끔 도와주는 역할밖에는 할 게 없어요. 대신 결정을 해줄 수도, 대신 살아줄 수도 없어요. 그런데 많은 부모들이 그렇게 안 해요. 일부러 안 하기도 합니다. 우리 집에서는 부부가 항상 먼저입니다. 모든 게 다 우리 위주예요. 내가 먼저냐, 남편이 먼저냐 하며 싸우긴 하죠. 애들이 어려서는 우리도 아이가 먼저였어요. 어쩔 수 없죠. 아이가 부모의 절대적인 보호를 필요로 하니까요. 하지만 아이가 초등학교 3, 4학년쯤 됐을 때부터는 에누리 없이 부부가 먼저였어요.

　여러분, 부부로 사는 시간이 긴가요, 부모로 사는 시간이 긴가요? 부부로 사는 시간이 길죠. 이혼 안 하면 70, 80년 같이 살 수도 있어요. 자녀하고는 기껏해야 12년 정도라고 봅니다. 부모한테 절대적으로 기대는 기간은 그 정도죠. 아이를 기르는 일은 부부 최대의 공동 프로젝트입니다. 아이도, 부모도 함께 자라야 행복해집니다. 아이 때문에 부부 사이가 금이 가는 경우도 꽤 많아요. 어쨌건 부부가 먼저라는 말씀을 우선 드립니다.

　둘째는, 아이들에게 선택권을 주자는 겁니다. 스스로 결정하면 훨씬 더 오래 버팁니다. 잘못 선택했더라도 자기가 결정했기 때문에 더 힘을 주게 되죠. 아이의 인생은 보통 부모의 남은 인생보다 깁니다. 아무래도 우리보다 오래 살겠지요. 우리가 계속 따라 다닐 수 없다는 얘기예요. 스스로 서야지요. 아이들은 우리보다 훨씬 복합적으로 살 겁니다. 예전에는 처음에 전공 하나 정하면 대충 40~50년은 어떻게 버티면서 먹고살 수 있었잖아요. 요즘엔 안 그렇죠. 앞으로는 점점 더할 겁니다.

끊임없이 자기 변신을 꾀할 수 있느냐 없느냐가 매우 중요합니다.

셋째, 학교 성적이 좋고 가방끈이 길면 어떨까요? 할 수 있는 일이 별로 없어요. 선택 사항이 줄어듭니다. 기껏해야 뭐 의사나 변호사나 교수가 되겠죠? 이런 얘기 하면 배부른 소리 한다 할지 모르지만, 세상에는 정해진 이력만 가지고는 할 수 없는 일들이 훨씬 더 많습니다. 사실 전 과목 다 잘하는 친구들 별 매력이 없어요. 일을 시키면 뭘 만들어 오질 못해요. 의지력, 추진력, 네트워킹 능력, 토론 능력, 현장 적응 능력은 학교 성적 가지고는 결코 드러나지 않아요. 한번 전공이면 영원한 전공이다? 이런 공식은 벌써 깨진 지 오래입니다. 아마 앞으로는 전공보다는 대학 시절까지 어떤 태도와 적응력을 길렀느냐가 그 사람의 인생을 더 많이 좌우할 겁니다. 단순히 아는 게 아니라 정보를 가공하고 요리로 만들어낼 수 있는 사람이 더 각광받게 됩니다. 앞으로는 시험장에 컴퓨터도 다 갖고 들어갈 거예요. 왜냐하면 지식을 가지고 승부하던 시대는 완전히 끝났으니까요. 엄청난 양의 지식 속에서 필요한 것을 가려내 가공하고, 나만의 의문을 키워 답을 구해 나가는 추진력이 훨씬 더 중요해졌습니다.

넷째, 사실 우리가 아이들에게 해줄 수 있는 일은 '프리허그'밖에 없어요. 어려서부터 네가 하는 일은 뭐든지 믿어줄게, 할 수 있는 만큼 도와줄게, 이런 신뢰 구축 말입니다. 네가 열심히 하면 꼭 성공할 거야 같은 비현실적인 격려를 해주자는 게 아닙니다. 공부를 잘 못할 수도 있고, 왕따를 당할 수도 있는데다. 1 대 99 사회에서 99에 속하기가 십상인데 그럴 때 어떡할래? 어려서부터 이런 면역력을 키워줘야 합니다. '너는 잘할 수 있어, 너는 성공할 수 있어' 이런다고 되는 게 아니라는 거 알잖아요? 어떤 상황에서도 만족할 줄 알고 감사할 줄 알고, 그래서 행복한 자기 삶을 꾸려갈 수 있는 힘을 길러줘야 합니다. 그러려면 부모가 자기를 믿어주고 도와준다는 신뢰감을 갖게 하는 게 중요합니다. 여덟 살 전에 이런 관계를 쌓아야 합니다. 한두 살 때부터 공을 들이는 게 중요합니다.

다섯째, 부모의 역할은 일단 아이들과 노는 겁니다. 공부시킨다고 생각하지 마시고요. 저는 아이들한테 만날 그랬어요. "너희들이 나한테 놀아달라고 할 때는 내가 일을 하기 때문에 못 놀아줄 수 있지만 내가 놀아달라고 할 때 너희들은 꼭 놀아줘야 돼." 우리 애들이 기막혀 했어요. "나는 바쁘다, 너희들보다. 바쁠 때는 건드리지 마라. 그 대신 너희는 바쁘지 않으니까 나하고 놀아줘야 한다. 비용은 내가 댄다." 모든 추억은 다 노는 데서 나오는 거지, 별거 있나요. 같이 동화책을 읽는 것도 노는 거지 공부하는 거 아니잖아요? 재미있게 놀면 공부하려는 동기도 생겨납니다.

여섯째, 어려서부터 감정 체험을 많이 해야 합니다. 희로애락뿐만 아니라 질투심에 따돌림 당하는 것까지. 고독감, 외로움도 겪어봐야 합니다. 부부간의 문제는 대개 서로 감정이 미성숙해서 생깁니다. 특히 우리 사회의 남성은 놀랍도록 감정이 미숙합니다. 그걸 여자들은 은근히 즐깁니다. '우리 집에는 애가 몇이 있어요' 해가면서요. 그런데 그렇게 받아주면 안 돼요. 남자들은 상처를 감내하고 치유하는 능력이 떨어집니다. 절대로 상처받았다고 인정 못하잖아요. 자기 혼자서는 회복하지 못해서 구원해줄 여성이 필요하죠. 애인이 없으면, 이모한테라도 가서 얘기하잖아요. 와이프한테는 자기 상처에 대해서 입도 뻥끗 못하는 게 우리나라 남자들 아니에요? 이거 문제거든요. 그런 게 아이입니다. 자기가 무슨 감정을 느끼고 있는지조차 모르는 게 아이죠. 훈련이 안 돼 있는 거예요. 요즘엔 여성들도 훈련이 안 돼 있는 경우가 많아요. 집에서 귀하게만 자라서 그래요.

또 중요한 게 홀로 사는 능력입니다. 돈벌이뿐만 아니라 혼자서 밥도 해먹을 줄 알아야 하고, 자기 옷을 고르고, 빨래하고 청소할 줄도 알아야 합니다. 사는 데 돈이 얼마나 드는지 아는 것도 아주 중요해요. 이런 게 어려서부터 익혀야 할 것들입니다. 여성들은 감정이 좀 더 성숙해서 아이들의 감정을 예단하거나 재단하는 경향이 있습니다. 그리고 자기가 다 처리해주려고 합니다. 그래서는 안 됩니다.

어느 집안에나 골치 아픈 일들이 있게 마련입니다. 어려서부터 아들한테는 그런 걸 잘 안 알려줍니다. 집안일도 잘 안 시키죠. 이래서 점점 무심해지는 겁니다. 나중에 꽝 터지면 가출하고 어쩌고 하면서 더 타격을 받지요. 우리나라 남성들이 아이가 돼버리는 이유입니다. 어려서부터 아이를 지나치게 힘든 일로부터 보호하려고 하면 안 돼요.

일곱째, 자기가 누구인지 잘 깨닫게 해줘야 합니다. 그게 부모와 선생의 역할입니다. 너는 이러저러한 기질을 가졌다고 말해줘야 합니다. 사람마다 기질이 다 다르잖아요. 그러려면 잘 관찰하고 같이 토론해야 합니다. 아이들이 스스로 자기가 누구인지 깨쳐가게끔 자극을 주는 겁니다. 무엇을 해야 내가 행복한지 알게 하는 것도 중요합니다. 행복한 순간도 사람마다 다 다르거든요. 어떤 때 포기하고 어떤 때 끈기를 갖고 밀어붙여야 하는가. 이 '밀당'하는 능력을 잘 길러주는 것도 부모의 역할이라고 생각합니다. 정답만 주면 깨치지 않기 때문에 절대로 안 돼요. 스스로 깨쳐가게 만드는 기술 자체가 '밀당'이에요. 좋은 선생님, 좋은 카운슬러, 좋은 심리상담사가 되려면 반드시 필요한 능력이죠.

여덟째는 한번 독해져보라고 격려하는 겁니다. 저는 고등학교 2학년 때 독했습니다. 제 큰딸은 한 스물다섯 살쯤 돼서야 처음으로 독해지더라고요. 보호하고 지배하는 것은 잘못된 겁니다. 아이를 위해서가 아니라 다 자기 좋자고 하는 거죠. 끊임없이 이렇게 해라, 저렇게 해라 하지 말고 아이가 자기가 원하는 일에 집중할 수 있도록 유도해줘야 합니다. 엄마주의, 아빠주의에서도 벗어나야 합니다. 엄마 아빠는 있어야겠지만, 주의까지 만들면 곤란합니다. 궁극적으로는 아이주의에서도 벗어나야 합니다. 우리 애는 죽어도 내가 보호해야 한다, 이게 아이주의인데, 우리나라는 좀 심각합니다.

아홉째는 부모도 아이들과 함께 무럭무럭 자라자는 겁니다. 그래야 좋은 부모입니다. 저는 큰딸이 처음으로 죽음을 발견했을 때 크게 감동했어요. 아이의 눈으로 세상을 다시 한 번 살아보는 경험을 했지요. 그런 순간을 물 흘리듯 버려서는 안 돼요. 요즘 좋은 아빠가 되고 싶다는 분들이 참 많은데, 이상하게 좋은 엄마가 되겠다는 분들은 없더라고요. 당연하다고 생각해서 그러시는 모양인데 사실 어떤 엄마가 좋은 엄마인지도 고민을 많이 해야 한다고 생각합니다. 오늘 막내딸하고 얘기를 했어요. 저는 독하고 모진 엄마라서 학교든 학원이든 한 번도 데려다주거나 데리러 간 일이 없거든요. 그랬더니 우리 딸이 "엄마, 나는 그런 거 괜찮아" 하는 거예요. 저는 좋은 엄마에 전형적인 타입이 있는 건 아니라고 생각해요.

각자 공부를 끊임없이 하지 않으면 부부 사이에 할 말이 없어집니다. 할 말이 없으면 괜찮은 부부가 아닌 겁니다. 부부 사이에는 얘기가 끊이지 않아야 합니다. 그런 부모 밑에서 크는 아이들은 사실 걱정 없습니다. 아이들 공부가 걱정되면 부부 사이를 점검해봐야 합니다. 제가 남녀 관계의 원칙을 일곱 가지로 정리해봤습니다. '서로 믿을 것. 서로 기댈 것. 서로 나눌 것. 서로 안아줄 것. 같이 일할 것. 같이 놀 것. 각기 공히 홀로 설 것.' 이러면 남녀 관계가 근사하리라고 생각해요. 사실 모든 인간관계가 이러면 괜찮을 것 같지 않나요? 여기까지입니다. 고맙습니다.

좋아하는 것을 하며
홀로 설 수 있게 만드는 것이 교육

질문 선생님은 공부의 목적이 무엇이었나요? 그리고 선생님께서 아이 키우신 얘기도 좀 더 자세히 듣고 싶습니다.

김진애 처음 제 공부의 목적은 비상구였어요. 그냥 대학 가려고 공부했죠. 고등학교 2학년 때까지 대략 반에서 중간 정도 했거든요. 한 번도 학교에서 공부로 이름을 날려본 적이 없습니다. 몇 과목은 좋아했어요. 국어, 기하학, 프랑스어는 잘하는 편이었어요. 그러다가 고등학교 2학년 겨울방학 때 결심을 했어요. '1년 동안 공부만 할 거야.' 중요한 건 그 결심을 1년 동안 충실히 지켰다는 것이지요. 독하게 공부만 했습니다. 예전에도 놀거리는 많았습니다. 저는 얼굴이 어른스러워서 머리 풀고 영화 보러 많이 다녔거든요. 보고 싶은 소설책도 정말 많았죠. 그런 걸 다 참아냈다는 게 제게 용기를 주더라고요. 한번 독하게 공부해서 어느 수준에 올라가잖아요? 그럼 다른 게 보입니다. 저는 여러 번 느꼈어요. 고3 때 한 번 그랬고, 대학교 땐 노느라고 바빠서 한 번도 그래본 적 없지만, MIT에서 유학할 때 한 번, 다시 돌아와서 한 번. 고등학교 때 한 5~6개월 열심히 공부하고 나니까 구조가 보이는 거예요. 시험문제를 보면 어디에 걸려 넘어지게 하려는지, 선생님이 보고 싶은 게 무엇인지까지 보이더라고요.

한번은 평상에 앉아서 공부를 하는데, 제 몸이 갑자기 붕 떠서 제가 공부하는 모습을 내려다보고 있더라고요. 환상이죠. 내가 나를 조망하는 것 같은. 그런 단계를 거칠 때까지 독해지는 경험을 해볼 필요가 있습니다. 공부라는 게 쉽지 않기 때문에 어느 정도까지는 자신을 던질 줄 알아야죠. 그래서 서울대 공대도 들어간 거겠지요? 당시 서울대 공대는 엄청나게 인기가 좋았어요. 그래도 저 나름의 트라우마가 있었어요. 사회에 나가서 일을 못하면 어떡하나, 계속 불안감에 시달렸죠. 이런 불안감을 극복한 게 MIT에서였습니다. 공부 자체가 신나고, 지적인 희열이 어떤 것인지를 MIT에서 배웠습니다. 첫 학기에 영어가 하나도 안 들리는데도 어느 한 강의에 완전히 빠진 적이 있어요. 제가 품었던 의문이 마치 퍼즐처럼 맞춰지는 순간 겨드랑이에서 날개가 돋치는 것 같더라고요. 그러니까 그다음을 알고 싶어졌습니다. 지금도 저는 어떤 단계로 넘어갈지 궁금해요. 옛날에는 서른만 되면 인생이 끝난다고 생각했어요. 한 오십쯤 되면 완전 늙은이라고 생각했지요. 그런데 인생은 그게 아니더라고요. 계속 다른 세계가 펼쳐지더군요. 그래서 책에 '공부진화론' 얘기도 쓴 겁니다.

우리 아이들은 제가 자기들 얘기 하는 거 무척 싫어합니다. 프라이버시를 지켜딜라는 거예요. 저도 옳다고 생각합니다. 그래서 애들 얘기 자세하게 안 하는데, 우리 애들은 스펙 따위 없고, 제가 신경을 써본 적도 없고, 학원도 자기들이 알아서 가면 가는 거고, 항상 그랬어요. 너희가 고르면 나는 돈만 내주마, 뭐 이런 식이었죠. 저는 "네가 자유롭게 쓸 수 있는 시간의 3분의 1 정도만 학원에 투자해야 한다. 왜냐하면 대부분의 공부는 혼자서 하는 거니까." 이렇게 얘기했고 애들이 나름대로 잘 따라준 거 같아요. 지금 조카가 한 건물에 같이 사는데 아침 6시 반이면 나가서 밤 12시에 돌아옵니다. 고3이라도 이렇게 해서는 안 된다고 저는 생각해요. 공부란 그렇게 해서 되는 게 아니니까요.

우리 부부가 둘 다 박사고, 가방끈이 길어 공부에 한이 없기 때문에 애들에게 강요하지 않은 점도 있겠지만 저는 근본적으로 그렇게 생각해요. 학교 공부를 잘하는 게 사는 데 그리 도움이 되지도 않아요. 저도 뭘 좀 더 알았더라면 고등학교 때 그렇게 공부하지 않았을 거예요. 공부를 하면 인생이 괴로워지는 점도 분명 있거든요. MIT에 유학 가서 눈이 번쩍 뜨이고 날개가 돋쳐 제 인생이 편해졌느냐? 아닙니다. 피곤합니다. 삶을 풍요롭게 하는 데 공부가 직접적으로 상관이 있는 것 같지는 않고, 제 생각에 공부는 그냥 운명인 것 같아요. 잔소리한다고 되는 게 아니잖아요. 이화여대나 카이스트에서 학생들을 가르쳐본 적이 있는데 어딜 가도 반짝이는 학생들이 있어요. 그런 학생들이 공부하는 겁니다. 우리 딸 둘 다 스펙은 없지만 먹고사는 건 걱정하지 않습니다. 먹고사는 걱정만 없으면 인생에서 할 수 있는 건 무궁무진하죠. 그러면 괜찮습니다.

이 얘기는 드려야겠네요. 딸들이 제게 왜 공부하라고 좀 더 압력을 가하지 않았느냐, 학원도 좀 더 알아봐주지 왜 그러지 않았느냐고 불평을 합니다. 가령 큰딸은 초등학교 4학년 때 한국에 왔으니 얼마나 힘들었겠어요? 한글도 잘 몰랐으면서도 잘 적응했어요. 그런데 중학생쯤 되니까 자기도 조기유학하고 싶다고 얘기하더라고요. 저는 딱 부러지게 말했어요. 나 보내줄 돈 없다. 그랬더니 잘 견디더라고요. 이런 원칙은 있어야 해요. 저는 부모와 딸, 가족은 떨어져 살면 안 된다는 굉장히 고루한 생각을 가지고 있습니다. 같이 사는 게 가족이죠. 가끔 1년 정도 떨어져 살 수는 있지만 계속 떨어져 살면 가족이 아니죠. 저는 기러기 가족은 절대 반대입니다. 같이 있으면서 못할 일이 없어요. 애들만 유학 보내는 건 그래도 낫습니다. 그런데 엄마하고 아빠하고 떨어져 사는 건 말이 안 됩니다. '부부 먼저' 원칙에 어긋난다고 생각합니다. 그저 학교 성적만 가지고 아이들을 달달 볶지 않았으면 좋겠다는 생각이 들어요. 가방끈이 길고 좋으면 취업은 오히려 점점 더 바늘구멍이 됩니다. 공부의 딜레마죠.

질문 여행과 글쓰기만큼은 아이들에게 누리게 해주고 싶다고 책에 쓰셨더군요.

김진애 제가 머리를 많이 굴렸습니다. 부모가 된다는 게 보통 일이 아니잖아요? 아이들한테 뭐가 중요할까. 작은딸이 중학교 때 이러는 거예요. "우리 반에서 밥할 수 있는 애는 나밖에 없다." 그랬더니 우리 큰딸이 옆에 있다가 "얘, 나는 더 어릴 때부터 했다" 그러는 거예요. 기억해요. 큰딸은 초등학교 4학년부터, 작은딸은 중학교 1학년 때부터 밥했어요. 둘이 터울이 좀 지거든요. 큰딸은 제가 훨씬 더 바쁠 때여서 더 어렸을 때부터 했던 거예요. 저 독한 엄마였습니다. 밥만 하고 도시락은 각자 알아서 싸가라고 했어요. 저는 집안일을 통해서 아이들이 돈 감각을 익힐 수 있도록 했습니다. 아이들한테 집안일 하나하나에 돈을 정하라고 했어요. 너희들이 원할 때 일하고, 보고만 하면 나는 지불하겠다. 그랬더니 어떻게 됐겠어요? 집 안이 반짝반짝해집니다. 설날 지나서 세뱃돈 받은 게 남았을 때는 집 안이 엉망이고요. 이런 겁니다. 기본 용돈으로는 해결 안 되는 게 있으면 몸을 움직여야죠. 단가도 다 스스로 정하라고 했어요. 이건 저거보다 쉽고 이건 시간이 얼마나 걸리고 나름 계산을 많이 하더라고요. 자기 방 치우는 건 기본이니까 돈 못 받죠. 제가 바쁠 때도 파출부 한 번 써본 적이 없어요. 저는 이 방법을 많은 엄마들한테 권합니다. 돈 감각, 경영 감각을 키우는 데 맞춤이에요. 을이 되는 비애도 알게 됩니다. 돈벌기가 얼마나 힘든지 알게 되지요.

아이들 고등학교 때까지는 컴퓨터를 거실에만 뒀어요. 그거 때문에 싸운 적도 많아요. 그리고 글 쓰고 책 보며 토론하기를 엄청나게 많이 했어요. 그래서 만날 우리 딸들이 "엄마 책 좀 그만 써!" 그랬어요. 글짓기가 참 좋은 게 뭐냐면 컴퓨터 실력도 많이 늘어요. 처음에는 일주일에 하나만 써오라고 했어요. 교육에도 여러 가지 방법이 있어요. 자유 글짓기를 하다 보니 나중엔 애들이 그게 얼마나 부담스러운지 아는 거예요. 제발 제목만이라도 정해달라고 하더군요. 우리 부부 둘이 글짓기 제목 정하느라고 밤을 새울 정도였지요. 부모를 공부시킨다니까요. 그걸 5~6년 했어요. 글짓기하고 토론하고, 애들이 고등학교 들어가더니 안 하려고 들더라고요. 글짓기는 대개 초등학교에서 중학교까지만 되지 그 뒤에는 안 되거든요. 그 나름대로 작전이 필요해요. 요새는 자기소개서 쓸 때 많이 도와주는 편이죠. 애들이 홀로 서게 만들려고 동원한 방법이 많아요.

질문 저는 애들이 공부를 못하면 못하는 대로 그냥 행복하게 살았으면 좋겠어요. 그런데 이렇게 책을 쓰신 분들 얘기를 들어보면 오늘 가서 우리 애들도 글쓰기를 시켜봐야 하나, 공부는 안 시켜도 문화 체험을 많이 시켜야 하나, 애들 자극되게 붙들고 뭐라도 해야 되나, 이런 부담감이 생겨요. 사실 귀찮습니다. 아이들 그냥 놔두면 안 됩니까? 지금 초등학교 6학년하고 중학교 2학년이거든요.

김진애 신날 때네요. 놀기 참 좋을 때예요. 조금만 지나면 잘 안 놀아주려고 그러죠. 지금 많이 놀아달라고 하셔야 할 것 같은데요. 제가 1남 6녀 중 셋째 딸이라고 그랬잖아요? 자매가 여섯이니 조카들도 엄청나게 많죠. 몇십 명이나 돼요. 자매 여섯이 똑같지 않아요. 방치하는 엄마도 있고 족치는 엄마도 있어요. 귀찮아서 자기만 놀러 다니는 엄마도 있고요. 정답은 없습니다. 자기를 닫는 시기가 있거든요. 열다섯 살 전후해서 보통 부모하곤 잘 안 놀려고 들죠. 저는 아이들이 부모에게 제 고민을 감추거나 부모와 함께 놀고 싶어 하지 않을 땐 문제 삼아야 한다고 생각해요. 저희는 1박 2일, 2박 3일 정도의 국내 여행을 많이 했어요. 여행을 가면 좋은 건 어쨌든 함께 있어야 하잖아요. 이야깃거리가 많이 생깁니다. 저희 부부도 대화가 많아지죠. 역사, 문화, 사회, 인물 등등. 그러면 애들도 끼어들거든요. 그렇게 공유하는 체험이 전혀 없다면 문제의식을 가져야 한다고 생각해요.

조카들 중에는 아주 우수한 친구도 있고 정말 아무것도 안 하는 친구도 있어요. 막 잡는 부모도 있고 내버려두는 부모도 있어요. 제가 보기엔 부모가 대범하게 놔둔 친구들이 일단 행복해하는 것 같아요. 정서적으로 안정된 것 같다는 생각이 들어요. 사람들과 관계를 맺는 것도 자연스럽고, 스스럼없이 자기 얘기도 잘하고요. 왜 자꾸 숨기거나 얘기 안 하려는 친구들 있잖아요? 꼭 내성적이어서가 아니라 상대적으로 평가받을까 봐 걱정해서 그러는 건데 참 안 좋아요. 부모가 자꾸 평가를 하면 애들이 자격지심이 생기는 것 같아요. 사실 요즘은 어느 대학을 가느냐가 다를 뿐이지 대학은 대부분 가지 않습니까? 그러니까 자기가 뭘 하고 싶은지 빨리 깨닫게 하는 게 중요한 것 같아요. 그때 비로소 진정한 공부를 하게 되거든요. 어렸을 때 열심히 잡아줘야 하는 사람들도 있습니다. 가령 음악 하는 사람들이 그렇죠. 오랫동안 훈련하지 않으면 안 되니까요.

그래서 일단 대범하게 대처하시라고 말씀드립니다. 관심이 없다거나, 신경을 안 쓰는 것 하고는 다릅니다. 그다음에는 애들한테 부모와 놀고 싶다는 마음이 조금은 남아 있도록 신경 쓰시라, 이 두 가지만 얘기하겠습니다.

질문 초등학생, 중학생, 남자 아이만 둘 키우고 있는데요. 두 자녀 분 키우실 때 사춘기에는 어떻게 하셨나요? 또 하나는 외국은 평균적으로 대학교 입학 연령이 높다고 하더라고요. 우리처럼 고등학교 졸업하면 바로 대학에 가지 않는 경우도 많다고 들었습니다. 그런 부분은 어떻게 생각하시는지요?

김진애 저는 딸이 둘이라서 더 행복했어요. 아들 둘 키우는 게 힘들다는 거 압니다. 성별 문제가 아니더라도 어떤 아이하고는 더 잘 맞고 다른 아이하고는 잘 안 맞는 점도 있습니다. 저는 아이들이 사춘기 때는 별로 문제가 없었는데, 연애를 시작하니까 문제가 생기더군요. 요새는 일찌감치 연애를 합니다. 우선순위가 확 달라지는 거죠. 집과 부모는 신경 쓰지 않는 게 눈에 확실히 보일 때 엄청나게 싸웠습니다.

부모가 자꾸 흔들리면 아이들은 끊임없이 찔러봅니다. 제가 아까 큰딸이 조기유학 가고 싶다고 얘기했을 때 단칼에 잘랐다고 했잖아요. 그렇다고 그 문제가 단번에 해결된 건 아니었습니다. 일 년은 갔어요. 일 년에 몇 번씩 흔들어보더라고요. 그럴 때 안 되는 건 선을 분명히 그어줘야 해요. 그러지 않으면 아이들은 영악해서 열 번 찍어 안 넘어가는 나무가 어디 있느냐는 식으로 자꾸 흔들어보거든요. 부모의 원칙을 확실히 알려줘야 해요. 조기유학이 근본적으로 필요 없다는 말은 아닙니다. 만약 큰애가 한국에서 정말 적응을 못했다면 저도 보냈을 거예요. 다만 기숙사 있는 데로 애만 혼자 보내죠. 제 동생은 결국 그렇게 했어요. 애만 보내고 부부는 떨어져 살지 않는다면 제가 지원해주겠다고 했어요. 우리 애가 특별한 재능이 있었으면 조기유학이든 뭐든 밀어줬을 겁니다. 상황에 맞게 대처해야 하니까요.

자식이 이성에 눈뜨면 새로운 문제가 생기는데, 그때도 잡아줘야 하는 부분이 있습니다. 최소한의 예의가 무엇인지는 가르쳐야 해요. 네가 아무리 남자한테 빠졌든, 네가 아무리 여자한테 빠졌든, 최소한 집안식구에게 이 정도 선까지는 예의를 지켜야 한다고 가르쳐야지요. 예컨대 약속 다 해놓고 바로 직전에 취소한다면 부모는 중요히지 않다는 거 아니에요? 그럴 때 무척 화나거든요. 화만 내는 게 아니라 미리 계획을 세울 수 있도록 얘기해달라고 명확하게 해놓으면 그다음에는 조심합니다. 연애는 참 좋은 일이에요. 부부 중심으로 살라고 했잖아요? 그러면 자녀들이 연애 못할 걱정은 없습니다. 오히려 연애 시기가 이른 편이죠. 대개 부부 관계가 좋은 집안의 자녀들이 결혼도 일찍 하더군요.

우리 사회의 문제는 정상正常에 대한 트라우마가 있다는 거예요. 모든 사람이 같아야 정상이라고 생각하지요. 몇 살 때 고등학교 가고, 몇 살 때 대학 가고 몇 살 때쯤이면 결혼하고 몇 살이면 몇 평 집을 가져야 하고, 이런 게 정상이라는 겁니다. 그 기준 탓에 압박을 받아요. 미국도 그렇지 않지만 유럽은 더 말할 것도 없이 그런 게 없거든요. 대학도 언제 가든 상관 없다는 식이죠. 제 작은딸은 경영 감각이 있어서 어딜 가든 먹고살리라고 생각해요. 일을 못 구해서 놀고 있을 때 "이럴 때 공부라도 하면 어떠니" 했더니 아주 딱 부러지게 "내가 하고 싶을 때 할게" 이러는 겁니다. 할 말이 없는 거예요. "지금은 돈 벌고, 나중에 공부하고 싶으면 벌어놓은 돈으로 하면 되고, 그때 가서 도와주려면 도와주시든가!" 하는데, 자신만만해 보여서 마음에 듭니다. 자꾸 스펙을 갖춰놔야 한다는 이 사회가 비정상인 겁니다. 작은 녀석은 자기 주도의 삶을 살고 있는 거예요. 가령 중간에 학위를 딴다든가 하는 게 삶의 선택 사항이 될 수도 있는 거 아녜요? 앞으로는 이처럼 자유롭게 자신의 삶을 기획하는 경향이 짙어질 거라고 생각합니다. 우리 사회는 정상화 압력이 너무 심해요. 이게 비정상입니다. 남들과 똑같이 살아야 하나요? 나는 나대로 살면 되는 거지. 파이팅, 두 아들 엄마!

질문 저는 일곱 살, 아홉 살 아이를 키우고 있는데 한국에서 공부시키기가 정말 싫어요. 시스템을 봐도 그렇고, 선생님들의 마인드, 분위기 다 싫어요. 그래서 요즘엔 어떻게 하면 아이들을 데리고 외국에 가서 같이 공부할까 궁리합니다. 공부가 즐겁고 신이 나야 하는데 한국에선 그런 걸 기대하기가 무척 힘들잖아요. 어떻게 생각하시는지요?

김진애 요즘 젊은 엄마들 만나면 얼마나 힘들어 하는지 안쓰러워요. 우리 큰조카는 이제 다 커서 질문하신 분 연배거든요. 고민이 다 비슷해요. 저는 꿋꿋해지라고 말하고 싶습니다. 교육의 상품화, 성적의 상품화가 심각하잖아요? 그래도 거기 휩쓸리지 않는 부모도 많아졌어요. 여러분 혹시 성미산마을공동체라고 아세요? 순전히 아이들을 잘 키워보겠다는 생각에서 시작된 거잖아요. 벌써 25년 전 얘기인데 저도 큰애를 초등학교 4학년 때 한국에 데려오면서 걱정 많이 했습니다. 치맛바람이 거셌거든요. 그래도 꿋꿋이 견뎠어요.

"그런 사람들이 많아지면 좋아지는 거 아니겠어요?"라고 얘기할 수밖에 없다고 생각해요. 저는 아이들 학교에 한 번도 가본 적이 없습니다. 유일하게 고3 때 대학교 입시원서 쓸 때는 만나야 하더라고요. 그때 말고는 가본 적이 없어요. 어떤 때는 졸업식에도 못 갔어요. 입학식에는 아예 간 적이 없고. 워낙 바쁘기도 했고요. 꼭 있어야 할 자리에 있어주는 게 중요하지, 남들이 하기 때문에 해야 하는 것은 아니라고 생각했어요. 애들은 불평한 적이 많습니다. 선생님이 누구를 편애한다 운운하는데 그런 것도 겪어야 하지 않을까요? 막장 드라마처럼 심하지만 않다면야 그런 경험도 중요하다고 생각해요. 일곱 살, 아홉 살이라고요? 아주 근사한 데 가서 공부하면 좋기는 한데 나중이 좀 문제예요. 외국에서 교육받으며 자란 친구들 중에서 한국에서 적응 못하는 친구들을 꽤 봤어요. 우리나라는 직장 문화도 비정상 아닙니까? 선후배 관계가 무슨 병영 같아서 견디질 못해요. 너무 일찌감치 우리 아이를 지옥 같은 데서 탈출시키겠다는 생각을 할 필요는 없지 않나 생각해요.

질문 독해진 적이 여러 번 있었다고 하셨는데, 어떻게 그렇게 독해지실 수 있었는지 궁금해요. 두 번째는 일에 빠지다 보면 머릿속에는 일 생각뿐이에요. 집에서 아이들과 있으면서도 '그 문제는 어떻게 해결할까? 내일은 누구를 만나야지' 하다 보니 아이들에게 신경을 못 쓸 때가 많아 죄책감이 들어요. 그런 기간은 어떻게 현명하게 극복하셨는지 궁금합니다.

김진애 현명하게 하지 못했어요. 그냥 했어요. 그건 누구나 겪는 괴로움입니다. 현명할 수가 없어요. 닥치니까 그냥 하는 거고요. 독한 건 저도 스스로에게 좀 놀랐어요. 텔레비전도 안 보고 공부만 한다는 게 말처럼 쉽지가 않은데, 그걸 해냈거든요. 눈이 뜨이는 기쁨이 저를 이끌었어요. 조금 더 해보면 어떻게 될까 하는 궁금함이 저를 자극했던 거 같아요. 유학에서 돌아온 첫해부터 프로젝트에 빠져서 거의 집에도 안 들어가고 일했어요. 그랬더니 남편이 그러더라고요. "아예 오피스텔 얻어서 나가지 그래." 이렇게 완전히 일에 사로잡힐 때가 있습니다. 나중에 보니까 남편보다도 딸들이 먼저 알아요. '엄마 지금 딴 생각 하고 있구나.' 그때는 제가 혼잣말을 하거든요. 머릿속 계획이 입 밖으로 나오는 거지요. 혼잣말을 하거나 아니면 멍하고 있으니까 애들은 금방 눈치 채더라고요. 아이들이 처음에는 화를 내는데 조금 크니까 재밌어해요. 아이들이 일곱 살, 아홉 살이니까 아직은 조금 집중하는 척하셔야겠네요. 애들이 조금 더 크면 이해해줍니다. 그래도 제 기본 철학은 애들하고 시간을 많이 보내자는 겁니다.

독해지려면 평소에는 독하지 않아야 합니다. 보통 때 많이 놀아주다가 한 번씩 독해지는 거지, 어떻게 항상 독하게 굽니까? 요즘 애들이 정말 안됐다 싶은 게, 최소한 중학교 2학년 때부터 5년을 독해지라고 하니 이게 말이 되나요. 제가 주부들한테도 집 청소 좀 매일 하지 말라고 말합니다. 집이 항상 깨끗하면 청소해도 티가 안 납니다. 좀 어질러진 다음에 청소해야 보람이 있지요. 이런 말 들으시면 많이 좋아들 하세요. 공부도 마찬가지예요. 계속해서 자기를 긴장 속에 몰아넣는 건 불가능하다는 얘기예요. 대개 애들을 중학교 2학년 때부터 몰아붙이는데, 요즘에는 초등학교 때부터 그러기도 한다죠. 그러면 애들이 견딜 수가 없습니다. 아이들은 열 살 전까지는 엄마 아빠하고 시간을 보내는 걸 제일 좋아합니다. 그 이후에는 달라져요. 자기 시간 갖는 걸 더 좋아합니다. 자기들도 그러는데 지금 걔네들이 원한다고 항상 같이 놀아줄 수 없는 거 아니에요? 저는 '퀄리티 타임quality time'이라는 걸 믿습니다. 같이 있을 때 얼마나 질 높은 시간을 갖느냐, 나를 얼마나 신뢰하게 만드느냐가 중요하다고 생각해요. 아이들은 다 알거든요. 엄마가 항상 나랑 놀아주는 건 아니지만, 내가 필요할 때는 꼭 와준다. 우리 아이들이 어려서부터 그렇게 믿게 만들려고 애썼어요. 그런 믿음만 싹트면 아이들하고 시간을 많이 보내지 않아도 됩니다. 아침에 30분, 저녁에 한 40분 정도면 충분합니다. 퀄리티 타임.

질문 큰애가 중1이 됐는데 제가 사교육에 거부감이 커요. 학원을 안 보내자는 주의인데 중1이 되니 마음이 흔들리더라고요. 수학은 좀 잡아줘야겠다 싶어 일단 3개월간 학원에 다녀보기로 했는데 아이가 효과가 없는 것 같다고 해서 그만두기로 했어요. 그래서 당장 가장 하고 싶은 게 뭐냐고 했더니 댄스를 배우고 싶대요. 악기도 다루고 싶고. 그래서 밀어주기로 했어요. 막상 결정을 하고 나니 계속 갈등이 생기는 거예요. 고민이 됩니다.

김진애 애들이 하고 싶다는 것은 경제적으로 큰 부담이 되지 않는 한 지원하는 게 좋다고 생각합니다. 우리 애들도 자기들이 하고 싶다는 건 다 해봤거든요. 도중에 그만두는 게 더 많지만. 지금 잘하시는 거예요. 좀 진지하게 공부를 해야 하는 것 아닌가 고민들을 하시는데 과목에 집착하시지 않았으면 해요. 초등학교 고학년부터 중학교 1, 2학년 때까지가 이것저것 해보기에 좋은 때라는 생각이 들어요. 저는 수학, 영어, 국어 같은 과목은 반에서 중간쯤이면 대충 괜찮다고 생각하는 편입니다. 저도 학교 과목과 상관없는 책을 중고등학교 내내 일주일에 한 권씩은 읽었어요. 그렇게 하다가 나중에 몰두하면 별로 걱정할 필요 없는 거 아닌가요?

질문 딸이 책에 별로 흥미를 느끼지 않아요.

김진애 요새 애들이 책을 좋아하면 이상한 거예요. 세상에 재밌는 게 너무너무 많으니까요. 어느 팟캐스트에서 김갑수 선생님이 이런 얘기를 하시더라고요. "요새 사람들이 책을 읽는 단 한 가지 이유는 연애 상대한테 썸씽 디퍼런트something different하게 보일 수 있기 때문이다." 다른 이유는 하나도 없다는 거예요. 그것 때문에 고전도 찾아 읽는다는 거예요. 일리 있는 말씀이란 생각이 들어요. 책을 읽고 으스댈 데가 있어야 하거든요. 그러고는 또 이렇게 얘기하시더군요. "여자가 책 읽으면 남자들이 싫어하더라." 여자들은 좀 다른 작전이 필요한데 어디에 써먹을 데가 있어야 동기부여가 되는 거 같아요. 책 안 읽는다고 너무 뭐라 하지 마십시오. 제 작은딸 방에 책 10권이 채 안 되어도 아무 소리 안 했어요. 만화책은 수백 권인데, 만화책을 읽어주는 것만 해도 고맙지요. 그러더니 크고 나서 철학책도 읽어요. 〈소피의 세계〉라는 두꺼운 철학책을 처음부터 끝까지 다 읽고 자랑스러워하더라고요. 자기 동기가 생기는 때가 옵니다. 읽을 때가 되면 다 읽습니다.

2장

생각하는 힘을
키우는 공부,
초등편

정기원
밀알두레학교 교장

대안학교 교사가 바라본 공부

안녕하세요? 오면서 이 자리에 어떤 분들이 계실까 참 궁금했습니다. 사실 강의 주제가 저한테는 생소하기도 했습니다. 물론 학생들 담임을 하면서 늘 고민한 문제이긴 하지만 제가 여러 사람들 앞에서 강의하는 주제로는 참 생소해서 준비하면서 이게 쉽지 않구나, 내가 적격자일까, 하는 고민도 했습니다. 다만 제가 현장에서 교사로서 가졌던 고민들을 나누려고 합니다. 저는 여기 어떤 분들이 오셨는지, 왜 이 강좌를 신청하셨는지, 정말 자녀들에게 의미 있는 교육을 하기 위해서 오신 것인지, 아니면 공교육이나 사교육의 장에 직접 종사하는 분들이 계시는지 궁금했습니다.

오늘 제가 가져온 주제는 '생각하는 힘을 키우는 공부'인데, 초등학교 학생들한테 생각하는 힘을 키우기 위한 공부를 어떻게 안내하고, 또 그 공부가 잘되게 하려면 어떤 조건들을 갖춰줘야 하며, 가정에서 부모님은 어떻게 해야 하는가 등등을 이야기해보겠습니다.

본론으로 들어가기 전에, 제가 현장에서 선생님들이 생각하지도 않았던 콘셉트를 갖고 아이들을 만난 계기가 있었는데 그 얘기를 먼저 하겠습니다. 1990년 첫 발령을 받고 교사로서 아이들을 만날 때 너무나 큰 충격을 받았어요. 제가 초등학교 6학년 때와 달라진 게 없는 거예요. 교실 뒷면 칠판을 봐도 학습부, 문예부, 바른생활부, 미화부, 도서부(아마 지금도 그 명칭 쓸 거예요). 새마을부가 없어진 것만 달랐어요. 그거 빼고는 명칭을 그대로 쓰고 있었어요. 세월은 흘렀고 아이들도 저희 때와는 많은 변화가 보이는데 어떻게 교육의 내용, 교육의 방법은 그냥 그대로 답습될까? 뭔가 좀 새로운 방법이 없을까? 이런 고민들이 생겼어요. 그래서 제가 학습부, 문예부, 바른생활부 같은 것은 아이들한테 안 맞으니까 우리 아이들이 가장 좋아하고 관심 있는 영역으로 변화를 줘야겠다고 생각했어요. 그러면서 아이들 심리를 들여다보니까 어른들의 사회를 굉장히 동경하는 거예요. 어른들을 모방하고 싶어 하고, 어떤 한 가지 사물에 대한 호기심이 빨리 생기긴 하지만 지속력이 약한 특징도 있기에 이를 잘 활용해야겠다는 생각이 들었습니다. 여러분도 기억을 더듬어보시면 알겠지만, 학기 초에 선생님이 부서 편성할 때 '학습부 할 사람 손들어' 하면 다 손을 듭니다. 다섯 명 들어가야 하는데 일곱 명이 손들면 가위바위보 해서 정하잖아요. 가위바위보 해서 다섯 명이 뽑히고 나면, 나머지 두 친구는 다음에 '문예부 할 사람 손들어' 하면 또 문예부에 지원하고…… 그러다 가위바위보가 잘 안 되는 친구는 계속 탈락하다가 도서부에 들어간다든지 이렇게 되거든요. 부서 활동에 대한 동기 부여도 전혀 안 생기고, 활동도 미진해지는 겁니다.

우리 아이들이 교과 학급 중에 제일 재미없고 지루해하는 시간이 학급회의 시간이었어요. 회의 때 보니까 주 생활목표, 실천사항 정하느라 손만 들다 끝나니까 재미없지요. 지루해서 잡담하면 회장이 이름이나 적고, 선생님은 학급경영록 작성하고…… 이러니 그 시간이 의미가 없어요. 그래서 제가 학급을 하나의 작은 마을로 만들어서 아이들이 그 속에서 경찰, 은행, 상인 같은 활동을 하도록 만들었어요. 회의는 그 활동을 꾸려나가는, 마을을 운영하는 기구로 만들었고요. 이렇게 하니 아이들이 더 적극적으로 나서고 회의하는 맛을 느끼더군요. 이 같은 결과는 제게 관례적으로 해왔던 것들을 당연한 것으로 받아들일 게 아니라 새로운 방법을 찾아나가도록 자극하는 계기가 됐어요. 그리고 제가 대안학교까지 오게 된 것도 그런 자극 덕분이었죠. 우리가 이 자리에 모인 것도 다 아이들을 더 잘 가르쳐야겠다는 고민 때문 아니겠습니까? 그런데 공부를 하기 전에 먼저 근본적으로 생각해봐야 할 것이 몇 가지 있어요.

과연 공부란 무엇인가? 공부가 무엇인지를 알면 이 공부를 어떻게 해나가야 하고 아이들한테 잘할 수 있도록 어떻게 도울 것인지도 우리가 찾아낼 수 있지 않을까 싶었어요. 그래서 저는 근본적인 것부터 생각해보고자 하는 겁니다.

공부란 사람답게 살 수 있도록 해주는 것

제가 정부도 인정해주지 않는 비인가 대안학교를 운영하면서 세운 가장 큰 목표는 '아이들이 행복한 학교'를 만들자는 거였어요. 구체적으로는 아이들이 행복해서 방학을 줄여달라고 요청하는 학교를 만들어보는 겁니다. 어떻게 하면 그런 학교를 만들 수 있을까 궁리해봅니다. 저는 학교가 아이들이 즐겁고 활발한 모습으로 생활할 수 있는 곳이었으면 좋겠다고 생각합니다.

첫째로, 과연 공부는 뭘까? 공부가 무엇인지 정의를 먼저 해야 지금 내 아이들은 제대로 공부를 하고 있는지, 정말 나는 제대로 공부를 해온 것인지, 내 아이에게 공부를 제대로 가르치고 있는지를 성찰해볼 수 있겠다 싶어서 자료를 찾아봤습니다.

먼저 사전에서는 공부를 어떻게 정의하는지 살펴봤더니 배우고 익히는 것을 공부라고 해요. 배우고 익히는 게 공부면 노대체 무엇을 배우고 익히는 게 공부인지 우리 나름대로 정의를 해야 하지 않겠어요. 저는 지난 25년 동안 현장에서 아이들을 만나오면서 과연 이 아이들에게 우리는 무엇을 가르치려고 하는지, 무엇을 가르치려고 이런 학교를 운영하는지 고민했어요. 선생님들과 수없이 밤낮으로 고민하고 얘기 나누다 내린 결론은 '사람답게 살 수 있도록 해주기'였습니다. 그럼 사람이 사람답게 살도록 한다는 것, 사람답게 살아가도록 한다는 것은 과연 무엇일까요. 사람답다는 게 과연 무엇일까? 참으로 궁금했어요. 지구상에 존재하는 수많은 생명체 중에서 사람만이 갖고 있는 것이 바로 '사람답다'라고 할 수 있는 것이 아닐까 싶어요. 그게 뭘까 생각했을 때 떠오르는 것들이 있지 않습니까. 동식물과 비교했을 때 우리 사람만이 할 수 있는 게 뭐가 있을까요? 말하고 글 쓰는 것은 사람만이 하는 것 아니겠습니까? 그리고 판단하는 것이 있지요. 물론 일부 동물도 판단은 하지만 판단력이 뛰어난 것은 사람뿐입니다. 또 예의와 예절을 지키는 일도 사람에게만 있는 능력이에요. 이런 것을 전부 '사람다운 것'이라고 보는 거예요. 이를 배우고 익히는 것이 공부예요. 우리는 지금까지 공부라고 하면 지식을 받아들이는 것만 생각해온 것이 사실입니다.

이런 의미에서 살펴보면, 갓 태어난 아기는 외형으로는 사람이지만 사람 구실을 하기에는 미흡해요. 사람 구실을 할 수 있도록 여러 가지 능력을 배우고 익히게 해주는 것이 공부라는 의미로 해석할 수 있어요. 결국은 사람답게 살아갈 수 있도록 돕기 위한 것이 공부의 의미에 접근한 게 아닐까 생각합니다. 그렇게 본다면 우리가 지금 아이들에게 '공부해라, 공부해라' 할 때 이런 부분을 다 망라한 것인지 생각해봐야 할 것 같습니다.

어떤 일을 추진할 경우 세 가지 정도는 깊이 고민해보고 답을 얻은 뒤에 시작하면 오류가 적습니다. 저도 공부에 대해 세 가지 정도를 갖고 살펴보려고 합니다. 우리 아이들이 가정에서 '엄마, 공부하기 싫은데 왜 공부를 해야 돼요?'라고 물었을 때, 과연 나는 아이를 어떻게 설득할 것인가? 왜 나는 아이에게 공부를 해야 한다고 하는가? '공부 열심히 해야 좋은 대학 가고, 좋은 대학 가야 좋은 직장 얻고, 그래야 좋은 사람 만나 행복하게 살지.' 이렇게 얘기할 것인가?

공부와 관련해 먼저 얘기할 것은 'why'입니다. 왜 공부를 해야 하는가? 공부를 해야 하는 이유를 좋은 대학에 가기 위해서라고, 좋은 직장을 얻기 위해서라고 얘기해야 할까요? 아니면 칭찬받고 인정받기 위해서, 우리 가문을 떨치기 위해서, 명예를 드러내기 위해서라고 이야기해야 할까요? 과연 어떤 것이 아이들 가슴에 와 닿아서 '공부해야겠구나!' 하는 마음을 먹을 수 있게 할 수 있을까요? 이런 것을 고민해보면 공부에 대한 생각을 탄탄하게 할 수 있을 것입니다. 저는 앞서 얘기했던 '사람답게' 살기 위해서, 정말 온전한 사람이 되기 위해서 공부해야 한다고 생각합니다. 그러면 공부를 학생 때만 해야 하느냐? 어른이 되면 온전한 사람이 되었다고 할 수 있느냐? 그렇지 않죠. 온전한 사람이 되기 위해서는 평생 부단히 노력해야 하기에 평생 교육 시대가 열린 것입니다.

온전한 사람이 되기 위해 노력하는 것을 네 글자로 줄이면 '인격 형성'입니다. 인격 형성을 두 자로 줄이면 '인성'입니다. 우리나라 교육의 주된 화두가 인성 교육이지 않습니까. 저는 이 인성 교육이 우리나라에서는 실패했다고 생각해요. 인성 교육이 성공했다면 학교 폭력이나 학교에서의 집단 따돌림 등이 사회 문제로 대두되지 않았겠지요. 인성 교육이 왜 실패했는지는 나중에 말씀드리겠습니다.

둘째로는 'what'입니다. 무엇을 공부해야 하는가? 온전한 사람이 되기 위해서, 사람이 사람답기 위해서는 무엇을 배우고 익혀야 하는가를 찾아봐야 하지 않겠습니까? 지금 우리가 아이들에게 공부하라고 하는 내용을 견주어보는 거예요. 지금 우리 아이가 온전한 사람이 되기 위해 공부하는지, 정말 사람답게 살기 위해서 필요한 기능을 배우고 익히는지를 되짚어보는 것입니다. 그러면 '내가 아이에게 훌륭한 공부를 하도록 안내를 잘하고 있구나' 아니면 '내가 이 부분에 부족한 점이 있구나'를 스스로 느낄 수 있습니다.

아이가 책상에 앉아 열심히 문제를 풀고 있으면 엄마 마음이 뿌듯해져요. 공부하는 것으로 여겨지거든요. 자녀가 문제를 푸는 것이 온전한 사람이 되기 위해 필요한 것을 충족하는 것인지 생각해봐야겠지요? 교과서 내용을 들여다보고 단순 지식을 받아들이는 것이 우리가 생각하는 공부의 전부가 아닐까 싶습니다. 이건 잘못된 생각이지요. 이런 공부가 우리 아이들을 사람답게 살도록 해주고 온전한 사람으로 성장하는 데 필요한 공부겠는가를 생각해야 합니다. 미성숙한 아이가 성숙한 어른이 되는 데 필요한 것이 과연 무엇인지 생각해야 합니다.

공부의 본래의 내용으로 들어가야 한다는 뜻입니다.

그래서 저는 두 가지를 생각하는 겁니다. 하나는 지혜. 이 세상을 살아갈 때 필요한 지혜를 아이들이 배우게 해야 하지 않을까요. 지식하고 지혜는 구분해야 하지 않겠습니까? 지식은 얼마든지 바뀔 수 있는 거예요. 시간이 흐르면서 얼마든지 변할 수 있어요. 지혜는 세월이 흘러도 크게 변하지 않습니다. 사람을 사람답게 만들어주는 지혜를 배우게 해야 합니다. 다른 하나는 방법입니다. 다른 사람과 어떻게 의사소통을 하고 또 그들을 대할 때는 어떻게 하는 것이 예절 바른 행동인지 등등의 방법을 배우고 느끼고 깨닫게 해주는 것이 공부여야 한다고 생각합니다.

'why', 'what' 다음의 셋째는 'how'예요. 어떻게 공부를 하게 할 것인가? 온전한 인격체로 만들기 위해서 어떤 방법을 써야 하는가? 일반 학교나 가정에서 쓰는 방법으로 아이들을 잘 기를 수 있겠는가?

수업에 의해서 일방적으로 선생님이 넣어주는 주입식 강의가 효과적일 때도 있습니다. 문제는 이것이 일방적이라는 거예요. 선생님이 머릿속에 넣어주는 것이 공부의 방법으로 적합할까요? 단순한 지식을 암기하게 하는 것이 공부의 방법이 될까요?

공부가 정말 공부다워지려면 아이들이 직접 조사하고 탐구하고 실험하고 실습하는 과정이 필요합니다. 이는 경험할 수 있다는 점에서 중요해요. 자기가 만져보고 조사해보고 탐구하다 보면 체험하는 시간이 생깁니다. 체험은 곧 생각으로 이어지기 때문에 중요하죠. '야, 이거 괜찮은데?' '참 좋은데' '이거 무척 힘든데' 이렇게 경험하고 느끼다 보면 사고의 작용으로 이어질 수 있거든요. 생각하고 사고하는 힘이 길러질 수 있어요. 그냥 일방적으로 주어지는 방식으로는 이런 사고의 확산이 이루어지기 어렵다는 거예요. 생각하는 힘은 본인이 경험하는 가운데 길러질 수 있기 때문에 공부하는 방법에서 아이들이 생각하고 깨달을 수 있게 하려면 경험의 장이 필요합니다.

그래서 우리 밀알두레학교에서 선생님들과 함께 만들어낸 말이 있어요. '백문이 불여일견'이란 말이 있잖아요? 백 번 듣는 것보다 한 번 보는 게 낫다. 그 말을 우리가 바꾼 거예요. '백견이 불여일험', 백 번 보는 것보다 한 번 체험하는 게 낫다. 체험 '험驗'자를 써서 만들었어요.

밀알두레학교는 초등학교부터 고등학교까지 12학년제를 운영하고 있는데, 제가 우리 중·고등학교 선생님들한테 요청했어요. "과학 시간, 생물 시간에 아이들이 즐거웠으면 좋겠다"고요. 저는 외부의 중·고등학교든 초등학교든 강의가 있으면 한 시간 정도 일찍 가서 수업을 어떻게 하는지 교실을 돌아봐요. 제가 가본 고등학교 학생의 3분의 2 정도는 책상에 엎드려 잡니다. 3분의 1 정도만 깨어 있어요. 그중 다섯 명가량만 선생님을 응시하고 나머지는 딴 짓 해요. 우리 학교에 공립에 계시던 선생님들이 오셨어요. 제가 이 얘기를 했더니 그나마 일어나 있는 아이가 고맙다는 거예요. 물론 잠자고 있으면 방해를 안 하니까 괜찮긴 하지만, 어쩐지 무시당하는 느낌이 들어서 앉아 있어주기만 해도 고맙다는 겁니다. 그런 학교에서 오신 선생님들에게 아이들이 수업을 즐겁고 재미있게 느낄 수 있는 방법을 물었어요. 첫째로 나온 답이 실험하고 실습하면 좋다는 거예요. '그러면 그렇게 해봅시다' 했더니 '그럼 진도를 못 맞춥니다' 하시더군요. '일반 학교는 진도 맞추기 위해 실험·실습 다 빼버리고 그냥 입으로 때우는 건가요?' 하고 물었더니 그렇다는 거예요. '내가 책임질 테니 매시간 실험·실습·탐구·조사 활동으로 가자'고 했어요.

한번 생각해보세요. 매시간 실험하고 실습하면 아이들이 얼마나 흥미 있어 하겠어요. 그렇게 하다 보니 방학할 때 돼서 한 단원을 공부하지 못했어요. 그래서 아이들한테 '얘들아, 우리가 매시간 실험하고 실습하다 보니까 한 단원을 못하게 됐는데 이거 어떻게 하지?' 했을 때 '그냥 넘어가죠' 할 아이들이 있을까요? 호기심이 계속 생긴 아이들인데. '그럼 방학 때 보충하시죠.' 이렇게 되는 거예요. 우리 선생님들이 답은 다 알고 있어요. 그런데 진도 때문에 재미없는 수업을 하는 부분도 있어요.

저는 고등학교 시절에 공부를 참 '미련하게 열심히' 했어요. 타이밍이라는 약 아세요? 공부 못하는 애들이 즐겨 먹던 약입니다. 잠 안 오게 하는 약인 타이밍을 사먹어 가면서 벼락치기로 공부했어요. 그 결과 신장이 많이 상했어요. 그렇게 무식하게 열심히 공부해서 결국 대학에 떨어졌습니다. 저는 시험에 안 나오는 것만 골라서 공부한 학생이었어요. 공부를 엉터리로 했고 그러니 공부를 못한 학생이었던 거죠. 이 강의를 들으러 오신 부모님들도 그 과정을 되돌아보시고 앞에서 살펴본 내용에 비추어 나는 정말 제대로 공부했는지, 내 아이에게 공부다운 공부를 시키고 있는지 살펴보았으면 좋겠습니다.

공부를 잘하려면
하루에 두 시간씩 땀 흘리며 뛰어놀아야

저는 아이들이 공부를 잘하기 위한 조건이 있다고 생각합니다. 제가 아이들을 만나면서 갖게 된 생각이에요. 분명히 공부를 잘하기 위한 조건이 있습니다. 이 조건들을 충족시키면서 아이들에게 동기 부여를 해줘야지, 동기 부여만 실컷 하고 조건은 갖춰주지 않으면 안 됩니다. 공부를 잘하도록 도와주기 위한 조건이 몇 가지 있습니다. 이것들이 가정에서 잘 실현되고 있는지 살펴보았으면 좋겠습니다.

첫째, 공부를 잘하는 데는 신체적 조건이 필요해요. 몸이 먼저 건강해야 해요. 제가 발령받은 지 3년째에 신장에 문제가 있다는 걸 알게 됐습니다. 1990년 첫 발령을 받은 뒤 아이들하고 생활하는 게 정말 좋아서 출퇴근 때마다 '어떻게 하면 아이들이 좋아할까' 하는 궁리만 했어요. 그러다 보면 생각이 막 솟아나더군요. 그 생각을 다음 날 바로 수업에 반영했더니 아이들이 정말 좋아하는 거예요. 제가 쓴 자료들을 문서로 남기고 싶었는데 학교에는 행정실에만 컴퓨터가 한 대 있었어요. 그 컴퓨터는 행정실 직원이 퇴근한 뒤에나 쓸 수 있었죠. 오후 5시 이후에 행정실로 내려가서 컴퓨터 작업을 했어요. 저는 학교 앞에서 자취를 했기 때문에 자장면 시켜 먹으면서 작업하다 밤 10시쯤 잠을 자러만 집에 왔어요. 아침 6시에 일어나서 세수만 하고 학교에 가서 8시 20분까지 두 시간 동안 컴퓨터 작업을 했죠. 이런 생활을 3년간 했더니 신장에 문제가 생겼어요.

신장이 나빠지면 만사가 귀찮아집니다. 아픈 증상은 하나도 없고

봄날의 나른함만 느껴집니다. 바로 눈앞에 쓰레기가 있는데 거기까지 주우러 가기가 귀찮아요. 숙제를 내주는 건 괜찮은데 검사하는 게 귀찮아져요. 그러니 숙제를 안 내주게 돼요. 숙제 내주고 검사 안 하는 것보다는 아예 안 내주는 게 낫겠다 싶더라고요. 애들이 정말 좋아했어요. 우리 반은 숙제 없는 반이라는 거예요. 일기 쓰기도 안 했어요. 애들이 매일 일기장을 들이미니까 그걸 읽는 게 귀찮은 거예요. 몸이 건강하지 못하니 재미있고 활기찬 수업은커녕 만사가 귀찮아져요. 우리 자녀도 저처럼 신장이 나쁘다든지 어디 아프다든지 하면 공부할 수 없는 건 기본이잖아요. 몸이 건강해야 해요.

ADHD 아동들은 수업 시간 동안 제자리에 가만히 앉아 있는 것이 힘들다. 계속해서 움직이거나 수업하는 도중에 교실을 돌아다니며 떠드는 것은 물론 친구들과의 관계에서도 문제를 일으키는 경우가 많다. ADHD 진단을 받은 아이의 70%가량은 틱장애, 학습장애, 야뇨증과 같은 질환을 함께 갖고 있다. 훈육과 양육이 어렵다 보니 부모와 자녀 간의 관계에서도 많은 문제가 나타난다. 유전적인 요인, 뇌 손상, 중추신경계 각성 기능의 이상은 물론 환경오염과 먹거리 등 다양한 원인이 ADHD를 유발하는 것으로 보고 있다. 특히 뇌의 전두엽은 행동을 억제하고 적절한 반응을 지속하게 하여 활동 수준을 통제하는데, ADHD 환자는 전두엽 영역의 활동이 정상인보다 적은 것으로 밝혀졌다. ADHD 진단을 받은 아동이라면 스마트폰 사용에 주의가 필요하다. 스마트폰을 지나치게 사용하면 주의력 부족과 산만함이 더욱 심해질 수 있기 때문이다. -〈Sports World〉 2014. 4. 29.

요즘 우리나라 공교육 현장에서 ADHD(주의력결핍 과잉행동장애) 증상을 보이는 아이들이 10퍼센트나 된다고 해요. ADHD, 다른 말로 하면 '설치고 나대는 아이'예요. 이 아이들이 검사를 받으면 ADHD 진단을 받을 수밖에 없어요. 병원에 가서 피를 뽑아 검사했더니 'ADHD 인자가 몇 퍼센트 있으므로 이 아이는 ADHD다' 이렇게 진단하는 것이 아니라 행동을 지켜보고 진단해요. 행동을 지켜보고 'ADHD, 주의력결핍 과잉행동장애 증상이 있습니다'라고 판단하죠. 교실에서 설치고 나대는 아이들은 ADHD 진단을 받을 확률이 90퍼센트가 넘어요. 선생님이 '이 아이는 ADHD가 아닐까 의심이 됩니다' 하고 말하면 마음의 각오를 하고 가야 할 정도가 된 거죠. 선생님이 그 분야의 전문가는 아니어도 ADHD를 가려낼 수는 있거든요.

유전 요인에 의해서 ADHD가 생기는 아이도 있어요. 뇌손상이라든지 중추신경계 이상으로 ADHD 증상이 생길 수도 있고, 환경오염과 먹을거리도 ADHD의 원인이 된다고 해요. 유전 요인에 의해서 ADHD가 생긴 아이는 약을 복용하는 방법밖에 없어요. 환경 요인에 의한 경우는 환경 요인을 제거하면 해결이 돼요. 그런데 환경 요인을 제거하지 않고 약으로 다스리게 되면 점점 센 약을 복용해야 합니다. 약을 먹고 나면 아이가 무기력해져서 꼭 병든 닭 같아요. 저는 그게 정말 안타까워요. 제가 ADHD 관련 자료를 살펴보니 먹을거리도 원인이 되더군요.

건강한 몸을 만들어주기 위해서는 운동이 필수예요. 초등학교 때는 하루에 한두 시간은 땀을 뻘뻘 흘리면서 뛰어놀 수 있어야 해요. 2008년 서울에 있는 사립 초등학교 2학년 학부모님이 제게 울면서 전화를 하셨어요. 아이가 1학년 때는 학교 가길 좋아하더니 2학년 되면서부터 학교를 안 가겠다며 운다는 거예요. 그러면서 오늘은 너무 화가 난다는 거예요. 왜 그러냐고 물었더니 아이가 아침에 일어나더니 "엄마, 오늘은 학교 쉬면 안 돼요?" 그러더래요. 학교를 쉬다니 큰일 날 소리 한다며 억지로 달래서 학교 앞까지 태워다줬는데, 아이가 내리지 않더래요. 얼른 내리라고 보챘더니 차 문고리에 손가락을 올려놓고는 "엄마, 문이 안 열려요. 오늘 학교 쉬면 안 돼요?" 하며 울더라는 거예요. 이렇게 우는 모습을 보니까 도저히 등 떠밀어 들여보내질 못해서 데려왔답니다. 그리고 아이가 ADHD 약을 복용한다고 말하더군요. 그래서 안타까워 학교로 아이를 데려올 수 있느냐고 물었더니 그렇게 하겠다고 하고는 금방 아이를 데려왔습니다.

문을 열고 들어오는 모자를 보고 말했어요. "어머니는 나가셔서 학교 구경하시고 제가 부르면 오세요. 저는 이 아이랑 얘기 좀 할게요." 그러고는 아이에게 "나는 이 학교 선생님인데, 오느라 고생했다"고 인사하는데 아이는 인사를 하는 둥 마는 둥 해요.

"내가 하나 물어볼 게 있어. 네가 들어올 때 보니 네 눈빛이 굉장히 반짝반짝 빛나더라. 너 호기심이 많지?"

"어떻게 아셨어요?"

"너처럼 눈이 반짝반짝 빛나는 애들은 호기심이 많아."

"저는 호기심이 진짜 많아요. 화재경보기의 빨간 벨을 누르면 어떤 소리가 날까? 우리 집 소리랑 이 집 소리랑 같은가 알고 싶어서 꾹 눌러봐요."

"그런데 너 호기심만 많은 게 아니라 한 가지 일에 집중하면 빠져나

올 줄 모르지?"

"그건 어떻게 아셨어요? 저는 그것 때문에 엄마한테 만날 꾸중 들어요."

"내가 보니까 호기심이 많고 한 가지 일에 집중할 수 있는 아이가 크게 되더라. 너 앞으로 크게 될 아이 같아."

"선생님, 어떻게 하면 이 학교에 다닐 수 있어요?"

"이야, 너 이 학교에 관심이 많구나. 이 학교는 아무나 올 수 없어. 자격조건을 갖춰야 돼."

"그래요? 그럼 엄마 좀 불러주세요."

엄마가 오더니 깜짝 놀란 거예요.

"이 아이가 학교 안 가려고 투정 부린 게 몇 개월인데……"

아이가 입학 조건이 무엇이냐고 묻더군요.

"쉽지 않은데, 네가 할 수 있겠니?"

"빨리 얘기하세요."

"첫째는, 하루에 한두 시간씩 땀을 뻘뻘 흘리면서 뛰어놀 수 있어야 해."

"그건 제가 제일 잘하는 거예요."

"둘째는, 선생님이랑 공부할래 아니면 선생님이랑 놀래? 네가 선택을 해."

"당연히 노는 거죠."

"그러면 넌 가능성 있다."

"공부를 선택했으면 이 학교에 못 오나요?"

"이야, 넌 호기심이 진짜 많구나."

"궁금하잖아요."

"물론. 이유가 있어. 내가 지금까지 교사 하면서 보니까 어린 시절부터 잘 노는 애들이 큰 인물이 되더라. 그런데 어렸을 때 공부를 열심히 하는 친구는 커봐야 알아. 그러니까 크게 될 잘 노는 아이를 먼저 뽑고 커봐야 아는 아이는 나중에 기회가 될 때 뽑아야지."

"아, 이해가 되네요. 이 학교 다닐게요."

그래서 그 아이 우리 학교 다녔어요.

어쨌든 하루에 한두 시간 충분한 운동이 필요해요. 그런데 우리는 건강한 몸을 만드는 데 너무 투자를 안 해요. 외국 아이들은 고등학교 때까지 두 시간씩 땀 흘리면서 운동해요. 우리 고3 아이들은 운동이 뭡니까? 있는 체육시간도 빼버리는데. 이런 아이들이 대학 가서 경쟁이 안 되잖아요. 우리 학생들이 외국의 좋은 대학에 입학은 하지만 졸업해서 성공적인 삶을 사는 경우는 드물잖아요. 몸이 튼튼한 학생들도 공부를 쫓아가지 못한다는 거예요. 2~3일씩 밤을 새우며 공부하는 미국 학생들을 체력적으로 못 쫓아간다는 것이지요. 이런 부분에서 관점의 변화가 있어야 합니다.

저는 우리 어머니들이 아이들한테 중요하게 여겨야 할 부분이 '땀'이라고 생각해요. 아이가 밖에 나가서 흙 묻혀 오면 잘했다고 격려해줘야지, 등짝을 두들기고 빨래는 네가 해라 이러면 아이가 나가 놀 엄두가 나겠습니까? '옷은 얼마든지 버려도 좋으니 신나게 놀다가 와라'고 허용해줘야 아이가 좋은 공부를 할 수 있게 됩니다.

자녀 교육에 소홀한 아빠가
가정으로 돌아와야 한다

환성석·성서적인 조건도 있습니다. 행복한 가정이 되면 자기 자리에 대한 안정감이 생겨요. 엄마 아빠가 행복하게 사는 모습을 보는 순간 아이는 안정감을 느껴요. 엄마 아빠가 만날 싸우면 아이에게 불안감이 생겨요. '최근 왜 두 분이 자꾸 싸우지? 저러다 이혼하면 큰일 나는데. 엄마나 아빠 중의 한 분을 내가 선택해야 되는 거 아냐? 내가 학교 간 사이에 부모님이 법원에 가 계시는 건 아닐까?' 이런 궁리를 하고 있으면 선생님이 입에 거품 물고 얘기한들 가슴에, 머리에 입력이 되겠어요. 친구 집에 갔더니 엄마 아빠가 막 싸워요. '저 친구 정말 안 됐다' 하고 우리 집에 왔더니 엄마 아빠가 껴안고 서로 애정 표현을 주고받아요. 그럼 아이의 마음이 어떻겠어요? '내가 보는 데도 저 정도면 안 볼 때는……' 자기 마음대로 상상하면서 자기 방으로 들어가잖아요. '됐다, 우리 집은 됐구나.' 이렇게 여기는 아이가 자기 자리를 찾아가는 거예요. '골칫덩어리였던 두 분이 드디어 화해하고 사랑을 하나 보다. 이제 내 인생, 내 고민 풀어보자.' 이런 아이가 술 먹으면서 고뇌하고 피시방에서 전전긍긍하겠어요?

청소년들이 피시방에 가고 술 먹고 담배 피우는 것은 하나의 현상이라고 봅니다. 그만큼 행복하지 않은 가정이 늘어서 생긴 현상이지 청소년들의 문제는 아니라고 생각합니다. 학교 폭력이 심한 학교에 경찰 10명을 파견한들 해결되겠어요? 행복한 가정을 만들어 원인을 없애야 해요. 자기 자리에 대한 안정감이 생긴 아이는 자기 자리에 들어

가서 자기 역할을 찾게 돼 있습니다.

저는 우리 학교의 학부모님들에게도 될 수 있으면 부부싸움 하지 마시라고 말씀드리지만 불가능한 일이지요. 그래서 부모님들하고 합의한 게 있어요. '부득이 부부싸움을 하게 될 때는 자녀들 일찍 재워 놓고 싸우든지, 아니면 차 타고 멀리 나가서 실컷 싸우고 돌아올 때는 반드시 화해하고 웃으면서 집에 들어가자.' 제가 일곱 살 때 저희 부모님이 심하게 다투셨습니다. 저는 두 분이 이혼하는 줄 알았어요. 40년이 지난 지금도 그 기억이 생생해요. 그때 아버지가 어머니한테 삿대질하면서 무슨 말을 했고, 어머니도 무슨 말을 하면서 달려들었고, 보따리 싸서 나가려는 걸 내가 붙잡았던 기억이 생생해요. 저한테 큰 충격이었기 때문에 그래요. 아버지는 돌아가셨고 어머니만 계시는데, 제가 어머니께 그때 아버지하고 싸운 일 얘기하면 기억도 못합니다. 그 분들은 별일 아닌 걸로 여겼을 수 있지만 아이들은 그렇지 않을 수 있습니다.

행복한 가정이 되어야 하는 또 하나의 이유는 전두엽의 활성화를 위해서입니다. 우리 뇌의 전두엽은 행복과 매우 밀접한 관련이 있습니다. 뇌의 제일 앞부분에 전두엽이 있고 그 밑에 해마가 있어요(62쪽 그림 참조). 해마는 기억을 담당하는데, 우리가 기분이 좋고 즐거운 상태에서 어떤 자극을 받으면 해마가 활성화된다고 해요. 일을 하려고 가동이 되는 겁니다. 해마가 가동되면 전두엽이 자극을 받아서 활성화되는 거예요. 전두엽이 활성화된다는 건 판단하고 받아들이는 능력이 활성화된다는 뜻이에요. 즐거운 분위기가 자극을 주면서 공부가 더 잘되게 만들어주는 것이지요. 그래서 등교할 때 부모님이 잔소리하면

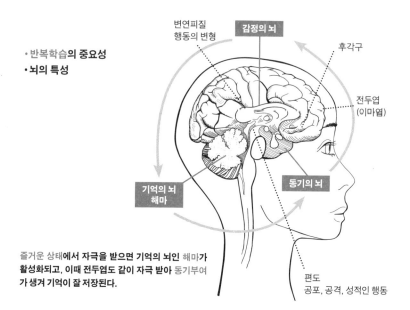

• 반복학습의 중요성
• **뇌의 특성**

변연피질
행동의 변형

감정의 뇌

후각구

전두엽
(이마엽)

**기억의 뇌
해마**

동기의 뇌

편도
공포, 공격, 성적인 행동

즐거운 상태에서 자극을 받으면 기억의 뇌인 해마가 활성화되고, 이때 전두엽도 같이 자극 받아 동기부여 가 생겨 기억이 잘 저장된다.

안 돼요. 빨리 등교 안 하느냐고 소리 지르고 준비물 이제 사달라고 하 나며 등짝 때려 내보내면 애가 공부할 기분이 들겠어요? 엄마를 원망 하는 아이의 전두엽이 활성화되겠어요? 그런 상태에서 성적 잘 못 받 아오면 또 호통을 치니까 악순환이 벌어지죠. 공부가 싫어지는 거예 요. 공부할 조건들을 먼저 갖춰줘야 합니다.

행복한 가정을 만들 수 있는 몇 가지 팁을 드리고 싶습니다. 우리나 라 가정이 행복하지 않은 가장 큰 이유가 아빠 때문이에요. 가정의 모 든 문제를 엄마한테 맡겨놓고 아빠는 직장 일에만 매진해서 문제가 생 겨요. 자녀 교육에 소홀한 아빠가 다시 가정으로 되돌아와야 합니다. 아빠가 가장으로서 권위를 회복해야 행복한 가정의 기틀이 만들어집 니다. 그래서 저는 아버님들한테 현재 아빠의 역할을 잘하고 있는지 점검해보라면서 문제를 내드려요. 내가 아빠의 역할을 잘하고 있는지 5초 안에 답을 하시면 돼요.

첫째, 자녀가 최근 즐겨 만나는 친구 이름 다섯 명을 5초 안에 댈 수 있는가?

둘째, 자녀가 몇 학년 몇 반인지 아는가?

셋째, 자녀의 담임선생님 이름을 아는가?

이 세 가지만 알고 계셔도 아빠가 자녀한테 관심이 있다고 할 수 있지 않겠나 싶어요. 요즘 이 세 가지 문제에 답하지 못하는 아빠가 늘어나는 추세입니다. 이런 가정의 아이는 '우리 아빠는 날 위해 뭐 해줬어?' 하고 반문하게 돼 있어요. '내가 너를 위해서 직장에서 갖은 구박 받으면서도 끝까지 버티고 있는데, 널 위해서 돈을 얼마나 벌어다 줬는데……' 이런 말은 자녀의 마음을 움직이지 못하죠. '내가 한창 힘든 나이에 아빠는 날 위해서 뭘 해준 거야? 내 고민 얼마나 들어줬고, 나한테 얼마나 관심 가졌어?' 자녀들은 이런 걸 중요시합니다.

우리 학교가 개교한 지 얼마 안 됐을 때 중학생들이 많이 몰려왔어요. 그 아이들을 다 입학시켰어요. 그런데 중학교 2학년 남자아이가 담배를 피우는 거예요. 우리 학교는 담배 피우면 못 다닙니다. 이 아이를 불렀어요. "너 왜 담배 피우냐. 담배 피우면 이 학교 못 다니는데. 담배 피우는 것을 인정해주는 학교를 다니든지 담배를 끊든지 해야 한다." "저는 이 학교 다니고 싶어요. 담배를 끊겠습니다." "네가 그렇게 말해주니 참 고맙구나. 그런데 왜 담배를 피웠니?" "선생님, 전 너무 외로웠어요." "내가 너희 집 형편 다 아는데 그렇게 외롭지 않을 거 같은데?"

목사님 자녀였어요. 엄마 아빠가 심방 다니느라고 자기는 집에 오면 늘 혼자였대요. 이해가 됐어요. 남동생은 학원 갔다 만날 늦게 온대요. 자기는 학원은 가기 싫고 해서 친구들과 어울려 다니며 6학년 2학기 때부터 담배를 피웠다고 해요. 놀이터에서 친구들을 만났는데 자기 마음을 그렇게 잘 이해해주더래. 이 친구들이 권했다는 거예요. 내가 목사 아들인데 담배 피우면 되나 해서 처음에는 거부했는데, 친하게 지내려다 보니 피우게 된 거예요. 그 친구 결국 금연에 실패했어요. 문만 열고 나가면 편의점이 있잖아요. 어떻게든 구할 수 있는 환경이니까요. 아이의 의지를 넘어서는 겁니다. '얘는 담배 없는 데서 살아야 되겠다' 싶어서 제가 양평 첩첩산중의 기숙사 있는 대안학교를 추천해줬어요. 거기 가서 3개월 있다가 방학 때 왔는데 담배를 끊었더군요.

중3 여학생이 똑같이 담배 피우다 걸렸는데, 이 아이도 외로웠대요. 자기는 중3이 되도록 아빠한테 '우리 딸 최고다, 우리 딸 예쁘다, 우리 딸 자랑스러워' 같은 말을 한 번도 들은 적이 없대요. 아빠가 의사인데 시간 날 때마다 아프리카·몽골 등을 다니면서 의료 봉사활동을 하는 훌륭한 분이에요. 제가 보니까 초·중·고 시절 우리 아이들한테 필요한 게 있더군요. 아이들은 삼시 세 끼 꼬박꼬박 밥을 챙겨먹어야 하는 것처럼 부모에게 받아야 될 게 있어요. 사랑, 관심, 격려 등등을 부모에게 꼬박꼬박 받아야 합니다. 이것이 결핍됐을 때 나타나는 증상 중에 하나가 흡연이에요. 그러니 부모님들이 가정에서 자녀들이 이런 결핍을 느끼게 만들어서는 안 되겠습니다.

"부모나 아내가 결사반대하는 곳은 틀림없다. 의심치 말고 가라"

아이들에게 꿈과 비전을 발견하게끔 만들어줘야 합니다. '내가 이 세상에서 살아야 하는 이유가 뭐냐, 나는 왜 살아야 하는가, 어떤 삶을 살아야 하는가.' 이런 것을 느끼게 하고 깨닫게 하고 고민하게 해줘야 해요. 이런 목표로 살아야겠다, 이런 삶을 살아야겠다고 느끼는 아이는 공부를 하게 돼 있거든요. 자기 꿈을 이루기 위해서는 뭘 해야 하는지 답을 찾기 때문에 공부를 잘하지는 못해도 공부를 소홀히 여기지 않습니다. 그리고 분명한 목표가 생기면 함께 더불어 가는 방법을 찾아요. '나 혼자 잘 먹고 잘 살아야겠다' '저 공부 못하는 지질이' 이러지 않습니다. 내 꿈이 있고, 내 인생이 정말 가치가 있다는 것을 깨달은 아이는 남의 인생도 훌륭한 가치가 있음을 알기 때문에 사람을 차별하지 않아요. 자기와 다른 아이와도 손잡고 가요. 저는 정신적인 부분의 성장이 교육에서 가장 중요하다고 생각하는데, 이게 이루어지면 지적 성장과 사회적 성장도 같이 가요. 지적 성장은 지智입니다. 사회적 성장은 덕德이에요.

인성 교육의 3요소는 지·덕·체라고 학교에서 배웠잖아요. 꿈과 목표를 분명히 하면 지와 덕이 같이 가는 거예요. 제가 공교육에서 인성 교육이 실패했다고 보는 것은 지·덕·체만 갖고 얘기했기 때문이에요. 지·덕·체가 따로따로 떨어져 있었기 때문에 연결이 안 되거든요. 그런데 이 밑바탕의 정신적인 부분에서 목표를 분명히 해주면 지·덕이 같이 뻗어나갈 가능성이 있어요. 하나 남은 게 체體잖아요. 몸, 건강이 체인데, 몸의 건강은 정신적 성장과 연결돼요. 몸이 건강해야 정신이 건강해진다고 하잖아요. 건강한 정신이 꿈과 비전을 만드는 토대입니다. 이 꿈과 비전이 만들어지면 지적 성장과 사회적 성장이 같이 이루어집니다. 그래서 인성 교육은 네 가지가 갖춰져야 합니다. 지·덕·체·정신이 유기적인 관계로 이어져야 하죠. 그래서 올바른 가치관을 심어줘야 하고요. 건강한 정신이 만들어질 수 있도록 해줘야 합니다.

오늘날의 배움, 학교에서의 배움은 이와는 거리가 멀어요. 입시 위주의 진학 준비예요. '공부 열심히 해서 좋은 대학 가면 네 인생이 행복해질 것이다'라는 가르침이에요. 이런 가르침이 아이들 가슴을 뜨겁게 할까요. 오히려 지·덕·체를 통해서 다양한 경험을 하고 체험하면서 가슴으로 느꼈을 때 인생은 가치 있다고 느낀 아이가 배움에 들어갑니다. 그게 안 된 상태에서 그냥 공부 열심히 해야지, 좋은 대학 가야지 한다고 공부가 되겠어요? 급훈으로 '엄마가 지켜보고 있다' '한 시간만 덜 자면 아내 얼굴이 달라진다' 따위 써 붙여놓고 공부하면 가슴이 뜨거워지겠어요. 가슴을 뜨겁게 하는 배움이 현장에서 나와야 한다고 봅니다.

거창고등학교의 직업 선택 10계명은 한번쯤 들어보셨죠?

1. 월급이 적은 쪽을 택하라.
2. 내가 원하는 곳이 아니라 나를 필요로 하는 곳을 택하라.
3. 승진의 기회가 거의 없는 곳을 택하라.
4. 모든 조건이 갖추어진 곳을 피하고 처음부터 시작해야 하는 황무지를 택하라.

5. 앞을 다투어 모여드는 곳을 절대 가지 마라. 아무도 가지 않는 곳을 가라.

6. 장래성이 없다고 생각되는 곳으로 가라.

7. 사회적 존경을 바랄 수 없는 곳으로 가라.

8. 한가운데가 아니라 가장자리로 가라.

9. 부모나 아내가 결사반대하는 곳이면 틀림없다. 의심치 말고 가라.

10. 왕관이 아니라 단두대가 기다리고 있는 곳으로 가라.

이걸 처음 보는 순간 '우리나라에도 이런 학교가 있구나' 하는 감동과 희열을 느꼈어요. 만약 제가 대안학교운동을 시작하지 않았으면 제 아들은 거창고등학교에 보냈을 거예요. 저 10계명만 충실히 지도하면 이 학교는 일반 학교가 힘들어 하는 생활지도 문제로 고민하진 않을 것 같아요. 10계명을 가르칠 때 학생들은 어떤 반응일까 궁금합니다. 과연 잘 받아들일까? 혹시 튕겨나가는 학생들은 없을까? 저는 이를 거부하고 사회의 가치관, 부모의 가치관을 따랐던 학생이 어른이 돼서 인생의 한 모퉁이에서 도저히 살아갈 방법을 모를 때 고등학교 3년 내내 입에 거품을 물고 부르짖던 선생님의 외침이 들리지 않을까 상상합니다.

10계명 중 아홉 번째가 압권입니다. '부모나 아내가 결사반대하는 곳이면 틀림없다. 의심치 말고 가라.' 전국의 모든 초·중·고가 이것을 가르치자는 것이 아니라 학교마다, 선생님마다 인생관·가치관을 아이들한테 던져주면서 경험하게 하는 것이 중요하다고 생각해요. 경험하면서 느끼고 깨닫게 해서 아이가 스스로 받아들이게끔 해야 하지 않나 싶어요.

생활 태도도 중요합니다. 저는 건강한 몸, 행복한 가정, 꿈과 비전, 그리고 올바른 생활 태도 이 네 가지 조건이 충족됐을 때 부모님들이 원하는 성적도 기대할 수 있다고 봅니다. 태도 면에서 눈여겨봐야 할 것은 일단 바른 자세, 바른 습관을 기르는 것입니다. 이를 위해서 부모님들이 꼭 해야 할 게 있어요.

우선 경청. 우리 아이들은 말은 정말 잘합니다. 앉아서도 입은 늘 열려 있어서 뭔가를 말하는데, 선생님이나 발표자가 앞에 섰을 때 잘 듣고 귀 기울여주는 데는 약해요. 일본에 저희 자매학교가 있어서 수업 참관하러 종종 가는데, 한국 아이들하고 일본 아이들하고 기질적으로 다른 것이 그 부분이에요. 일본 아이들은 누군가가 앞에 서면 조용히 쳐다봅니다. 그 아이가 무슨 헛소리를 하든 다 들어줘요. 우리는 탕탕 소리 내서 주의를 환기하지 않으면 다 자기 삶 속에 빠져 있어요. 이게 집중하는 데 장애요소가 아닌가 하는 생각도 들어요.

가정에서 부모님들이 챙겨줘야 하는 것이 하나 더 있습니다. 가방 정리정돈입니다. 부모님이 매일 같이하셨으면 좋겠다 싶은 일이 가방 정리입니다. 아이가 학교 갔다 오면 '오늘 학교에서 배운 거 한번 꺼내 봐라. 오늘 뭘 배웠니? 기억에 남는 게 뭐니?' 하지요? 아이가 '이거 기억나요' 하면 '그건 중요한 것도 아니잖니?' 이러지요? 그러지 마시고 '너 정말 좋은 거 알았네. 거기에 관심이 가니?' 이렇게 격려해주는 겁니다. 격려하면서 꼭 질문을 하셔야 해요. '오늘 선생님한테 무슨 질문 했니?' 분명히 질문 안 했다고 할 거예요. '내일은 꼭 질문해. 궁금한 거 있으면 질문해봐.' 이렇게 넘기고 다음 날도 '오늘 무슨 질문 했니?'

물어보세요. '안 했는데?' 하겠죠. 3일 정도 반복되면 아이가 느낄 거예요. '엄마가 매일 물어보는구나. 학교 가면 질문 하나 해야겠네' 하고 고민해요. 아무것이나 질문할 수는 없으니까 고민하면서 선생님 얘기를 경청하지 않겠어요?

어쨌든 가방 정리를 매개로 해서 자녀와 얘기도 나누고, 내일 무엇을 배울지 챙기는 거예요. 꼭 엄마가 같이 준비물을 챙겨야 합니다. 절대로 학교에 전화해서 묻지 말아야 합니다. 이것을 언제까지 해야 하느냐? 6학년까지는 해야 합니다. 중학교에 가기 전까지 몸에 배야 합니다. 몸에 배서 '가방 정리는 엄마가 안 해주셔도 돼요. 제가 할 수 있어요'라고 할 때까지 계속 해줘야 합니다. 자립심을 키워준다는 의미에서 무조건 '네가 해'라고 하지만 잘 안 됩니다.

아이들은 예습과 복습, 정리정돈, 칭찬과 격려로 크는 나무

우리가 꼭 해야 할 게 예습과 복습이에요. 저는 예습·복습이 사교육을 하지 않아도 공부 잘할 수 있는 방법이라고 생각합니다. 예습·복습이 몸에 배면 사교육 안 해도 공부 잘할 수밖에 없어요. 이걸 연구한 학자가 있어요. 제가 소개해드리겠습니다.

예습과 선행학습은 구분해야 합니다. 학원을 주로 문제 삼는 게 선행학습 때문이잖아요. 정 학원에 보내야겠다 싶으면 복습해주는 학원에 보내세요. 그런데 그런 학원이 없어요. 하지만 방법은 있어요. 한 학년 낮춰 보내면 됩니다. 6학년을 5학년 반으로 학원을 보내면 복습은 되잖아요. 그건 자존심 상해서 안 하겠다고 버티시니까 계속 선행학습을 해서 문제가 되는 거예요.

선행학습은 미리 당겨서 본격적으로 공부하는 것이고, 예습은 훑어 보는 거예요. 집에서 엄마와 같이 예습을 해야 해요. 아이의 시간표를 챙기잖아요? "뭐 물어봤니? 뭐 했니? 이거 참 재밌었겠다. 내일은 뭐 할 건지 보자." 이게 예습이에요. 저는 예습·복습은 주지교과만 하면 된다고 생각해요. 체육, 미술은 예습·복습 안 해도 되니까 주지교과 인 국어, 영어, 수학, 사회, 과학 과목만 하면 됩니다. 초등학생일 경우 주지과목 수업이 하루에 두 과목 정도예요. 그 두 과목만 미리 앞서서 '내일 뭐 배울지 한번 볼래? 어떤 내용이지?' 하고 그냥 같이 보는 거예요. 사진 같이 보고, 이런 내용이구나 하고 '제목이 뭐지? 내일 이런 걸 배우겠네? 혹시 궁금한 건 없어?' 하면서 얘기 나누는 거예요. 내일 무 엇을 배울지 느끼게 해주는 거죠. 이러면 아이가 기대가 생기잖아요. 이렇게 한번 접하고 가게 해주는 게 예습이에요. 복습은 배운 내용을 엄마랑 다시 한 번 되돌아보는 거고요.

컴퓨터에 보조기억장치가 있고 오래 기억하는 주기억장치가 있는 것처럼 우리 뇌의 구조도 마찬가지라고 합니다. 임시로 기억하는 곳이 있고 영구히 기억하는 장치가 있는 거예요. 우리가 어제오늘 있었던 일 은 기억하지만 10년 지나면 잊어버리는 이유는 오래 기억하는 뇌로 정 보가 들어가지 않았기 때문이에요. 중요하지 않기 때문에 지워버린 거 지요. 우리가 20년 동안의 일을 다 기억한다면 얼마나 복잡하겠습니 까. 중요하지 않은 것은 지워버리고 중요한 것은 오래 기억하는 장소에

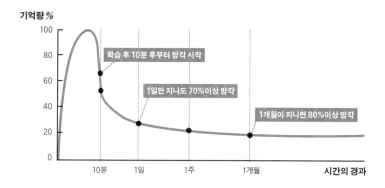

헤르만 에빙하우스 망각곡선

기억량 %

학습 후 10분 후부터 망각 시작

1일만 지나도 70%이상 망각

1개월이 지나면 80%이상 망각

10분   1일   1주   1개월   시간의 경과

저장해두는 일이 우리 뇌에서 이루어지고 있어요. 해마가 임시 기억장치예요. 이 임시 기억장치에 많은 정보가 들어가는데 이 기억들 중에서 '이건 중요한 거니까 장기 기억장치로 옮겨야 해'라고 느끼게 만드는 게 바로 '반복'이라고 합니다. 반복하면 중요한 것으로 여겨서 장기 기억장치로 넘긴다는 거예요. 이것을 연구한 사람이 헤르만 에빙하우스입니다. 교육학과에 입학하면 접하는 인물입니다. 뇌의 구조를 살펴보면 예습·복습이 왜 중요한지, 왜 습관화해야 하는지 알 수 있습니다.

우리가 어떤 새로운 것을 배웠을 때의 기억을 100으로 잡으면, 10분이 지나면서부터 망각이 시작된다고 합니다. 하루만 지나도 70퍼센트를 잊어버린다는 거예요. 아이가 바른 자세로 앉아서 열심히 경청을 해서 100을 채웠는데 하루만 지나도 70퍼센트가 날아가요. 열심히 경청하지 않았다면 그 아이가 갖고 있는 것은 30도 안 되지요. 성적이 향상되지 않는 이유가 바로 이 때문일 수 있습니다. 한 달이 지나면 80퍼센트 이상 망각한다고 합니다. 헤르만 에빙하우스가 한 달이 지나면 80퍼센트 이상 잊어버리는 것을 방지하려면 어떻게 해야 하느냐를

이러한 망각으로부터 기억을 지켜내기 위한 가장 효과적인 방법이 복습이다.
10분 후에 복습하면 1일 동안 기억되고, 다시 1일 복습하면 1주일 동안, 1주일 후 복습하면
1개월 동안. 1개월 후 복습하면 6개월 이상 기억(장기기억)된다는 연구 결과를 발표했다.
주기적인 간격으로 꾸준한 복습이 필요하다.

연구했는데, 학습을 하고 나서 잊어버리려고 할 때 복습을 한 번 하는 것이 중요하다고 결론 내렸어요. 회상을 시키는 거예요. 10분 후에 한 번 더 복습하는 거고요. 그다음은 하루 지나서 한 번 더 복습하고, 그다음 일주일 뒤에 복습하고, 그다음에 한 달 뒤에 한 번 복습하면 반복이 됐기 때문에 6개월 이상의 장기 기억장치로 옮겨지게 된다는 게 이분의 연구 내용입니다.

복습을 네 번(10분 뒤, 1일 뒤, 1주일 뒤, 한 달 뒤) 주기적으로 해주면 장기 기억장치에 영원히 기억된다는 겁니다. 평소에 복습을 꾸준히 했던 친구라면 시험 준비할 때 영화 보러 가고 당구장 가고 자기 할 일 다 할 수 있는 거예요. 고등학교 때 기억을 더듬어보니 그런 친구가 있었어요. 시험 시간표 발표되면 놀러 다니는 친구가 있었어요. 저 녀석 진짜 웃긴다 했는데 반에서 1등을 하더군요. 당시에는 좋은 머리를 타고났구나 여겼는데 지금은 예습 복습을 철저히 한 녀석이었다고 생각해요.

KBS에서 에빙하우스의 망각곡선을 직접 실험해보았습니다. 강의

망각곡선

(KBS 1 TV 방송 자료)

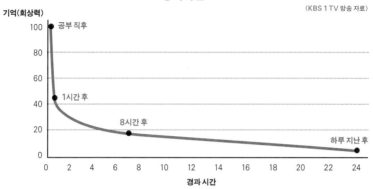

강의 직후 복습(2분 복습)

(KBS 1 TV 방송 자료)

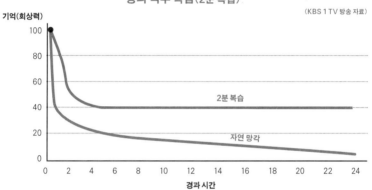

한 번 예습과 두 번 복습

(KBS 1 TV 방송 자료)

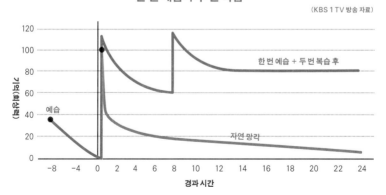

직후에 복습을 한 번 한 거예요. 수업이 끝나자마자 책을 덮고 화장실 가는 2분을 붙잡은 거예요. 수업 시간에 배운 걸 한 번만 점검하고 간 거죠. 그랬더니 수업 끝나자마자 화장실 갔던 친구는 자연스럽게 잊은 반면, 2분만 투자했던 친구는 60퍼센트만 손실되고 40퍼센트는 기억했다는 거예요. 그다음에는 예습을 한 번 하고 복습을 두 번 한 경우예요. 결과가 어땠겠습니까? 한 번 예습, 두 번 복습하니까 80퍼센트까지 기억에 남아 있더라는 거예요. 우리가 굳이 자녀를 이 학원, 저 학원 쉴 시간 없이 보내지 않아도 됩니다.

우리 학교는 사교육을 금해놨어요. 2005년 개교할 때 왜 사교육을 금하느냐고 질문을 받았어요. 제가 사교육을 금한 이유가 있어요. 아이들이 8시 30분에 등교하면 4시 반에 하교해요. 학교에서 여덟 시간을 지내요. 어른도 여덟 시간 일하고 더 일할 때는 초과근무수당을 주잖아요. 아이들은 초과근무수당을 받을 데가 없잖아요. '학교에서 여덟 시간 공부했으면 충분하다. 더 하면 그만큼 아이들이 놀 시간이 없어진다. 부모의 욕심이든 어쨌든 다른 것으로 인해서 아이들이 놀 시간이 줄어드는데 부모는 이를 제어하는 것이 어려우니 학교라도 원칙으로 삼아 금하자'고 결정했어요. 사교육을 금했지만 예습·복습의 효과를 제대로 누리면 전혀 문제될 게 없다는 것을 실험한 거잖아요. 이런 문제를 우리가 고민했으면 좋겠어요.

가정에서 우리가 어떻게 아이를 도와줘야 할까요? 첫째, 정리정돈입니다. 아이가 방에 들어갔을 때 집중할 수 있는 조건을 먼저 갖춰놔야 합니다. 방이 어질러진 상태로 있다든지, 엄마는 드라마를 보고 있다든지 하면 아이가 공부할 환경이 안 돼요. 텔레비전 시청 시간이나 스마트폰 사용 시간도 조절하는 등 공부할 환경을 만들어주는 것이 필요합니다. 텔레비전이나 스마트폰 사용 시간이 1시간이 넘는 아이가 ADHD 증상을 보일 가능성이 커요. 제가 ADHD 증상을 연구하다 알게 됐는데요, 컴퓨터나 텔레비전에 하루 한 시간 이상 노출되는 것과 나쁜 먹을거리가 ADHD를 일으키는 환경 요인이더군요. 대부분의 학교가 스마트폰을 못 가져오게 하지만 만약 가져왔을 때는 선생님한테 맡기고 집에 갈 때 찾아가는 시스템이 돼 있잖아요. 집에서도 그래야 한다고 생각해요. 집에 오면 휴대전화를 마음껏 쓸 수 있다는 건 공부의 방해 요소에 둘러싸였다는 뜻이에요. 차단해야 합니다. 물리적으로 집 안을 차분하고 조용하게 만들어주는 것, 안정적인 느낌이 들게끔 해주는 것, 편안한 마음이 들게 해주는 것도 중요합니다.

부모는 자녀 행동의 거울이라는 점을 기억해야 합니다. 부모의 말과 행동이 다를 때 아이는 갈등합니다. 엄마 아빠가 먼저 자녀들에게 공부하는 모습을 보여야 합니다. 엄마가 드라마에 집중하다가 '넌 공부 안 하냐?' 하면 아이는 더 화나요. 제 아이가 그런 얘길 하더라고요. 〈개그콘서트〉를 엄마 아빠와 재미있게 보고 있는데 갑자기 '넌 언제까지 티브이 볼 거니?' 하는 바람에 자기는 들어가서 공부해야 했대요. 엄마 아빠는 계속 보고 있었고요. 자기는 너무 억울하다는 얘기에 저는 충분히 공감했어요.

요즘 텔레비전 없애는 가정, 거실을 책 보는 곳으로 만드는 가정이 많이 늘어났습니다. 바람직한 일이에요. 약속을 지키는 것과 준법정신의 중요성을 가르치려면 엄마 아빠가 한번 약속한 것은 무슨 일이 있어도 지키려고 노력하는 모습을 보여주는 것도 중요합니다. 이런 모습은 결국 숙제는 반드시 해야 한다는 생각으로 이어집니다. 요즘 숙제 안 해도 크게 잘못했다 여기지 않는 아이가 의외로 많아졌어요. 선생님한테도 문제가 있겠지만, 가정에서도 지킬 것은 지키는 자세를 키워주지 않은 것입니다.

어머님이 꼭 해주셔야 할 것을 한 번 더 짚어드립니다. 반드시 가방을 뒤져보셔야 합니다. 남자애들 경우에는 일주일만 안 뒤져보면 가정통신문이 꼬깃꼬깃 접혀서 밑바닥에 깔려 있습니다. 매일 검사하면 제일 좋고, 최소한 2~3일에 한 번씩이라도 하십시오. 다음 날 시간표 같이 확인하고 준비물 챙겨주시면서 주지교과 복습도 시키세요. 기억에 남는 것과 질문했던 것이 무엇인지 물어보세요. 그다음에 내일 배울 내용 훑어보면서 호기심을 자극해주세요. '이거 배우겠네? 진짜 재밌겠다. 이거 엄마도 배워봤는데' 하면 뭐냐고 묻겠죠. 그럼 '학교에서 물어봐. 엄마는 다 잊어버렸어' 이렇게만 하면 됩니다. 엄마가 장황하게 설명해주면 아이가 학교 가서 배우려고 하지 않아요. 알고 계셔도 그렇게 넘기면서 호기심만 생기게끔 해주는 게 좋아요.

또 하나 중요한 것이 칭찬·격려·인정이 가져다주는 효과예요. 저는 사람에게 강력한 무기가 있다고 생각해요. 말과 글입니다. 말과 글은 사람을 살릴 수도 있고 죽일 수도 있는 무기입니다. 실제로 일본의 과학자가 물의 결정체로 실험을 했고, MBC가 지난번에는 밥으로도 실험을 했잖아요. 이런 연구가 많아졌습니다. 소주로 한 실험도 있어요. 소주를 주면서 '사랑해' 하고 말하면 받아먹는 사람이 '맛있다'고 느끼고, '미워' 하고 욕하면서 주면 같은 소주도 '맛없다'고 느낀다는 실험이에요. 똑같은 소주인데 다르게 느끼는 거죠. 와인으로도 실험했어

요. 이것이 말과 글의 힘을 보여주는 예입니다. 사진을 한 번 보시겠습니까(위 사진들).

대전에서 어떤 사장님이 고구마를 수경재배하면서 '칭찬이' '비난이'라고 붙여놓았더니 이렇게 차이가 났다고 해요(사진 1). 이 사진을 우리 부모님들한테 보여드렸더니 학부모님이 가정에서 실험하셨어요. '이쁜이 사랑해' '못난이 미워'라고 글씨만 써 붙였는데 성장이 달라지는 게 신기하다고 저한테 사진을 보내오셨어요. 한 분은 다 죽어가는 화분 속 식물에게 매일 '사랑한다, 사랑한다'고 했대요. 그랬더니 다시 살아났다고 해요. 신기한 것은 잎이 하트 모양이에요(사진 2). 신비롭다고밖에 얘기할 수 없죠.

제가 이 사진을 고등학교 친구 밴드에 올렸습니다. 이 사진을 보고 한 친구가 실험을 했어요(사진 3). '칭찬의 나무' '비판의 나무'라는 글자만 써 붙였는데 이런 현상이 나타났대요. 이 친구가 실험정신이 뛰어나서 칭찬의 나무는 잘 자랐고 비판의 나무는 못 자란 상태에서 종이를 바꿔 붙이면 어떤 현상이 나타날까 생각한 거예요(사진 4). 저도 궁금했는데, 둘 다 잘 자랐어요. 원래 비판의 나무였던 칭찬의 나무와 칭찬의 나무였던 비판의 나무 중에서 현재 비판의 나무가 더 무성해요(사진 5). 친구는 '비판의 나무를 붙였을 때 못 자랐던 것에 칭찬을 붙이니 잘 자라기는 하는데, 처음에 싹 날 때 무슨 말을 들었느냐가 더 중요하다'고 해석했어요. 이렇게 싹 난 것이 우리 아이들 아니겠어요? 고구마 순이 나서 자라는 것이 우리 아이들 시점일 거예요. 그럼 내 아이에게 지금 어떤 말을 해주는 것이 성장에 도움이 되겠어요? 칭찬이 그만큼 효과가 크다는 거예요. 칭찬하고 격려하고 인정해주는 것이 정말 중요합니다.

제가 다른 학교에서 교직생활을 할 때 이런 일을 겪은 적이 있어요. 저는 대학원 다닐 때까지 모범생이었다고 자부해요. 교무실에 불려간 적이 한 번도 없었는데, 이상하게 교사로 발령받고 나서는 교장실에 여러 번 불려갔어요. 이해가 안 됐어요. 납득이 안 돼서 계속 질문했더니 꾸중을 많이 하셨어요. 시키면 시키는 대로 하지 말이 많다고 나무라더군요. 문제는 교장선생님이 제가 학급 경영을 잘못한다고 꾸중하실 때 '교장선생님은 학교 경영을 얼마나 잘하나' 하는 생각을 하지 내가 정말 잘못했다고 반성하고 달라져야겠다는 고민이 들지 않더라는 거예요. 부모님들이 아이를 혼내면 무섭기 때문에 권위에 순종하는 것처럼 보이지만 마음속으로는 다른 감정, 다른 생각이 싹틀 수 있어요. 교장선생님한테 혼날 때 저는 '우리 교장선생님 오신 지 몇 년 됐나' 하고 꼽았어요. 내년에 다른 학교에 가신다면 희망이 보이고 나랑 비슷하게 왔으면 하늘이 노래지는 거예요. 결국 제가 학교를 옮겼어요.

옮긴 학교에서도 교장선생님이 저를 부르더니 앉으래요. 차를 뭐 마시겠느냐고 물으세요. 얼마나 길게 꾸중하려고 차를 주시나 해서 그냥 대충 꾸중 듣고 올라가려고 서 있었더니 차를 타오셨어요. 부모님 안부를 물으시더니 당신한테 할 얘기가 없느냐고 해요. 없다고 했더니 지난번에 그 건은 어떻게 해결됐는지 묻는 거예요. 알고 계셨느냐고 했더니 학교에서 일어난 일이면 뭐든 다 알지 모르는 게 있겠느냐고 하세요. 그리고 제 경력이 얼마 안 된다는 것을 아시고는 "선생님, 이런 일로 기죽지 마세요" 하시는 거예요. "앞으로 교직생활하려면 별의별 일이 다 생길 텐데 그럴 때마다 주눅 들면 안 됩니다. 선생님 눈빛을 보면 어떤 마음으로 아이들 대하는지 알 수 있습니다. 그 눈빛이 참 중요합니다. 시행착오 겪을 때면 주눅 들지 말고 고민하지 말고 저를 찾아오세요. 얼마든지 커버해줄게요. 마음 놓고 일해보세요." 하늘을 날아가는 것 같았어요. 내 눈빛을 보고 아이들 대하는 마음을 아신다니⋯⋯ 이분과는 뭔가 될 것 같은 거예요. 이분이 추구하는 교육은 무엇일까 찾아봤어요. 어른인 저도 그런데 아이들은 오죽하겠어요. 부모님이나 선생님이 아이들한테 해주는 말이 정말 중요해요. 공부와 배움에 흥미를 느끼게 할 수도 있고 좌절과 절망을 안겨줄 수도 있으니까요.

생각하는 힘을 키워주는 교육의 중요성

사고력, 생각하는 힘을 키워주기 위한 활동이 매우 중요합니다. 늘 해야 될 것이 '왜?'입니다. 왜라는 생각을 갖고 그 이유를 생각하게 해야 합니다. 왕성한 질문이 아이들의 사고력을 키우는 계기가 됩니다.

제가 6학년 아이들을 지도할 때 한 아이 때문에 수학 수업의 방식을 달리하게 됐어요. 제가 칠판에 수학 문제 풀이를 적고 있는데, 이 친구가 팔짱을 탁 끼고 쳐다보더니 설명 끝나니까 손을 드는 거예요. "선생님, 제가 곰곰 생각해봤는데요. 왜 선생님이 말씀하신 방법대로만 풀어야 돼요?" "반드시 그런 건 아니야. 뭐 다른 방법 있니?" 자기가 다른 방법을 생각해봤다는 거예요. 나와서 설명해보라고 했더니 풀이 죽어요. 그래도 너무 기특해서 제가 막 박수쳐줬어요. 반 아이들한테 박수쳐줄 만하지 않냐고 물으니 다들 그렇다고 인정하는 거예요. 얘가 거기에 맛이 들린 거예요. 수업할 때마다 비딱하게 앉아서는 다르게 풀 수 있는 방법을 계속 찾아요. 그러니까 계속 칠판 앞으로 나오고 애들은 박수를 쳐주었어요. 그런데 세 번까지 나오니까 애들이 박수를 안 쳐요. 자존심 상하는 거예요. 너만 찾느냐 이거예요. 제가 "우리 그러지 말고 교과서에서 풀어놓은 예제 말고 몇 가지로 풀 수 있는지 도전해보자"고 제안했어요. 그랬더니 제가 풀자마자 애들이 다르게 풀 수 있는 방법을 연구하는 거예요. 보통 대여섯 가지 방법이 나왔어요. 애들이 신이 나서 수학을 제일 좋아하게 됐어요. 수학 시간이 재미있다는 거예요. 그 전에는 재미가 전혀 없었는데 다른 방법 풀기에 도전하고 경쟁하고 자극을 받으니 재미있다는 겁니다.

이 모든 게 다 왜 한 가지 방법으로만 풀어야 하느냐는 의문을 가진 아이 때문에 생긴 변화잖아요? 그런데 이 아이가 더 큰 일을 해냈습니다. 〈상추의 독성을 이용한 무공해 농약 만들기 보고서〉라는 작은 논문이 있습니다. 6학년 아이가 '상추에는 독성이 있어서 배추벌레가 끼지 않는다'는 것을 백과사전에서 읽은 거예요. 이건 누구나 다 알잖아요. 거기서 끝날 얘기를 이 아이는 호기심이 발동한 거예요. '독성이 생기면 왜 배추벌레가 안 낄까?' 하는 의문이 든 거죠. 이 아이가 더 연구를 했어요. 미나리아재비, 복숭아, 수양버들, 미나리, 할미꽃, 상추 등등 독성이 있는 식물을 더 알아본 거죠. 그러고는 상추의 독성을 이용해서 독이 있는지 확인해보는 실험을 했어요. 상추에서 독을 빼내려고 푹 삶았어요. 그 삶은 물에 배추벌레를 넣어야 하는데 배추벌레를 못 구하니까 개미를 열 마리 잡아서 집어넣고 시간을 쟀어요. 몇 시간 만에 죽는가? 세 시간 반 만에 다 죽었어요. 이 아이가 해석하기를, 상추의 독성에 의해서 죽은 건지 익사한 건지 판단이 안 선다는 거예요. 그래서 이번에는 물의 양을 줄이려고 갈아서 즙을 냈어요. 그 즙을 샬레에다 익사하지 않을 정도로 깔았어요. 죽는 시간이 한 시간 정도 단축됐어요. 변화가 느껴지니까 다른 걸 또 시도했어요. 상추의 잎을 햇빛에 말려서 독성을 측정했더니 더 단축됐어요. 그래서 상추에 독성이 있다는 결론이 나왔어요.

이 아이는 거기서 끝내지 않고 상추를 초록 부분, 흰색 줄기 부분,

보라색 부분으로 나누어 햇빛에 말리는 방법으로 실험했어요. 그 결과 보라색 부분에서 제일 빨리 죽었어요. 얘는 '상추의 독성은 보라색에 몰려 있다'고 판단하고 나서 백과사전에서 독성이 있다고 했던 식물들의 독성을 다 비교했어요. 1번이 뭔 줄 아세요? 할미꽃이에요. 2번이 상추였어요. 이 아이가 할미꽃이 인체에 해로운지 아닌지 확인이 안 된다는 거예요. 할미꽃을 먹어본 사람이 없으니까. 하지만 상추는 사람이 먹는 거니까 '상추에 있는 독을 이용하면 농약을 만들 수 있다'고 생각한 거예요. 농약을 못 만든다 해도 자기가 이용한 방법으로 적어도 개미는 퇴치할 수 있다고 결론을 내리면서 실험보고서를 마쳤어요. 이 연구가 서울시 탐구대회에서 3등을 했어요. 제가 너무 놀라서 서울교대 과학과 교수께 갖다드렸어요. 교수님이 보시고는 '이 아이 영재다. 너 이 아이 지도 못한다. 너 영재 아니잖아?' 하시면서 특수기관으로 보내라고 하셨어요.

제가 부모님을 오시게 했더니 아이가 아빠와 함께 왔어요. 아빠랑 온 이 아이가 저를 창가로 불러요. "우리 운동장을 쟀더니 가로로 60미터, 세로로 40미터인데, 이것만으로 대각선 길이를 알 수 있어요." 어떻게 아느냐고 물었더니 가로의 제곱 더하기 세로의 제곱은 대각선의 제곱하고 같대요. 피타고라스의 정리를 얘기하는 거예요. 피타고라스의 정리는 6학년 교재에 안 나와요. 여름방학 때 외갓집에 갔다가 중학교 다니는 외가 형의 수학책을 다 읽고 왔답니다. 이해가 되더냐고 물었더니 되는 게 있고 안 되는 게 있다고 해요. 이런 얘기를 아빠한테 하면서 남다른 비결이 뭐냐고, 나도 참고해야 되겠다고 물었지만 특별한 게 없다는 거예요. 분명히 있을 테니 기억을 더듬어보시라고

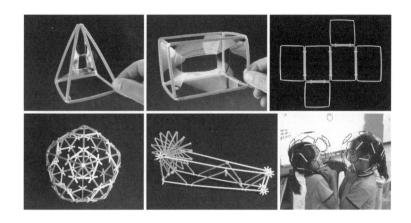

했더니 자신이 아기를 봤대요. 엄마가 보험회사 영업사원이어서 집에서 인쇄업을 하는 아빠가 아기를 보았을 뿐 특별한 것은 없었대요. 단, 아기가 보챌 때 자장가를 불러줬대요. 자장가로 구구단, 천자문을 외워줬대요. 신기한 것은 돌 지나 말을 할 때 구구단을 외웠답니다. "나무" 하면 "목木"이 나왔대요. 조기교육이 정말 중요하다는 사실을 깨달았어요.

또 하나는 교육 차원에서 우리 학교가 쓰는 교구가 있습니다. 이건 학부모님이 개발하신 거예요. 4D라고 하는 것인데 발상이 참으로 뛰어나요. 빨대처럼 생긴 것을 응용해서 옛날에 보릿대 가지고 여치집 만들었던 원리에 착안해서 이 모양을 만들어내셨어요(83, 84쪽 사진).

빨대를 연결고리로 해서 갖은 모양의 교구를 만들어내는 거예요. 미술, 과학, 수학, 국어 등 온 교과에서 교구로 쓸 수 있습니다. 이 교구를 빗물에 넣었다 빼면 아주 다양한 형태가 나타납니다. 그 면들이 모였을 때 만나는 점이 어떻게 형성되는지, 중심이 어떻게 만들어지는지를 아이들에게 보여줄 수 있어요. 축구공을 만들어서 놀 수도 있고요.

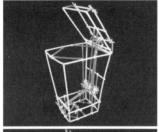

우리가 일상에서 볼 수 없는, 상상 속에만 있던 구의 형태를 볼 수도 있습니다. 수학의 개념인 '뫼비우스의 띠'도 만들어낼 수가 있어요. 움직이는 물체도 만들 수 있습니다. 이밖에도 많은 것을 만들 수 있어요. 아이들이 이런 것을 만들면서 신이 나는 거예요. 다른 교구들은 똑같은 모양을 만들어내잖아요. 이건 만드는 아이가 모양을 얼마든지 바꿀 수 있어요. 창의력, 상상력이 길러집니다. 이 교구는 해체했다 다시 쓸 수 있고 다른 형태로 바꿀 수 있어 아이들의 생각을 마음껏 살릴 수 있습니다. 회전목마의 원리를 활용한 장치가 있고, 장난감도 만들 수 있습니다. 이런 것을 만들려면 아이들이 생각을 많이 하고, 어떻게 할 것인지 고민해야 해요. 그러기 위해서는 아이들이 수학의 원리, 과학의 원리를 알아야 응용할 수 있습니다. 아주 좋은 교구였습니다.

아이들이 실수하거나 실패했을 때 겁먹지 않게끔 해주었으면 좋겠습니다. 실수나 실패를 통해서 오히려 더 큰 배움을 얻을 수 있습니다. "실수나 실패했을 때 좌절하는 것이 실패이지, 또다시 도전하는 것은 실패가 아니다. 실패에서 멈춘 것이 실패다." 이렇게 얘기해주면서 격려해줄 때 아이들은 더 큰 도전을 할 수 있어요. 실패했을 때 그냥 넘기지 말고 꼭 원인이 뭐였는지를 분석하고 같이 찾아보는 것이 중요합니다. 자녀의 생각을 최대한 존중해주어야 합니다.

아이들에게 좋은 배움이 일어나려면 현장에서 아이들이 느끼고 깨닫게 해주는 것이 좋다고 했습니다. 그렇게 되려면 봉사, 나눔, 기부 같은 활동을 통해서 스스로 느껴야 합니다. 받는 것보다 베푸는 것, 나누는 것이 더 큰 기쁨임을 느끼게 해줘야 해요. 저희 학부모님 중에는 의도적으로 그렇게 하시는 분들이 계세요. 연말에 자녀와 함께 서울역에 나가서 노숙자들에게 따뜻한 커피를 새벽 3시까지 제공한 부모님이 있어요. 그다음 날 제가 그 아이를 칭찬하고 앞에 나와 소감을 얘기하라고 했어요. "처음에 아저씨들을 만났을 때는 겁나고 두려웠어요. 하지만 커피 마시면서 너무 고마워하는 걸 보고 마음이 따뜻한 분들이라고 느꼈고, 먹을 것을 대접하면서 친해졌어요. 그러면서 사람이 외모가 다가 아님을, 사람은 누구나 똑같이 따뜻한 마음을 품고 있음을 느꼈어요." 이 아이는 경험했기 때문에 이야기할 수 있는 거예요. 경험 안 한 아이는 이런 얘기를 할 수 없어요. 할 수만 있으면 다양한 삶, 다양한 경험을 할 수 있도록 해서 아이가 가치관을 잘 정립할 수 있도록 해주는 것이 중요합니다.

부모는 자녀의 절대적인 지지자가 되어야 한다

제 아들이 6학년 때 일반학교로 옮겨달라고 했어요. 자기는 장래 희망이 박지성 같은 축구선수라는 겁니다. 4학년 때부터 생각해왔는데 이 학교(밀알두레학교)에서는 축구선수가 되기 어렵겠다고 여겼대요. 한 반이 열여섯 명이라 축구팀이 만들어지지 않는데다 축구 잘하는 애들이 있는 곳에 가야 유능한 선수가 되지 않겠느냐는 겁니다. "많고 많은 일 중에 왜 힘들게 운동을 하려고 그러니?" "다른 것은 다 부모님을 위해서 양보하고 배려해드리겠는데 내 진로, 내 인생은 내가 결정하게 해주세요." 제가 너무 기특해서 "그렇다면 도와주마. 해봐라" 했어요. 대신 축구 접으면 돌아오라고 했는데 1년 사이에 키가 15센티미터가 크면서 성장통이 온 겁니다. 6개월 동안 계속 아프면서 축구를 못 했어요. 치료에 6개월, 아픔 6개월, 1년을 허비했어요. 그러다 중학교 1학년이 되어 축구를 접었습니다. 밀알두레학교로 돌아와서 새로운 꿈을 찾았습니다. "스타크래프트로 프로게이머가 되겠습니다." 저는 하늘이 무너지는 줄 알았어요. 왜 많고 많은 것 중에서 하필이면 너의 인생을 사각형의 사이버 공간에 집어넣으려고 하느냐고 설득했어요. "약속했잖아요. 내 인생은 내가 결정하기로요." 그 말이 족쇄가 돼서 "밀어줄게. 해봐라" 했어요. 저는 한 6개월이면 바뀔 줄 알았어요. 그러나 중학교 3학년이 되자 학교를 그만두고 싶대요. 왜? 자기가 전국에서 300등에 들었고, 조금만 더 하면 프로가 될 수 있다는 겁니다. 하여 올인해야 한다고 우겨요. 아이가 새벽 3시까지 게임을 하고 낮 11시에 일어납니다. 가슴이 무너지는 거예요. 이렇게 살아도 되나 하는 생각도 들고, 나는 잘하고 있는 건가 하는 염려도 들었지만 어쨌든 지원은 해줘야 하니까…… 제가 말했습니다. "네가 축구에서 꿈이 바뀐 것처럼 또 바뀔 수 있지 않겠니? 영어, 수학은 놓으면 못 쫓아가더라. 영어, 수학만 듣자." 얘가 중3 때는 대학생처럼 영어, 수학 수업만 듣고 집에 갔어요. 애들이 너무 부러워했어요. 아들이 이렇게 말했어요. "너도 꿈을 가져."

그해에 총선과 대선이 있었는데, 아이가 게임하다가 지겨우니까 유세를 계속 보았어요. 12월에 저한테 이러더군요. "꿈이 바뀌었어요. 정치인이 되겠습니다. 정치 유세하는 걸 봤더니 우리나라 정치에 문제가 많다는 걸 알게 됐어요. 공부해서 정치인이 되겠어요." 저는 박수를 쳐줬어요. 게임 안 하는 것만 해도 뭐든지 해줄 수 있겠다 했는데, 3개월 열심히 하더니 저를 찾아왔습니다. "아무리 생각해도 한국에서 공부는 저와 안 맞아요. 무조건 외워야 되는 건 싫어요. 토론하고 이래야지 재미있지요." "미안하다. 우리 학교 공부가 마음에 들지 않니?" "맘에 안 드는 게 많아요." "마음에 안 드는 거 바꾸기 위해서 교대 갈 생각 없니?" "절대 교육학을 공부할 생각은 없어요." 5월에 마지막 선택으로 연예인이 되겠다고 해요. "마음껏 해라. 지원해주겠다." 강남의 '이순재 학원'을 열심히 두 달 다니더니 제게 왔어요. "연기 접을래요. 이제 공부하겠어요. 중학교 3년간 헛수고했음을 깨달았어요."

고등학교 1학년 봄에 학교 입구에 핀 벚꽃을 보고 꽃이 예쁘다는 걸 처음 알았다고 하더군요. 그러면서 자기는 소중한 걸 놓쳤대요. 친구 간의 우정을 이제 느낀답니다. "넌 성공한 거야. 그렇게 중요한 걸 실패해가면서 직접 터득하고 느낀 거 아니니? 네가 찾아다녔던 게 실은 공부하는 과정이었어. 이제 그 내용을 바꾸는 것뿐이지 방법은 네가 이미 터득한 거야." 이렇게 말해줬어요. 이 아이가 프로게이머의 꿈을 접을 때 저한테 정말 고맙다고 했어요. 자식이 프로게이머가 된다고 할 때 이 세상 어느 엄마 아빠가 그렇게 선뜻 지지해주겠느냐면서요. 그게 너무너무 고맙다면서 울었어요. 그때 정말 기분 좋았어요. 아이가 내 마음을 알아줘서 무척 행복했어요. 지금 이 아이는 열심히 공부하고 있습니다. 자기는 3년을 잃어버렸대요. 저는 잃어버린 게 아니라 다른 걸 찾은 거라고 했어요. "국어, 영어, 수학에 매진한 애들이 깨달은 것보다 더 크게 깨달은 것 아니야? 대학 1년 늦게 가면 어때? 2년 늦게 가면 어떻고? 걱정할 필요 없어. 그건 확실하게 지지해줄게." 지금 아이는 신이 났어요. 그때 제가 생각난 게 아이가 6학년 때 읽었던 부모의 역할과 관련된 책이었어요. '부모가 할 수 있는 건 자녀가 어떤 선택을 하더라도 지지해주는 것이다. 이 세상의 모든 사람이 다 잘못했다 할 때 부모만큼은 지지자가 되어주어야 한다'는 내용이었어요. 제가 그걸 실천했어요. 정말 힘들었지만 결과가 나름대로 괜찮았어요. 정말 부모님이 자녀를 믿고 지지해줄 때 자녀의 깨달음이 크다고 생각합니다.

우리 학교 부모님들끼리 늘 단속하는 부분이 있습니다. '옆집 아주머니를 조심하라.' 대한민국 교육의 최대 적은 옆집 아줌마입니다. 옆집 아줌마에 휘둘리지 말고 우리 부모님은 우리 부모님들끼리만 만나자고 합니다. 주로 뜻을 같이하는 분들이 만났을 때 의기투합이 되고 힘이 솟지 사교육에 몰입하는 분들 만나면 '내가 너무 뒤진 거 아닌가' '내가 세상 잘못 사는 거 아닌가' 하는 두려움이 생기면서 흔들리게 돼 있어요.

'괜찮다 괜찮다 다 괜찮다'는 책 제목인데요. 네가 할 수 있는 건 뭐든지 다 할 수 있는 것이니 두려워하지 말라는 격려입니다. 우리는 아이들에게 이렇게 말해야 합니다.

아이들이 학교에서 돌아올 때 주로 엄마를 찾잖아요. '엄마 엄마 엄마, 오늘 친구가 나한테 이런 거 했어' 하고 이르잖아요. 아이가 이를 때는 '야, 너 무지 속상하겠구나' 이 말 듣기를 원하는 거예요. 그런데 엄마는 화를 내면서 '그러니까 평소에 행동 똑바로 하라 그랬지?' '그럴 때는 이렇게 했어야지' 하면서 해결책을 일러주잖아요. 아이는 더 열 받아요. 아이들이 원하는 말은 이런 거예요. '우리 아들 힘들었겠구나. 나라도 진짜 짜증났겠는데. 너희 선생님 어떻게 그러실 수가 있냐. 이렇게 착한 우리 아들을 몰라보고.' 이러면 아이는 '괜찮아!' 그래요. 왜? 엄마가 위로해줬기 때문에. 그런데 엄마는 해결해주려고 그러는 거예요. 그게 차이가 있어요. 그냥 감정을 느껴주고 공감해주면 돼요. 아이는 그것으로 자구책을 찾아요. 아이들은 공감해주면 끝인데, 어른들이 공감 안 해주고 해결해주려고 덤비니까 문제가 커집니다. 학교에서 빚어지는 문제는 수용하고 공감해주면 거의 다 해결됩니다. 그런데 어머니가 아무리 생각해도 용납이 안 되면 선생님한테 살며시 귀띔해주는 거예요. 그러면 선생님이 알아서 해결해주시는데, 그게 잘되면 정말 좋은 만남이 이루어질 수 있습니다. 이렇게 제 강의를 마무리하겠습니다. 감사합니다.

3장

생각하는 힘을
키우는 공부,
중등편

강영희
홈스쿨로 세 자녀 키운 엄마

시사N 이명익

수학 교사 그만두고
홈스쿨링으로 세 딸 가르치다

강의 제목이 '생각하는 힘을 키우는 공부'이지만, 저는 '아이의 마음을 다루는 학습'이라고 붙여보았습니다. 마음에 관심을 기울일 때 생각은 잘 돌아간다는 이야기를 하고자 합니다.

우리는 지난 6년간 '사교육걱정없는세상'을 통해서 참교육의 흐름이 만들어지는 것을 보아왔습니다. '저분들 말씀은 저렇게 하시는데 현실적으로 될까?' 했지만, 실제로 이루어지는 것을 경험했죠. 이렇게 모여서 아이들 공부 이야기를 하고 꿈이 있는 공부를 다루는 이런 과정들이 아이들의 삶을 좋은 방향으로 이끌어가는 하나의 흐름이 될 거라고 저는 생각합니다.

제가 20년 전에 호주에 교사 컨퍼런스를 간 적이 있어요. 호주의 한 교수님이 반가워하면서 제게 묻더군요. "한국에서 온 교사인가요? 이야기 좀 합시다. 당신네 나라에서는 애들이 별 보고 학교 가고 별 보면서 집에 온다면서요? 교사 모임에서, 교사운동에서 공부 때문에 고통받는 아이들을 위한 대안을 의논하고 있나요?"

저희 막내가 6학년부터 홈스쿨링을 했습니다. 언니들이 먼저 했죠. 4년 동안 홈스쿨링을 하다가 자기는 학교를 가야 되겠다는 거예요. 성격 유형이 '성취형'인 아이예요. 남들하고 경쟁해야 흡족해하는 유형이죠. 처음에 11시까지 야간자율학습(이하 '야자')을 신청하고 왔어요. 3월 내내 11시까지 했습니다. 4월은 9시까지 했는데(지방 소도시라 1차 야자를 9시까지 합니다), 지금 또다시 중간고사를 앞두고 할 공부는 많고 시간이 부족하다는 거예요. 주말에는 애니메이션을 배우기 때문에 주중에 남들에 비해 짧은 시간에 전 과목을 공부하면서 다시 11시까지 하겠다고 하더니 11시 반에 데리러 오라는 거예요. 아이는 신나게 학교를 다니고 있지만, 엄청난 승용차 행렬에 끼여서 남편하고 저하고 '온 나라가 미쳤구나' 하는 생각을 하게 됩니다.

저는 21년 동안 서울의 다양한 지역의 네 개 학교에서 수학 교사로 일했습니다. 교사 7년차 때 춘천으로 시집을 가서 서울로 통근하는 생활을 하다가 퇴직한 뒤에 2008년부터 홈스쿨링으로 6년 동안 아이들을 양육해왔습니다. 학교에서 수학을 가르치다 보니 아이들을 잘 이해해야겠다는 필요를 느껴서 교육대학원에서 상담 공부를 조금 하고 3년간 상담실을 맡아서 아이들과 깊은 대화를 나누기도 했습니다. 고통 받는 아이들과 상담하다가 집에 돌아와서 저희 딸들이 밝게 지내는 모습을 보면 상담한 아이들에게 미안한 마음이 들더군요. 학교 아이들이 주는 무게가 너무 컸기 때문에 집의 아이들은 방치하고 지낼수밖에 없었어요. 춘천에서 서울로 통근하면서 건강도 안 좋아졌기 때문에 능력 있는 후배 교사에게 자리 하나 내주는 마음으로, 자녀들에게는 엄마의 자리를 지켜주려는 마음으로 퇴직을 결심했습니다. 더 깊이 자녀들과 삶을 나누고 싶어서 홈스쿨링을 선택했습니다.

막상 홈스쿨링을 하려니 고민이 됐어요. 교사 시절에는 제 나름대로 '좋은교사운동'에 참여하면서 내 자식보다는 남의 자녀에게 더 관심을 가졌어요. 그러다 보니 엄마가 밖에서 활동하느라 아이들이 방치되는 일이 많았죠. 그 이후 홈스쿨링하면서 6년 동안 아이들 학습 기초를 챙기고 부족한 부분을 메우다 보니까 아이들 교육 문제를 사회적으로 함께 해결해나가는 것과 내 아이를 챙기는 것 사이에서 갈등이 생겼어요.

제 강의에 앞서서 이 시대의 거장들이라고 할 수 있는 훌륭한 분들로부터 좋은 강의를 들으셨지요? 강의를 통해 멀리 보고 근원적인 것을 생각해야 한다는 데 크게 공감하시고 힘을 얻으셨을 거예요. 하지만 당장 내 아이의 공부를 생각하면 또 다른 마음이 우리를 힘들게 한다는 것을 부정할 수 없죠. 다 맞는 말씀이고 그렇게 바뀌어야겠지만 당장 내 아이가 대한민국의 치열한 입시경쟁 속에서 실제로 꽉 붙들어야 하는 공부라는 현실은 어떻게 할 것인가? 우리는 사교육걱정없는세상 회원으로서 함께 고민하며 앞장서서 애쓰시는 분들을 응원하고 있는데, 우리가 공유하는 가치를 아이들하고 그대로 나눌 수 있을까요?

저희 첫째 딸이 사교육걱정없는세상 두 대표님이 보낸 메일을 보면서 막 울어요. 화상영어 그만 할 테니까 사교육걱정없는세상 후원하라고 그래요. 그렇게 공감하기도 하지만, 엄마가 당장 해야 하는 공부를 함께 다뤄주지 않으면 아이의 공감을 얻기는 쉽지 않을 거예요. 저는 공부 이야기보다는 아이들의 마음 이야기를 많이 하려고 합니다. 제가 가르쳐보니까 아이들의 마음을 잘 다뤄야 아이들의 생각이 잘 돌아가더군요. 마음을 잘 다뤄야 공부도 됩니다.

공부보다 중요한 아이들 문제를 생각해봤으면 좋겠습니다. 지금 집에서 강의를 들으며 수능을 준비하겠다고 고집을 피우는 둘째가 열아홉 살입니다. 제가 둘째에게 말했어요. "나보고 강의를 하라고 그러는

데 어떡하지?" "나는 엄마가 강의할 때마다 우리 얘기 하는 게 정말 싫거든. 그러니까 가상의 아이 세 명을 만들어서 우리 얘기 빼고 그 가상의 아이들 데리고 강의해." 저는 그 가상의 아이가 마음에 확 다가왔어요. 실제로 우리 머릿속에는 현실에는 존재하지도 않는 가상의 아이가 늘 들어 있잖아요? 엄친아. 무의식중에 내 아이가 저렇게 돼야 한다, 그런 기준을 설정해놓고 살아가죠. 저희 집엔 학습법 책이 정말 많아요. 영어 학습에 관한 책만 서른 권 됩니다. 정말 많이 샀더라고요. 그런데 그 책을 차마 거실에 꽂아놓을 수는 없어서 구석방 바구니에 쌓아놓았죠. 그런 학습법 책들, 성공담들이 말해주는 그 가상의 아이에 우리가 눌려 살아가고 있는지도 모릅니다. 여러분 지금 누구를 생각하시면서 이 강의를 선택하셨습니까? 자녀들, 제자들, 아니면 주변의 어떤 아이를 떠올려보시겠어요? 오늘 강의에서 처음부터 끝까지 실제의 아이가 우리 가슴속, 생각 속에 살아 있기를 바랍니다. 그 아이가 잘해야 할 공부만 살아 있고 정작 아이는 소외되는 그런 일은 없었으면 좋겠습니다.

"한 아이를 키우려면 온 마을이 달려들어야 한다." 제가 한 달에 한 번씩 교육나눔을 했던 부모 모임에서 늘 강조하던 이야기입니다. 〈한 아이를 키우려면 온 마을이 필요하다〉(우리아이 희망네트워크, 책읽는 수요일, 2011)라는 책도 있어요. 제가 엄마표 영어 카페에서 3년 정도 활약한 적이 있는데, 그 카페에서 우리 아이들 영어 컨설팅을 무료로 해주셨던 미국에 사는 어떤 분이 늘 이걸 강조하셨어요. 미국 정부에서 강조하던 이야기인데, 'No Children Left Behind', 즉 '뒤처지는 아이 하나도 남겨두기 없기'입니다. 저희 딸 친구 중에는 백혈병에 걸려서 학교를 못 다니다가 지금 고등학교에 입학했지만 공부하는 것이 정말 힘든 친구가 있어요. 저하고 친한 어떤 선생님의 자녀는 청년의 나이지만 유치원 수준의 공부를 해야 해요. 자녀를 갖고 싶어도 갖지 못하는 이웃들도 있습니다. 오늘 이 강의가 모두의 아이를 품고 가는 공부의 길이 되기를 바랍니다.

6년간의 홈스쿨링을 통해 얻은 것들

가상의 아이로 강의를 하라니까 부담이 됐어요. 강의 못한다고 하면서 거절해야 하나 고민하고 있는데 제 첫째아이(송인수 대표님이 보내신 메일을 옆에서 보면서 만날 우는 그 아이)가 "엄마, 강의해. 우리 집이 은근히 스토리가 많아. 딸만 셋이지, 홈스쿨링했지, 각자 성향 다르지, 성격 다르지, 각자 추구하는 진로 다르지, 엄마는 강의 아니라 책도 쓸 수 있는 스토리가 있어"라고 말하더군요. 그때부터 강의 준비를 시작했습니다. 생각해보세요. 저희 집만 그런가요? 별로 내세울 성과는 없는데 가만히 생각해보니까 스토리가 많더라고요. 여러분 다 그러실 거예요. 아이 한 명 한 명에 얽힌 독특하고 특별한 스토리들을 다 가지고 있을 겁니다. 우리 아이들이 그런 아이들이죠.

어느 엄마가 이런 고백을 하셨어요. "내 아이는 내 소유가 아니고 주인이 따로 계시고, 저는 그 조력자, 청지기에 지나지 않는다는 깨달음을 주신 것이 떠오릅니다. 제 주인이기도 하신 그분이 서로 사랑하며 같이 성장하라고 주신 값진 은혜요 선물이라는 것을 알았죠. 그 뒤로 아이들을 볼 때마다 그 뒤에 서 계신 진정한 주인의 얼굴이 보여 함부로 대하지 못하게 되었습니다." 인터넷에서 댓글을 주고받는데 이렇게 달아주셨어요. 이 말이 제게 아프게 다가왔습니다. '내 아이가 아니구나, 나는 위탁받은 거구나' 하고 깨닫게 되었지요. 그런데 내 아이인 것처럼, 내 소유인 것처럼 아이들을 꽉 쥐고 집에서도 선생님인 것처럼 군림한 일이 많습니다.

강의 주제가 '꿈이 있는 공부'인데 우리가 공부 이야기를 하기 전에 꿈을 먼저 다뤄야 하지 않을까 싶습니다. 제가 1987년 2월 대학을 졸업하기 전에 서울 강남 방배동에 있는 한 여중에 정교사로 취업이 되었어요. 교사 4년차인 어느 날 중3 교실에 들어갔는데, 제가 아이들보다 순진한 여교사인 거예요.

"얘들아, 나는 너희들이 참 부럽단다."

"네? 저희는 선생님이 부러운데요?"

"내가 뭐가 부럽니?"

"선생님 서울시내에 있는 대학 나오셨잖아요. 취직도 잘하셨잖아요. 이제 시집만 잘 가면 되잖아요."

1999년에는 외환위기 겪고 한창 어렵던 시절에 제가 가난한 지역 학교에 교사로 있었는데, 한 학생의 아버지가 사업에 실패하신 뒤 집을 나가신 거예요. 그 학생의 꿈은 공무원이 되는 것이었어요. 이유를 물었더니 이렇게 답해요. "꼬박꼬박 월급 나오잖아요." 또 다른 남학생은 "저는 교사랑 결혼하는 게 꿈이에요"라더군요. 최근 한 엄마가 말했어요. "초등 교사들 보니까 학부모들이 아직도 대접해주네요. 소풍 갈 때 예쁜 도시락에다가…… 우리 딸은 때려서라도 교대를 보내야겠어요." 한 인터넷 사이트에서는 정말 민망한 얘기를 읽었어요. 어떤 엄마가 다른 엄마한테 이렇게 조언을 하는 거예요. "아이한테 이렇게 자극을 주세요. SKY(서울대·고대·연대를 지칭하는 말) 나오면 사무실에서 편하게 일한다. 그보다 조금 못하면 영업직, 그보다 더 후진 대학 나오면 밖에서 찬바람 맞으며 일해야 된다고 현실을 냉정하게 말해주세요." 제가 어느 지역을 갔는데 어떤 아저씨가 수레를 힘들게 끌고 지나가니까 초등학교 저학년인 아들한테 그 아빠가 그래요. "너 책 안 읽으면 저 사람처럼 된다." 충격이었어요. 자녀들이 어떤 꿈을 꾸고 있나요? 우리 아이가 어떤 꿈을 꾸기를 바라고 계신가요?

제가 학교에서 상담할 때 아이들한테 소망을 적어보라고 했더니 상당히 현실적이더군요. 성적과 돈 이야기가 가장 많았어요. 이는 어른들이 아이들한테 물려준 유산이겠죠. 제가 재작년쯤 '사교육걱정없는세상' 윤지희 공동대표님 페이스북 글을 하나 복사해놓고 가끔 읽었어요. "자신의 어머니를 살해하고 8개월 동안 방치한 고등학생 사건을 접한다. 아버지는 가출하고 어릴 때부터 엄마에게 심한 매를 맞고 자랐고, 이번에 살해하게 된 건 전국모의고사에서 4천 등을 했는데 야단을 맞을까 봐 60등으로 고쳤는데도 골프채로 열 시간을 맞았단다. 그런데 학부모 총회에 엄마가 참석하게 돼 탄로가 나면 죽을 것이란 두려움에 살해했단다." 이 사건 기억하시죠? 또 다른 사례입니다. "1년 전인가, 예술고를 진학하고 싶은 중학생이 특목고를 거쳐 법대 진학을 강요하는 아버지에게 지속적으로 골프채로 맞아오다가 집에 불을 질러 일가족이 죽음에 이른 사건도 있었다. 어찌해 이런 비극적인 사건이 끊이지 않는가? 출세와 물질 지향 가치관 탓에 자녀를 인격체가 아닌 소유물로 삼아 폭력을 일삼는 부모들. 이 부모들 아래 영혼이 이미 죽은 채 살아온 끔찍한 시간들. 그리고 존속살해라는 비운을 안고 살아갈 세월이 너무 불쌍하다." 이것이 남의 얘기가 아닐 수 있어요.

빙산을 생각해보세요. 빙산 속이 아이의 마음이면 현실적인 학습, 눈에 보이는 학습은 보이는 만큼입니다. 그런데 우리가 빙산 아래를 다루지 않고 빙산의 일각만 가지고 아이들을 다루고 고통을 주기 때문에 아이들이 목숨을 던지는 일도 일어나는 것이 아닌가 생각합니다.

저는 6년 동안 홈스쿨링을 하고 이제 홈스쿨링 말기에 접어들었는데요. 홈스쿨링 이전에는 우리 아이들보다는 남의 아이들을, 집안일보다는 가족들 후원을 받아서 바깥일을 더 많이 했어요. 퇴근 후에도 일했어요. 그런데 이제 우리 아이들하고 좋은 관계 좀 맺어보자 해서 집에 들어앉으니까 아이들 학습에 구멍이 너무 많이 나 있는 거예요. 그래서 밤을 새우면서 남들은 초등학교 때 다 끝낸 영어 공부 정보를 검색하고 아이들을 위한 커리큘럼을 짜고, 어차피 셋 다 수준이 똑같아서 세 명 동시에 거실에 모아놓고 영어학원을 차렸어요. 그러면서 '엄마표 영어 카페'에 진행기를 올렸죠. 당시 얼마나 마음이 급했는지 몰라요. 저는 저대로 '왜 내가 이런 정보를 이제 알았지?' 싶고 애들은 또 애들대로 '우리는 뒤처졌다'고 느껴서 엄마와 세 딸, 네 명이서 3년 동안 열심히 공부했어요.

그런데 돌아보면, 그럴 필요가 없었어요. 차분하게 서로가 생각을 나누면서 긴 호흡으로 가는 게 더 좋았겠다는 생각을 합니다. 중·고등학생 자녀를 둔 부모님들은 '우리 아이는 늦었어!' 이런 마음을 가지실 수도 있거든요. 제가 이십대 자녀를 둔 어머니에게서 이런 고민을 들었어요. "애들은 이제 다 컸는데 어떡하죠? 그 애들이 제가 생각하는 가치관이 아닌 방식으로 이미 다 커버렸는데 이제 와서 제가 어떡할까요? 이제라도 저 아이들이 부모로부터 영향을 받지 못한다면 다른 좋은 멘토라도 만났으면 좋겠어요." 우리 아이들은 아직 이십대가 아니잖아요. 지금 그때가 아님을 감사하면서 지금부터 노력하면 됩니다.

저는 '엄마표 영어'라는 게 있다는 걸 퇴직하고도 6개월 뒤에 알았습니다. 2008년 어느 날 우연히 이남수 선생님 책을 통해 알게 되었어요. 〈엄마, 영어방송이 들려요!〉(길벗). 이런 세상이 있단 말이야? 검색했더니 자료들이 엄청나게 많은 거예요. 그 자료를 토대로 저희 아이들만의 커리큘럼을 짰어요. 효과를 본 면도 있어요. 그런데 이런 의문이 들었어요. 인터넷서점에서 제가 최고 등급일 만큼 책을 검색하고 꾸준히 구입하고 아이들 학습 관련 정보를 찾아서 이런저런 홈페이지도 검색했는데, 왜 이제야 이런 정보가 내 눈에 들어왔을까? 참 이상하다. 저는 세상에 우연은 없다고 믿는데, 만약에 그 정보를 제가 학교 다니는 동안 알았다면 '내 마음이 나뉘어서 내가 했던 교육실천운동이나 학교에서 고통 받는 아이들 상담하는 일을 정말 전심으로 할 수 있었을까?' 하는 의심이 듭니다. 이제 때가 돼서 이런 정보들을 활용하라고 제 눈이 열린 것이지요.

저희 아이 영어 학습에 본격적으로 관심을 갖고 달려든 건 아이가 중1 때부터예요. 얼마나 늦었습니까? 제가 수학 선생이니까 수학을 생각해보면 무조건 기초부터 해야 하잖아요. '그래, 무조건 아기 책부터 한다'고 작심하고 오디오 딸린 아기 책을 구입해서 영어 공부를 하기 시작했어요. 제 아이가 열네 살에 영어를 공부하기 시작해서 지금 스무 살이에요. 지금 그 친구 영어 실력은 어느 정도일까요? 아기가 아기 책 오디오를 듣는 것과 열네 살이 아기 책 오디오를 듣는 건 차원이 다릅니다. 제 아이가 가장 좋아하던 책이 〈꽃들에게 희망을〉이라는 동화책이에요. 그걸 열네 살짜리가 재미있다고 들어요. 집중듣기라고 그러죠? 책을 보면서 듣고 나서 아이가 저자에게 관심을 가지더군요. 그래서 관련 홈페이지를 찾았더니 있더라고요. 이렇게 차원이 다르게 공부하다 보니 아이가 영어에 엄청난 흥미를 보이더군요. 그렇다고 굉장한 성과를 냈다는 건 아닙니다만, 영어를 굉장히 즐기는 아이가 되었어요. 외국 사람들이 아이에게 물어요. "너 말하기 어디서 배웠니?" "나는 열네 살부터 오디오 시디 들으면서 책 봤어." "그거 정말 좋은 방법이니까 계속해라." 계속 듣다 보니까 혀가 꼬부라졌어요. 두 동생은 안 그런데 말이죠. 그러니까 모든 학습이 모든 아이에게 똑같이 효과가 있는 건 아니더군요. 첫째는 영어에 흥미를 갖고 삶의 미래 또한 영어를 통해 만들어보자고 결심하는 아이가 되었습니다. 혹시 아이의 학습이 늦었다고 생각하시는 부모님들은 안심하세요. 그때가 바로 적절한 시기입니다.

공부의 목적이 꼭 높은 성적만은 아닙니다. 엄마가 자녀의 공부를 챙길 때 얻을 수 있는 가장 큰 소득은 엄마와 자녀가 마음을 나누면서 함께한다는 거예요. 학교에서 일진 아이 혼내듯이 몸싸움을 하기도 하고(지금은 제가 힘이 달려서 아이들에게 져요) 정말 힘든 시간도 보냈는데, 결국은 아이들하고 싸우고 웃고 함께했던 그 모든 시간의 가치는 어디에도 비할 수 없는 거니까요.

진학보다는 진로에 주목해야
생각하는 힘을 키울 수 있다

'공부를 잘하려면 자존감이 높아야 된다'라고 학습법 책에 많이 나옵니다. 그런데 부모가 중·고등학교 자녀의 학습을 챙긴다고 할 때 자존감을 따질 겨를이 어디 있습니까. 당장 수능을 봐야 하고 당장 부족한 과목들이 있는데, 자녀의 마음을 주의 깊게 살필 겨를이 어디 있습니까. 제가 그랬어요.

첫째 딸은 관계지향적이고 저는 사고형이에요. 저는 사고형의 극단이고, 아이는 감정형의 극단이에요. 또, 수학을 특히 잘 못했던 아이예요. 아이가 수학을 못하는데, 수학 선생인 엄마가 공부는 스스로 해야 한다고 핑계를 대면서 안 봐줬어요. 이 아이가 초등학교 3학년 어느 날 여러 페이지에 걸쳐 이어진 각도 문제들을 짧은 시간에 풀어놓은 거예요. "언제 이걸 다 풀었니?" "엄마 이거 굉장히 쉬워." 알고 보니 각도기로 다 재가지고 써놓은 거예요. 중1에 이 아이에게 수학을 가르쳐야 하니 얼마나 마음이 급했겠습니까? 당연히 아이를 몰아갈 수밖에 없었죠. 그런데 관계지향적이고 감정형의 극단인 이 아이는 공감해주고 지지해주고 칭찬해줘야 따라오는 아이예요. 사고형의 극단인 엄마가 '너 늦었어, 빨리 이거 해야 돼!' 하고 다그치니 따라오겠어요? 결국 제가 마음먹고 아이를 칭찬하고 이야기를 들어주었더니 그제야 학습이 진행되더군요. 하지만 '어? 공부가 되네?' 해서 엄마가 더 빨리 몰아가야지 하면 뒤로 계속 물러나는 거예요. 어느 때는 마음을 굳게 먹고 아이를 좀 더 현실성 있게 공부로 이끌어야겠다 싶어서 한 걸음을 당기면 아이는 열 걸음 뒤로 물러나요. 사고형 아이의 경우에는 현실을 일깨워주는 게 설득력 있을 수 있어요. 그렇지만 감정형의 아이는 급한 마음을 내려놓고 무조건 공감해주고 지지해주는 것이 필요하더군요.

특별히 완벽주의를 추구하는 유형들이 있어요. 제가 에니어그램이나 MBTI의 성격 유형에 관심을 가진 적이 있거든요. 완벽주의를 추구하는 부모나 교사들은 늘 자녀나 학생을 고쳐주고 싶어 하죠. 부모가 보기에 자녀의 모습이 염려스러워 고쳐주고 싶고, 자녀의 그런 모습이 반복되는 것이 화가 나는 거예요. 제가 한 6년 동안 아이들과 부대끼고 나서 느낀 것은, 내가 고쳐주고 싶고 내가 화가 나는 아이의 특성들이 뒤돌아보니 강점이더라는 거예요. 느려터진 첫째아이는 알고 봤더니 자기 안에 너무나 많은 독창적인 생각들이 있었던 거예요. 결코 부모의 기준에서 잔소리하면 안 돼요. 그럴 때는 속에서 독이 묻어나오죠. 골프채로 때렸던 그 엄마도 괴로운 순간에 침묵했더라면 얼마나 좋았겠습니까? 내 안에 부모로서 불안과 초조라는 독이 묻어나올 것 같이 느껴질 때, 그때 아이를 내버려두면 아이 스스로 찾아나갈 기회를 주는 것이더라고요.

현실적 욕심을 내려놓고 아이의 행복에 초점을 둬야 합니다. 〈꽃들에게 희망을〉을 보시면 애벌레가 기둥을 타고 올라가잖아요? "너 여기 왜 올라가니?" "몰라. 저 앞에 뭐 좋은 게 있겠지." 애벌레가 기둥을 올라가려면 다른 애벌레를 밟아야 하죠. 두 친구가 그곳에서 벗어나오지만 하나는 다시 돌아가고 다른 하나가 노랑나비가 돼서 날아오르는 이야기죠. 저 위에 뭐가 있는지도 모르고 덩달아서 올라갑니다. 그무리 안에 우리가 있을지도 모르죠. 〈레밍 딜레마〉는 제가 진로 상담할 때 구입한 책인데, 쥐과에 속하는 레밍이라는 동물은 한 방향을 향해서 달린다면서요? 그 점에 착안한 우화라는데, 어디로 가는지도 모르고 다함께 달리는데 알고 보면 낭떠러지인 거예요. 그중 한 마리가 다른 레밍처럼 밑으로 떨어지지 않고 생각을 달리해서 건너편 나무를 향해서 날아간다는 이야기예요. 이것이 학벌을 따지는 우리 모습 아니겠습니까?

홈스쿨링을 하면서 제가 교직에 있을 때는 못 만났던 엄마들하고 한동안 많이 지내봤어요. 엄마들이 자기 아이를 초등학교 때부터 뭔가를 위해 준비해야 하는 아이로 인식하면서 살고 있습니다. 스무 살짜리 첫째아이가 저한테 늘 그랬어요. "엄마 은근히 세속적이에요." 남들은 속일 수 있어도 딸은 알잖아요? 제가 홈스쿨링 시작할 때 주변에 당당하게 말했어요. "몇 개 대학 간판은 내려놓고 홈스쿨링할 거예요." 저는 진짜 내려놨다고 생각했는데 아이가 이러더군요. "엄마의 마음에도 우리나라 5대 종교인 '대학교'가 자리 잡고 있어. 엄마 주변에 교육운동 하시는 분들도 똑같은 생각을 자기 자녀에게 적용하고 계실까요?" 첫째가 스무 살이 되자 문구점을 가도 시장을 가도 다 물어봐요. "애 대학교 갔나요? 어느 대학 갔나요?" 저희 아이가 외국 대학 쪽으로 결정을 해서 학점연계 과정을 밟고 있는데, 아이가 스스로 찾아서 결정한 거예요. 스스로 그렇게 길을 찾았어요. 그래서 "저희 아이는 외국으로 갈 거예요" 하면 질문이 거기서 딱 그쳐요. 우리 아이가 만약에 대학에 안 갈 거라고 했다면 사람들이 저를 어떻게 볼까요? 실제로 홈스쿨링하는 자녀들 중에 '취업 먼저, 진학 나중' 한다는 가정도 있어요. 또 어떤 가정은 애들이 대학을 안 가고 다 취업을 했어요. 더 나아가서 '취업 먼저, 대학은 아이가 필요를 느끼면' 이렇게 정한 가정도 있어요. 하지만 스무 살이 되면 좀 괜찮다고 하는 대학에 꼭 들어가야만 무시당하지 않는 세상인 것을 절실하게 느끼며 살아갑니다.

저는 결혼할 때 학벌의 허와 실을 경험했어요. 말씀드렸다시피 당시 저는 서울에서 교사로 일하고 있었어요. 그때 저는 서울에 있는 어느어느 대학을 나온 사람과 결혼하겠다(지금은 아니니까 용서하시고요)고 기준을 정했어요. 교무실에 있는 여교사들이 "그거 당연한 거 아냐?" 하던 시절이었어요. 당시 제가 전국 단위의 교사모임 회원이었어요. 여름방학과 겨울방학에 이 모임이 주최한 수련회에서 제가 알지 못했던 대학을 나온 분 중에 굉장히 탁월하고 학생들을 가르치는 차원이 저와는 다른 분들을 보면서 제 눈이 열리기 시작했어요.

제 남편은 동네에 있는 대학을 나온 남자입니다. 아이들이 어릴 때 저는 서울에서 대학을 나왔으니까 애들은 대학을 서울로 안 보내도 괜찮다고 했는데, 남편은 우리 딸들이 크면 꼭 서울로 대학을 보내겠다고 했어요. 저는 '동네에 있는 대학을 보내자, 가족이 더 오랜 기간 함께할 수 있어 좋지 않느냐'고 했어요. 홈스쿨링 시작하기 전까지는 그렇게 주장했어요. 그런데 막상 홈스쿨링을 마무리하는 시점에 사람들이 제 아이들이 어느 대학을 가는지 지켜보고 있더군요. '선생 하다가 학교도 안 보내고 저러고 사는데 쟤네들이 어디로 갈 것인가?' 주변의 시선에 자유롭지 못한 제 속마음을 딸아이의 지적을 통해 알게 되었어요. 그래서 아이들과 이 문제에 대해 의견을 주고받았어요. '우리가 대학 진학을 어떻게 할 것이냐?' 결국 대학 이름보다는 아이들이 좋아하고 스스로 의미를 가질 수 있는 대학을 선택하기로 했습니다. 그렇게 진학과 진로의 방향을 정할 수 있었고, 비교적 힘들지 않게 홈스쿨링을 누릴 수 있었습니다.

지금 수능을 준비하는 둘째 딸이 집의 유일한 홈스쿨러로 남아 있습니다. 이 아이의 현재 목표가 뭔지 아세요? 저희 동네를 떠나서 다른 지역으로 대학을 간다면 부모와 함께하는 마지막 해가 될지도 모른다고 생각해서 부모와의 관계를 누리는 것이 올해의 목표입니다. 학력고사나 수능 점수에 따른 줄 세우기가 아니고 3천여 가지의 전형 방식이 존재한다고 하잖아요. 제가 학생 한 명 있는 고3 담임 아니겠습니까? 진학 지도를 어떻게 해야 할까 싶어서 입시 관련 업체에서 나온 매우 두꺼운 책을 보았더니 우리 아이가 갈 수 있는 데가 한 군데도 없더군요. '우리 집은 오로지 정시다' 하니까 참 마음이 편해요. 그런 마음으로 달려왔어요. 진학보다는 진로에 주목할 때 생각하는 힘을 키우는 공부로 안내해줄 수 있다고 생각합니다.

어떻게 더 깊이 다가갈 것인가?
아이의 현실적 필요를 파악하라

아이의 진짜 속마음을 읽어야 해요. 저는 고등학교 3년 동안 공부를 하나도 안 하고 살았어요. 공부를 안 하고 마음을 못 잡고 세상이 너무 어둡고 우울하고…… 그 시절로 다시 가라고 하면 생각만 해도 끔찍합니다. 청소년기에 겪는 인생의 쓰디쓴 경험은 사람을 성숙하게 만든다고 하지만, 청소년기에는 건강한 자아상을 갖도록 아이들을 세워줄 필요가 있다고 생각합니다. 학교에서 아이들을 만나보니 아이들 마음에는 두 가지 특징이 있더라고요. 분노와 우울이에요. 외향적인 아이는 겉으로 분노가 나와요. 건강한 표현이라고 생각해요. 착해 보이는 아이들은 분노가 안으로 향해서 우울증으로 나타나는 경우들을 봤습니다.

2005년 1월인가 2월인가 유명한 여배우가 자살하는 사건이 있었어요. 그때 제가 상담실을 어떻게 굴릴까 하다가 학교에 도우러 오시는 전문가들과 의논해서 우울증 테스트를 시작해보기로 했어요. 학기 초에 사탕을 하나씩 붙인 예쁜 초대장을 온 교실에 다 돌려서 학생들한테 우울증 테스트를 받으러 오라고 했더니 상담실이 미어터졌습니다. 모두 다 상담을 해줄 수가 없어서 검사 결과에서 우울 정도가 가장 심한 학생들을 선별해 개별적으로 찾아갔어요. "선생님이 검사를 해보니까 네가 이렇게 나왔는데, 네 생각은 어떠니? 너무 황당하지 않니? 네가 심한 우울 상태라고 이 검사가 말해주는데 너는 어떻게 생각하니?" "제가 생각하던 대로 나왔는데요." 이런 학생들이 많았어요. "저 이거 한번 해보고 싶었던 검사예요." 그 학생들을 붙잡고 제가 개인 상담을 했어요. 중학생인 그들은 '관계'의 문제와 '성적'의 문제, '가족 간의 문제를 가장 많이 가지고 있었습니다. '쟤는 참 모범적으로 보인다' '얌전하다' 이런 애들을 특히 주목해야 합니다. 속마음을 읽고 대화를 나눠야 해요. 학습보다 아이들 마음을 편하게 해주는 것이 먼저입니다.

요즘 부모님들이 '지랄총량의 법칙' 얘기를 많이 해요. '우리 아이가 드디어 총량을 채우기 시작했어요.' '드디어 춘기가 왔어요.' '춘기 씨가 찾아왔어요.' 이런 말들 하잖아요? 제가 우리 아이들 홈스쿨링하면서 가끔 같이 외출하면 저희 애들 표정이 환했어요. 성적표 없이 살다 보니 다른 애들보다 빛이 나는 거예요. 성적 신경 안 쓰고 살았잖아요. 남들이 보면 애들 밝게 잘 키운다 하겠지만, 속으로는 힘겨운 과정도 많았어요. 엄마가 학교이자 학원이자 급식 아줌마이고, 한 사람에게 학교의 모든 역할이 주어졌기 때문에 갈등도 제 몫이었어요. 잘할 때도 있었지만, 침체기가 왔을 때는 새벽에 교회 갔다 와서 혼자 부지런히 움직였어요. 애들은 다 자고 있죠. 그럼 저는 속에서 눈물이 나요. 쟤네들 언제까지 자려나. 그런데 세상은 제게 이렇게 이야기했어요. '아이들은 스스로 자란다. 그냥 내버려둬라.' 때로는 그 말이 맞을 수도 있어요. 그런데 제가 엄마로서 느끼기로는 '나를 내버려두세요. 엄마 저리 가세요'라는 말은 진심이 아닌 거예요. '나한테 좀 더 가까이 오세요'라고 저는 느끼는 거예요. 부모만 알 수 있어요. 아이가 나하고 거리를 두는 게 건강한 시점인지, 내가 다가가야 할 시점인지는 엄마의 촉감으로, 아빠의 촉감으로 분별할 수 있어요. 그건 논리로 설명이 안 돼요. 제3자가 판단할 수도 없어요. 부모만이 그걸 분별할 수 있다고 생각합니다.

제가 정말 가슴이 아팠던 한 여학생은 부모가 이혼해 할머니와 살았어요. 이 학생은 화가 나면 할머니를 때렸어요. 젊은 여자 담임선생님이 이 여학생을 어떻게 못하는 거예요. 점심을 굶어가면서 그 아이를 붙들고 점심시간마다 여러 차례 개인 상담을 했어요. 그 아이 먹이려고 빵과 우유를 사가지고 와서 상담을 했는데, 빵과 우유를 줄 때마다 "저는 괜찮아요. 선생님 수고하시는데 선생님 드세요"라고 말해요. 들던 바와 다른 따뜻한 마음을 느꼈어요. 상담실이 사무실 탁자에다가 천 한 장 씌워놓은 공간일지언정 그 아이만을 위한 독립된 공간, 그 아이만을 위해 떼어놓은 시간이 있으니까 아이가 진심을 보여주더라고요. 가정에서도 마찬가지예요. 같이 카페 가기, 밥 먹기 등을 통해 일상 속에서 일대일의 시간과 공간을 마련해줄 수 있다고 생각합니다.

한 중학생 남자아이를 만난 적이 있어요. 부모가 이 아이를 제게 의뢰했어요. 이 아이는 부모님이 지금 선생님이 자기를 챙기듯이 챙겨줬으면 좋겠다는 거예요. 부모님하고 이야기를 했어요. "아이는 지금 부모님의 관심을 원하고 있습니다." "선생님은 딸만 있어서 아들의 마음을 모르시네. 아들과 딸은 달라요. 우리 아이는 간섭을 싫어해서 거리를 두는 거라고요." 마음이 아팠어요. 자녀가 멀어지려고 하면 그게 진짜 멀어지라는 메시지인지 더 다가오라는 메시지인지 부모님이 판단하셔야 합니다.

아이가 다가오라고 하는 사인은 마음으로 느낄 수 있어요. 그때 너무 고차원적인 것까지 생각할 필요가 없어요. 먹을 것 하나 가지고도 마음을 움직일 수 있더군요. 열아홉 살 둘째와 제가 의미 있게 홈스쿨링 마지막 해를 잘 보내자 했는데, 이 아이하고 저하고 원하는 게 다른 거예요. "엄마, 특히 수학을 공부할 때는 엄마가 옆에 있으면 부담스러워. 그러니까 나 혼자 공부할 수 있게 놔두고 적당한 바운더리를 그어서 생활해요." 이 아이가 이과로 수능을 보겠다는 거예요. 문과와 이과 딱 중간인 아이예요. "앞으로는 문과/이과로 나눠지는 세상이 아니야. 문과로 수능을 보면 어떻겠니?" 그랬더니 아니라는 거예요. 좀 잘하고 싶은 마음에 난도가 아주 높은 걸 가지고 혼자 계속 해왔어요. 중학교 때부터 수학은 혼자 했어요. 저는 해준 게 없어요. 그래서 원망을 많이 들어요. 아이가 적당한 바운더리를 정하고 홈스쿨링을 하자는데, 아이가 안쓰럽고 제가 아이에게 좀 더 다가가서 격려를 해줘야 하는 상황으로 느꼈어요. 어떻게 이 아이의 마음을 움직이고, 어떻게 이 아이에게 다가갈까 고민하다 대학교 2학년 4월에 돌아가신 친정어머니가 떠올랐어요. '우리 엄마는 나한테 어떻게 하셨지?' 여러분도 그렇게 생각하시죠? 제가 고등학교 때는 공부 안 했지만 중학교 때는 공부를 잘했어요. 공부 잘하는 딸내미가 예뻤던지 살림이 어려운데도 엄마가 제가 좋아하는 쥐포를 봉투에 잔뜩 담아다가 먹으라고 주셨어요. 한밤중에 다른 사람 몰래…… 그게 오십이 조금 넘은 이 나이에도 늘 생각이 나요. 여기서 답을 찾았어요. '아, 이거구나. 우리 애가 좋아하는 먹을거리를 갖고 다가가보자.'

　이 아이가 스테이크를 좋아해요. 스테이크용 고기를 푸짐하게 샀어요. 평소에는 잘 안 사주는, 세일 잘 안 하는 초콜릿도 샀어요. 아이가 좋아하는 초밥도 한 팩을 샀어요. 속으로 마음먹었어요. '그래, 이거 상담 비용이다' 하면서 투자를 했습니다. "공부하느라 힘들지? 엄마가 너 주려고 사왔어. 언니와 동생이 집에 없으니까 너만을 위한 특별한 것들을 사주고 싶었어." 며칠 뒤에 아이가 저한테 뭐라고 그랬는지 아세요? "엄마, 신기해. 애정결핍이 채워졌어." 이렇게 고백했어요. 그 아이와 매일 둘이 하는 게 있어요. 영어 성경을 하루에 한 챕터씩 직독직해를 합니다. 그리고 손 붙잡고 제가 기도해줘요. 그게 몇 분 안 걸려요. 돌아가면서 한 절씩 읽고 해석하고, 손잡고 기도해주고 합니다. 아이들의 마음을 잘 읽어야 합니다.

소나기 학습법과
밥 먹듯 매일 조금씩 하는 학습법

이제 현실적인 공부 이야기를 하겠습니다. 물론 처음부터 세세한 계획을 짜고 공부하진 않았어요. "야, 우리 큰일 났다. 남들 다 한 걸 우린 시작도 못 했어." 제가 이렇게 말하자 애들이 "그러게 말이야. 왜 이제 우리한테 이걸 가르쳐줬어요" 하고 원망도 많이 했어요. "나는 여기 잘못 태어난 거 같아. 저기 강남 외숙모한테서 태어났어야 하는데……" 사촌이 토플을 공부할 때 우리는 한 페이지에 단어 하나 있는 책을 들여다보고 있었으니…… 결국 이런저런 시행착오를 겪으며 한 걸음 한 걸음 나아갈 수밖에 없었습니다.

일단 아이들과 공부부터 한 게 아니라 아이들의 자존감을 세워주고 아이들의 정서적인 건강 부분을 먼저 살폈어요. 그러면서 학습 준비로 들어갔고 그다음에 같이 놀면서 공부했죠. 영어 단어도 남들 유치원 때 하는 낱말카드놀이를 애들이 재미있어 했어요. 중학생인데도 엄마가 함께한다는 것 자체를 아이들이 좋아했어요. 그리고 나서 의도적인 학습이 시작된 거죠. 이런 단계를 거쳐서 점차 공부가 형식을 갖춰가기 시작했고, 나중에 수능 준비로 들어가는 과정을 거쳐 왔습니다.

처음에는 엄마 손을 꽉 잡고 한 걸음 한 걸음 나아갑니다. '아니 중1

씩이나 된 애를 뭐 엄마가 손을 꽉 잡으래? 너무 심한 거 아냐? 과보호 아냐?' 이렇게 생각하실 수 있는데, 아이들이 어렸을 때 이런 걸 못한 결핍이 있거든요. 엄마인 저도 그 부분에는 상처가 있었는데, 손을 꽉 잡고 함께하는 경험을 통해서 엄마와 딸들 모두 치유가 되었어요. 이렇게 처음에는 손을 꽉 잡고 갔는데 나중에는 저절로 손이 놓아져서 지금은 아이들이 완전히 자기주도 학습을 하게 되었습니다. 아이들이 아빠한테 자전거를 배우는데 10분 만에 배우더라고요. 그것이 학습 과정과 비슷하다고 생각합니다. 아빠가 "뒤에서 잡고 있다, 페달 밟아봐" 하니까 애들은 계속 잡고 있는 줄 알고 손을 놓았을 때도 빙빙 돌았어요. 손을 잡고 가다가 어느 순간 손을 놔야 하는 시기가 오는데 그러면 아이들은 혼자 달려가면서 이게 학습이구나 하고 깨닫게 되지요.

보통 '밥 먹듯이 꾸준히 하는 공부가 최고다' '반복학습을 해라' 등등의 이야기를 하잖아요? 저희 집 아이는 중학생 수준에 올라와 있어야 하니 마음이 급했어요. 우리 아이 말고도 제가 학교 바깥에 있는 다른 자녀들을 챙긴 적이 있어요. 그 아이들이 중2인데 초5 수준일 수도 있고, 고1인데 중2 수준일 수도 있어요. 그러면 이 아이들을 '밥 먹듯이 꾸준히'로 이끌 순 없어요. 현재 결핍된 부분을 채울 수 있는 '소나기 집중학습'이 필요하다고 생각해요. 그런데 '소나기로 들이부으니까 채워지는구나. 서울대까지 가자' 이러면 곤란합니다. 소나기 집중학습을 통해 부족한 부분을 채운 다음에는 '밥 먹듯이 꾸준히'의 리듬으로 돌아올 수 있어야 해요. 아이의 부족한 부분을 채우지 않은 채 '밥 먹듯이 꾸준히'만 강조하면 아이는 우울하고 자아상이 낮은 아이가 될 수도 있어요. 그러니까 제 수준에 올라 있지 않을 경우에는, 아이가 동의하고 아이가 그것을 채우고자 하는 마음이 있다면, 함께 집중학습을 할 필요도 있습니다.

아이의 현재 실력보다 더 낮은 단계로 시작하는 것이 빨리 가는 길입니다. 부족한 부분을 채우지 않고 공부하면 더 혼란스럽고 더 느리게 갑니다. 제 경험에 비추어 보자면 부족한 부분을 메우고 가니 더 속도감이 붙고 아이 마음도 편해져 '나도 할 수 있구나. 나도 이거 채웠어' 하는 자신감이 생겼습니다. 공부의 바다에서 파도와 싸워야 할 때와 꾸준한 리듬으로 익혀야 할 때를 아이의 상황에 맞게 판단해서 정해야 합니다.

제 첫째아이가 홈스쿨링을 중학교 초기 과정부터 시작했잖아요. 저는 중학교 초기 과정에는 관리자로서의 엄마였습니다. 학습 관리자로서 정보를 검색하고 아이 손을 꼭 잡고 열심히 했어요. 아이들이 3년 동안 잘 따라왔어요. 학습의 기본을 열심히 채우면서 왔습니다.

그 시기가 지나니까 중3 나이가 됐어요. 그러면 애가 중1이 되도록 왜 그렇게 무책임했느냐고 물으실 거 아니에요? 맞아요. 어떻게 보면 저는 아이들을 '방치'했다고 할 수 있어요. 아이들이 초등학생 시기에는 열심히 책을 사다가 거실에 꽂아놨어요. 꽂아놓으니까 애들이 전집도 다 읽었어요. 꽂아놓으면 언젠가는 읽더라고요. 그리고 일주일에 네 권씩 배달 오는 책 있잖아요. 그 책이 오면 아이들이 앉은 자리에서 숨죽이고 읽곤 했어요. 그리고 아이들이 다니던 초등학교가 도서관이 잘되어 있는 작은 학교였어요. 예전에는 큰 학교였는데 학생 수가 줄어서 오히려 시설이 좋아졌죠. 사서 선생님이 저녁때면 간식을 해주셨어요. 애들은 방과 후에 거기서 살았어요. 감정형인 첫째는 6학년 때 자기가 좋아하는 박완서 선생님의 소설도 읽었어요. 〈TV동화 행복한 세상〉, 청소년용 〈토지〉 같은 문학책들을 읽었죠. 둘째는 두루두루 다 읽었어요. 다독을 한 셈이죠. 셋째는 둘째언니를 쫓아서 과학책 위주로 읽었고요. 제가 아이들에게 아무것도 해주지 않았던 초등 시절이 잃어버린 시간이 아니었다는 것을 아이들이 수능 준비할 때 깨달았어요. '아이들이 책을 읽은 세월이 헛되지 않았구나. 그렇게 우리말 책을 부담 없이 성적 신경 안 쓰고 일상적으로 읽게 한 것이 잘한 거였구나. 엄마표 영어를 모르길 잘했구나' 하고 애가 스무 살이 된 지금 감사하고 있어요.

스무 살인 첫아이가 올 1년 동안 서울로 통학을 하는데, 전공서적이 무거워서 제가 버스 정류장에 마중을 나가서 가방을 짊어지고 옵니다. 어느 날 아이가 "내가 초등학교 1, 2학년 때 엄마가 가방 들어줬던 아이들, 그 아이들 느낌이 이런 거였구나" 하는 거예요. 스무 살이 되었지만 그 순간 치유가 일어나는 거예요. 그건 엄마인 저도 마찬가지였어요. 이제 아이 둘이 학교로 떠나고 한 아이만 남았는데 아이들이 떠난 자리를 제가 추스르는 거예요. 교복도 빨아서 다리고, 방에 늘어놓고 간 옷도 걸어주면서 일부러 챙겨요. 예전엔 자기 일은 자기가 해야지 했는데 말이죠. 그렇게 하는데 제 마음이 정말 좋은 거예요. 집에서 아이를 챙긴다는 거, 내 아이에게 집중한다는 게 이런 거구나 싶더라고요.

그러면 직장에 다니시는 분들은 "우리는 어쩌라고요?" 이렇게 말씀하실 수 있잖아요? 제가 치열하게 직장 다니면서 독서모임도 하고 봉사활동도 하면서 심정적인 우선순위를 자녀에게 두시는 분들을 만나

봤어요. 길지 않아도 돼요. 손잡고 기도하는 데 1분이면 몇 마디 하거든요. '8시에는 너하고 나하고 뭐를 한다.' 그렇게 정하고 10분 정도만 해도 괜찮아요. 저도 둘째하고 그렇게 하는 걸요. 일정 시간을 정해놓고 아이와 함께하다 보면 어느 순간 아이는 도움이 필요 없는, 스스로 나아가는 아이가 됩니다.

관리자 엄마였던 시기를 지나자 아이가 공부하는 양이 저절로 늘더군요. 영어 독해서를 보더라도 이전까지는 한 줄 한 줄 같이 했다면 이제는 아이 스스로 하는 시간이 느는 거예요. 자연스럽게 엄마는 관리해주는 사람에서 지원해주는 사람으로 변신을 합니다. 하다 보니 그렇게 됐습니다. 그렇지만 완전히 방치하지는 않았습니다. 이 시기에 제게 어떤 분이 그랬어요. "선생님, 애들한테 선생 되지 마세요. 엄마가 되세요." 처음에 손을 꽉 잡고 갈 때는 선생이 되어서 공부를 가르치고 그랬거든요. 이 말을 듣고 '아 그럼 내가 엄마가 돼보자' 했는데, 쉽지 않았습니다. 엄마가 엄마가 되는 게 쉽지 않다니 참 아이러니하죠? 또 어떤 분이 그랬어요. "부모는 아이의 손을 놓으면 절대 안 됩니다." 물리적으로 잡고 있으라는 소리는 아니겠죠. 마음의 손을 꽉 잡고 가야 된다고 생각합니다. 엄마로서의 공감과 지지가 중요해요.

아까부터 계속 말씀드리는데, 학교에서 상담하면서 상담기법이 허술해도 공감해주고, '나는 네 편이야'라고 격려해주고 지지해주면 치유가 일어났어요. 그래서 정말 죽고 싶다고 했던 아이가 대학에 가서 메일을 보내왔어요. '선생님, 이렇게 밝게 살아갈 수 있는 날들도 있네요. 그 시절 감사했습니다.' 손을 놓되 완전히 방치하지는 않는 시기를 보냈던 것 같습니다. 그러다가 대학을 가야 할 시기가 닥쳐왔어요.

홈스쿨링으로 준비하는 수학능력시험

편하게 공부했는데 수능이라는 괴물이 떡 버티고 있는 거예요. 하지만 홈스쿨링을 하면서 수능 준비하는 건 그렇게 어렵지 않았습니다. 수능이 다섯 과목이잖아요. 국·영·수와 사회탐구영역 둘 또는 과학탐구영역 둘. 검정고시를 준비하는 것보다 오히려 마음이 홀가분해요. 검정고시는 대입이 여덟 과목이에요. 이때 저는 학교에서 고3 담임선생님이 해주시는 일들을 했어요. 공부할 과목을 알려주고, 교재 계통도 그려주고, 이 교재가 끝나면 이리로 가야 되고, 우리는 생활기록부가 없기 때문에 정시로 가야 되고 등등의 진로 안내를 해줬습니다. 그리고 아이들하고 공기 맑고 쾌적한 수양관으로 짧은 여행을 갔어요. 아이들하고 쉬고 공부하면서 오랜만에 편안한 시간을 맘껏 누렸어요. 책을 하나 정해서 네 명이서 한 페이지씩 돌아가면서 읽고, 산책하고, 쇼핑하고…… 이런 최소한의 것만 부모가 공유하면서 공부는 온전히 혼자 하는 시기를 고2~고3 동안 보냈습니다.

과목별 공부: 독서

독서는 모든 공부의 근본이 되는 것 같아요. 어렸을 때부터 독서를 하다 보니까 아이들이 자기가 좋아하는 흐름으로 책을 읽더군요. 그렇게 하다가 뭔가 의도적인 독서가 필요하다고 느끼고 있었는데 그런 기회가 자연스럽게 찾아왔어요. 홈스쿨링을 함께하던 분들과 독서캠프를 가기도 했고, 독서대학에 가서 독서지도사 초급 자격을 따기도 했어요. 저희 큰애가 느리고 뭐든지 의미를 생각하고 그래요. 수학도 문제를 그냥 안 풀어요. 공식의 의미를 따지고 사람 힘들게 하는 아이예요. '쟤는 왜 저렇게 느릴까?' 하는 게 제 고민이었어요. 독서대학에서 독후감 한 편을 쓰는데 이틀을 꼬박 붙잡고 늘어지는 거예요. 저는 30분 만에 썼거든요. "이런 거 하려면 엄마처럼 해야지" 그랬더니 참조해서 쓰겠다며 엄마 독후감을 내놔보래요. 제 것을 보더니 맘에 안 든다고 퇴짜를 놓았어요. 책을 읽고 질문 세 가지를 만들어오라고 그랬는데, 오후 내내 질문을 못 만들어내는 거예요. 왜 저렇게 느릴까 싶어 정말 못마땅했어요.

독후감 숙제를 가지고 강의를 들으러 갔어요. 지도하시는 분이 가장 잘 쓴 독후감 한 편을 뽑겠다고 해요. 독서대학에 아이는 몇 명 없고 대부분 어른이었는데 저희 딸아이 독후감을 가장 잘 쓴 거라며 한번 읽어보라는 거예요. 우리 아이가 펑펑 울면서 독후감을 읽었어요. '저런 생각을 하기 위해서 느린 거구나.' 그저 늘어지게 논 게 아니라 머릿속으로는 제 나름대로 안 보이는 활동을 끊임없이 하고 있었던 거예요. 인터넷에서 떠돌던 바칼로레아 시험문제 있잖아요? 얘가 만날 물어본 게 그런 것들이에요. 이런 문제를 적은 A4용지가 가득 있어요. 그런 문제와 답에 대한 정보를 찾아 헤매요. 학과 공부하고는 상관이 없는 거죠. 그렇게 해서 심리학을 하겠다고 하다가 엉뚱하게 경영학 쪽으로 갔어요.

그래서 첫째는 주로 문학, 자기계발, 신앙, 심리 관련 책을 정독했어요. 둘째는 두루두루 모든 책을 다 읽어서 '이거 어떻게 되지? 엄마는 모르겠는데 이거 뭐니?' 하고 물으면 아이 머릿속에서 정보들이 나와요. 넓고 얇게 읽는다고 할까요? 이렇게 의도적인 독서 과정도 거쳤어요. 책 한 권을 줄 치면서 읽고 한 권을 한 페이지로 요약하고, 한 페이지를 한 단락으로 요약하고, 한 단락을 한 줄로 요약하는 독서법도 아이들과 해봤어요. 물론 모든 책에 다 적용하기는 힘들더라고요. 그렇게 한번 했던 것을 고1 막내가 학교 가서 공부하는 데 많이 적용하더군요. 하지만 의도적인 독서에는 한계가 있고, 결국 자기가 좋아하는 책을 읽게 되더라고요.

과목별 공부: 국어

국어는 수능 문제를 풀게 했더니 아이들이 그동안의 독서로 웬만큼 풀었어요. 인터넷에서 무료 컨설팅을 하고 계신 수능학습책 저자의 강의를 들으러 가서 공부법을 좀 배웠어요. 교과서에 실린 작품들의 전문을 읽었죠. 제가 교과서와 관련된 책들을 꽂아놨더니 언젠가는 읽더라고요.

과목별 공부: 수학

수학은 아이들마다 지도 수준이 달라야 하는 과목입니다. 저는 학교에서 수학을 가르치는 게 너무 힘들었습니다. 10명을 지도하는데 아이들의 수준이 10가지예요. 제가 교사 시절 세 딸의 엄마가 되어서 교실에 서니 '내 아이'를 키운 경험 덕분인지 35명 각자의 수준이 더 잘 보이는 거예요. 제가 그걸 다 채워줄 수 없다는 게 너무 괴로웠습니다. 제가 홈스쿨링 그룹에서 중1 남자아이들을 도울 기회가 있었는데 모두 딱 초등학교 4학년 수준이었어요. 그래서 1년 동안 어떻게 했는지 아세요? 초등학교 4학년, 5학년, 6학년, 중1 1·2학기 과정을 1년 동안 했어요. 이 아이들이 4학년 때 4학년 것을 하면 시간이 많이 걸리 잖아요. 그런데 중1에 4학년 것을 하니까 한 달 만에 올라가요. 한 달 만에 4학년 과정 끝내고 또 한 달 만에 5학년 과정 끝냈어요. 계산은 이렇고 사칙연산은 이렇고 방정식은 이렇고 하는 개념을 잡은 다음에 중1 과정을 제 리듬으로 차근차근 지도해나갔습니다. 결론은 무조건 낮은 레벨로 내려가는 것이 가장 빠른 길이라는 겁니다.

아이들에게 적합한 교재를 사용해야 해요. 저희 집 애들의 교재가 다 달라요. 완전 문과형인 첫째는 EBS 교재로 공부했어요. EBS에 아이가 좋아하는 선생님이 한 분 있는데, 개념을 이해하기 쉽게 또박또박 잘 설명해주시더군요. 결국 첫째는 EBS 선생님을 통해서 개념을 잡았어요. 둘째아이는 엄마도 풀지 못하는 문제가 수두룩한 교재로 자기 혼자 공부했어요. 둘째는 인터넷 강의를 답답해해요. 인터넷 강의를 쳐다보는 것 자체가 고통스럽다는 거예요. 그래서 결국 혼자 공부했어요. 저는 이 아이가 혹시 혼자 하느라고 학습이 느려서 재수를 하게 된다 해도 아이한테 혼자 그 길을 헤쳐나간 경험은 그대로 남는다고 생각해요. 막내는 학교로 돌아가서 교과서와 보충교재로 공부하고 있습니다.

막내가 고1 1학기 과정을 공부하고 고등학교를 갔어요. 언니들하고 하다 보니 좀 앞서갔죠. 그런데 나중에 그림에 빠져서 남들 수학에 몰입하는 시간에 막내는 그림에 몰입했어요. 그러니까 그림 실력이 늘더라고요. 1년 만에 작은 상을 타는 수준에 진입했죠. 막내가 고등학교에 갔는데 모든 게 다 재미있다는 거예요. 선생님 설명을 안 듣다 들으니까 학교 공부가 무척 재미있는데, 수학이 좀 어렵다고 해요. 왜냐하면 요즘 애들은 문제풀이 연습을 많이 하고 가잖아요. 우리 아이는 그림 그리는 시간에 딴 애들은 문제풀이를 하니까 선생님은 연습이 됐다 생각해서 진도를 나가는 거죠. 막내가 수학을 못하는 건 아니에요. 단지 안 했을 뿐이죠. 그러면 공교육 수업에서는 잘 따라가야 되잖아요? 그런데 수학이 힘들다는 거예요. 아이가 이렇게 고백했어요. "엄마가 전에 선행학습 금지 서명 받아오라 그랬지? 진짜 선행한답시고 나처럼 한번 진도 나가는 건 소용없다는 거, 내가 뼈저리게 느끼고 있어." 고1짜리가 그렇게 이야기를 하더라고요. 과도한 선행학습 없이도 정상적인 수학 학습을 할 수 있는 공교육이 아쉽습니다. 이 부분은 '사교육걱정없는세상'이 연구하고 계시니 우리 교육에 조만간 진전이 있을 것이라 기대합니다.

과목별 공부: 영어

이제 영어입니다. 관심 많으시죠? 제가 3년 동안 영어에 한 맺힌 사람처럼 살았어요. 제 영어 발음이 굉장히 안 좋은데 얼떨결에 영어로 강의를 한 적이 두 번 있어요. 영어 통역을 한 적도 한 번 있고요. 제가 하지 않으면 안 되는 상황에 닥치니까 되더라고요. 한번은 누가 강의를 부탁했어요. 자녀 교육에 대한 강의인데 강의를 하기로 한 선생님이 사정이 생겨서 못하게 되었다고 저보고 대신 하라는 거예요. 그래서 하기로 했는데 강의 이틀 남겨놓고 '동남아 분들이 있으니 영어로 강의해야 합니다.' 이러는 거예요. 어떡해요? 제가 애들하고 아기 책 (스토리 북) 가지고 영어 공부했잖아요. 그 스토리 북을 거실에 쫙 펴놨어요. 그 안에 정말 좋은 문장들이 많잖아요. 제가 하고 싶은 이야기를 그 문장의 단어를 바꿔서 문장 구조를 그대로 빌려다가 강의안을 일고여덟 장을 썼어요. 영어 성경 구절도 많이 넣었죠. 그 원고를 눈을 마주치면서 또박또박 읽었더니 그분들이 '당신 영어는 참 알아듣기가 쉽다'고 칭찬을 하더군요. 학교에서 배운 영어가 자연스럽지 않을 수도 있잖아요. 스토리 북에 나오는 건 생생해요.

또 한 번은 미국 사람이 와서 도움이 필요한 청소년들을 상담하는데 통역해줄 사람이 저밖에 없는 거예요. 상담 받는 애들보다는 제가 영어를 조금 잘하니까 할 수 없이 통역을 했어요. 저는 그냥 느낌이 와서 느낌으로 했거든요. 그런데 맥락이 다 맞아 들어갔던 거예요. 사실 저는 학교 다닐 때 수학 교사가 될 거였기 때문에 영어 공부를 안 했어요. 1993년에 호주 컨퍼런스에 가서 우리나라 교사모임을 소개하는 역할을 맡았을 때도 영어 강의할 때처럼 써가지고 가서 읽었어요. 호주 교사들이 일제히 저한테 몰려와서 '당신은 영어를 누구한테 배웠나요?' 하고 물었어요. 나이가 들어도 되더군요. 발음은 안 좋지요. 하지만 발음보다 중요한 게 의사소통이잖아요. 요즘은 '잉글리시English'가 아니라 '글로비시Globish'라면서요? 꼭 미국 발음만 있는 건 아니잖아요? 제가 퇴직 전에 어떤 영어 학습서의 낮은 레벨을 가지고 딸들과 함께 몇 과만 해본 적이 있어요. 제 옆의 영어 선생님한테 그 책으로 공부시킨다고 그랬더니 '발음도 안 좋은데 학원 보내!' 그러더군요. 저는 그 선생님이 늘 생각나요. '학원 안 보내고 잘했거든요'라고 지금 만나서 이야기하고 싶어요.

첫째아이가 나이로 치면 우리 집에서 가장 늦게 홈스쿨링을 시작했기 때문에 이 아이의 사례를 이야기해보겠습니다. 아기 책으로 공부했는데 한 페이지에 한 줄 있는 것에서 한 페이지에 두 줄 있는 것 세 줄 있는 것으로 전진했어요. 그 책을 아이가 하루 종일 들었습니다. 학교를 안 다녔기 때문에 하루에 20권, 30권 막 들었어요. 그러더니 따라 읽더라고요. 어느 순간 오디오가 말하면 따라 한 거죠. 그러던 중 갑자기 혀에 버터가 발리는 거예요. 지금도 첫째는 영어로 말할 때 버터 발린 발음을 해요. 열네 살 때부터 아기 책으로 공부했는데 되더라고요. 그때 들었던 책들이 〈꽃들에게 희망을〉〈아낌없이 주는 나무〉 등입니다. 몇 권은 지금도 너무너무 소중하다며 아무에게도 주지 말라고 해요. 책의 가치를, 내용의 가치를 아는 거예요. 큰아이는 무조건 자기 수준보다 낮은 레벨부터, 각 레벨당 서너 권씩 해서 단계를 밟아 올라갔어요. 더 많이 들은 때도 있었고요.

다음으로 정독을 하는 책을 정했어요. 〈찰리와 초콜릿 공장〉 같은 책을 네 권 사서 저와 딸 셋이 돌아가면서 읽는 시간을 가졌어요. 영어 공부의 의미도 있었지만 다 둘러앉아서 함께 책을 읽는다는 그 느낌이 정말 좋았던 시절이었습니다. 정독을 할 때는 단어집도 사서 나눠 줬어요. 책의 단어집을 무료 배포하는 사이트가 있어요. 그 책의 단어를 다 출력해서 한 권씩 나눠주고 '1챕터에 있는 단어를 휘리릭 봐라' 했어요. 너무 모르는 걸 보면 애들이 힘들잖아요. 그 챕터에 나오는 단어들을 한번 점검하고, 내용을 파악하고, 나중에 몰랐던 단어를 낱말 카드로 만들어서 공부했어요. 낱말카드 앞에는 뜻을 적고 뒤에는 단어를 적었죠. 몰랐던 단어는 반복 또 반복해서 외웠어요. 한 1년은 아이들이 이 놀이를 참 재미있어 했어요. 독후 활동으로 할 수 있는 책을 한 권 구입해서 공부했죠. 레벨이 높지 않은 영어책을 가지고 사실상 논술 공부를 한 셈이에요.

그러다가 세 권 시리즈로 돼 있는 좋은 문법책을 만났습니다. ESL, EFL 교재로 쓰이는 책인데 그 책으로 개념을 같이 익혔어요. 제가 따로 설명하지 않고 그냥 같이 읽었죠. 저는 문제 풀이한 답을 채점한 것밖에 없어요. 엄마들이 이걸 힘들어 하잖아요? 제가 속한 카페에서 미국에 사는 어떤 아줌마가 질문에 답을 달아줬어요. "제가 여기서 배워서 '사교육걱정없는세상'에 가서 좀 나눌게요"라고 허락받고 링크를 했죠. 'OO책 OO페이지의 이 문제, 이거 뭐죠?' 하고 물으면 그분이 자세한 답을 달아주셨어요. 그분은 '인터넷 상의 영어 공교육을 만들고 싶다'는 꿈을 꾸신 거예요. 그래서 남의 집 아이 하나하나를 품어주세요. 아마 '사교육걱정없는세상' 회원이 아닐까 싶어요. 또 한국에 계신 한 선생님은 수능을 대비해 현실적인 도움을 주셨어요. 그 두 분의 컨설팅을 무료로 받으면서 제가 '인터넷 상에서의 무료 학습 공동체'를 경험했어요. 우리나라 엄마들이 자기 자식만을 위해 달려가지는 않아요. 언뜻 보면 '자기 자식들 공부시키는 카페'인데, 그 안에서 서로 눈물을 공유하고 무료로 상담을 받고 하면서 가슴으로 함께하는 공동체를 한 3년간 경험했어요.

그분의 도움으로 워크북을 열심히 풀었는데, 그 문법책의 예문이 참 좋았어요. 굉장히 고급스러운 문장이라고 평가들을 하는데, 큰아이는 그 문법책을 그냥 문법으로 받아들이지 않더라고요. "이 할머니는 어떻게 이런 문장을 끌어다 문법책에 썼을까?"라는 말을 자주 했어요. 같은 문법책을 공부하는데 초등학교 4학년 동생과 중1 언니는 달라요. 고등학교 가서는 가장 높은 레벨의 문법책을 보는데, 큰애는 계속 문장을 갖고 감탄했어요. '말할 때 이런 상황에서는 이렇게 말해야 자연스럽구나' 하면서 현실적인 문장에 익숙해졌습니다.

쓰기도 영영식 독해서를 가지고 앞서 말한 방법으로 공부했습니다. 막내는 고등학교에 입학해서 학교에서 영어 수업을 받는데 참 알차게 가르치시더군요. 엄마표 안 해도 되겠더라고요. 제가 했던 이런 방식을 선생님이 시켜주시더군요. 저희는 영영식 독해서로 쓰기 연습을 했어요. 베껴 쓰기가 글쓰기의 기본이 된다잖아요? 베껴 쓰기를 하면서 문장을 배웠어요. 국내 출판사가 펴낸 '오디오가 딸린 독해집'도 좋은 게 많아요. 그걸 이용해 받아쓰기를 하고, 영어로 요약해보고, 문제를 푸는 과정을 거쳤습니다. 그러다가 에세이 쓰는 과정을 같이 했어요. 수능 볼 때가 되어서는 영어 공부의 방향이 달라졌죠. 전략적으로 어법을 풀어야 된다고 해서 어법책을 풀고, 듣기 교재를 공부하고, 수능용으로 나온 독해서를 국내 교재로 전환해서 공부했습니다.

우리 아이가 중1 때 시작해서 고1이 되자 갑자기 이러는 거예요. "엄마, 김연아 언니는 우리나라에도 연습할 아이스링크가 있는데 다른 데 가서 연습하잖아. 해외로 전지훈련 가잖아. 나도 영어 전지훈련 좀 가보고 싶어. 엄마랑 내가 3년 이렇게 했는데 맞게 한 건지 확인하고 싶어. 미국 사람들하고 얘기 좀 해보고 싶어." 저는 그게 멋있게 느껴졌어요. 다행히도 나머지 두 아이는 절대 안 가겠다는 거예요. 셋이 다 가겠다고 하면 얼마나 부담스럽겠습니까. 그래서 이 아이가 미국의 홈스쿨링하는 가족의 구성원으로 3개월 동안 살다가 왔습니다. 고1 2학기에 미국 가정에 가서 그 집 식구들과 같이 놀고 여행하고 대화 나누고 모임을 갖고 했지요. 제가 너무 느긋했던 거죠. 돌아와서 수능 준비하려니까 마음이 급했지만, 문과 성향에 맞는 과목들을 붙잡고 하면 되니까 그렇게 많이 부담스럽지는 않았어요. 제가 생각했던 대학이 있었는데 이 아이가 의도하지 않게 그곳에 자연스럽게 안내를 받아서 갔어요. 참 놀라웠어요. 그래서 한 교수님을 만나서 대화를 나눴어요. 아이가 '나는 교육을 위한 비전을 갖고 있다. 국제홈스쿨협회를 세우는 게 꿈이다. 나는 학부 과정은 외국에 가서 공부하고 싶다'는 포부를 이야기했어요. 그런 비전을 나눌 수 있는 교수를 만났는데, 이 아이가 의사소통을 참 잘하더라고요. 그러니까 나이 들어서 자기 의지로 즐거워서 했던 공부가 나름대로 효과가 있었던 것이 아닐까 생각합니다.

엄마와 함께 찾는 자녀의 진로

이제 공교육 이야기를 해볼까 합니다. 홈스쿨링 이야기를 하니 좀 낯설게 느껴지시는 부분도 있을 거예요. 제가 생각하기에는 초등학생 자녀를 둔 부모라면 저처럼 하셔도 괜찮지 않을까 싶어요. 초등학교 때도 학교에서 받는 성적을 암암리에 알게 되잖아요. 저도 그것이 조금 신경이 쓰였는데, 신경 쓰지 말아야 해요. 초등학생 때 공부의 기초를 다지면 고2, 고3 됐을 때는 굉장히 힘이 되거든요. 초등학교 때 해보지 언제 해봅니까? 독서하고 영어는 (저는 워낙 늦었지만 너무 부담되지 않는 범위에서) 기본을 다지는 게 중요하고, 수학도 심하지 않은 수준에서 논리는 익혀야 해요. 하나 놓쳐버리면 애들이 그다음을 할 수 없어요. 초등학교 때는 독서와 영어와 수학의 기본을 다지되 아이 마음껏 공부다운 공부를 하면 중학교 가서 아이가 자기주도 학습을 하기가 더 쉽지 않을까 생각합니다.

셋째아이는 학교에서 인정받는 것을 좋아하는 강한 성취형인데도 제가 홈스쿨링을 시켰어요. 제가 늘어지는 시간이 본의 아니게 있었다고 했잖아요? 홈스쿨링 기간 중에 좀 힘겨운 일을 겪었어요. 놓고 싶어서 놓은 게 아니고 어찌하다 보니 아이들 손을 놓아버렸죠. 제 마음을 추슬러야 하니 아이들 공부가 안 보였어요. '애들하고 3년 동안 잘했는데 계속 끈을 못 이어가고 아이 손을 놓았다. 아이를 망쳤다'고 자책하기도 했어요. 하지만 또 다른 3년이 지나서 6년이 채워진 다음에 돌아보니까 그때 엄마가 손을 놓아준 덕분에 아이들이 각자의 길로 나아가게 된 것이 아닌가 싶기도 해요. 제가 손을 놓지 않았으면 막내는 수학을 탁월하게 잘하는 아이가 됐을 것이고, 과학 쪽으로 진로를 정해서 아마 SKY를 향해서 공부만 했겠지요.

이 아이는 체력도 가장 튼튼하고 수학적인 머리도 빨리빨리 돌아가는 아이예요. 그런데 지금 엉뚱하게 애니메이션 학과를 가겠다고 해요. 이를 위해 주말에는 미술 실기에 몰입하고 있습니다. 따라서 공부할 시간은 주중밖에 없어요. 다른 아이들에 비해서 절대적으로 시간이 부족하죠. 공부 좀 하는 아이들은 9시에 야자가 끝나면 9시 반부터 12시까지 과외를 하더군요. 이 아이가 가고자 하는 대학 미술학과에서는 수학을 반영도 안 해요. 그런데 아이는 당장 중간고사 점수가 안 좋으면 기분이 나빠져요. 과학은 듣고만 있어도 다 이해가 된다는 거예요. 밤에 와서 그날 배운 과학을 그림을 그려가며 신나게 설명해요. 그러면 제가 '너 그럼 과학 쪽으로 생명공학과나 물리, 이런 쪽으로 가는 게 좋잖아. 왜 느닷없이 애니메이션이야?' 이런 소리가 막 나와요. 그런데 애니메이션을 하겠다는 겁니다.

수학이 어렵다고 해서 예습 위주로 공부하라고 했어요. 문제는 예습을 하고 갔더니 수업이 싱겁대요. 그래서 복습 위주로 매일 배운 내용을 자기가 노트 필기를 새로 하면서 요약해요. 선생님 농담까지 깨알같이 적은 다음에 자기 말로 정리하고 암기하더라고요.

제가 교사였기 때문에 선생님들의 수업이 보여요. 막내가 학교에서 해가지고 오는 자료를 보니까 공교육 수업이 얼마나 알찬지 보이더군요. 영어 선생님은 단어 암기까지 다 체크해주세요. 나이가 좀 드신 분인데 숙제를 내주시면 그 밑에 자세히 의견을 써주시니까 아이가 격려를 얻어가지고 열심히 해요. 이런 모습을 보면서 '아 공교육이 참 알차구나' 하는 신선한 경험을 하고 있어요. 4년 만에 학교에 보낸 막내를 통해서 말입니다. 꼭 홈스쿨링이 아니어도 공교육을 자녀 양육에 긍정적으로 활용할 수 있다는 말씀입니다.

모든 아이를 다 똑같이 끌고 갈 수는 없습니다. 성격 유형을 고려해야 해요. 첫째아이는 말씀드렸듯이 감정형이고, 낭만주의자예요. 이런 성향의 아이는 인정해주고 공감해주고 지지하고 격려해주는 것만이 살 길입니다. 막내는 언니를 보면 답답해하는 아이예요. '언니는 뭐야, 만날 뜬구름 잡고.' 이 아이는 성취형이고 현실적인 사고형인데다 완전 이과 적성이에요. 경쟁하고 싶어서 학교로 간 측면도 있어요. '네가 지금 공부를 왜 해야 하느냐면……' 같은 얘기를 해주는 게 학습에 효과적이었어요. 성취했을 때 칭찬하는 과정을 빼먹으면 안 됩니다. 자기가 혼자 하다가 힘에 부칠 때 도움을 요청해요. 그럴 때 엄마가 도와줄 수 있는 부분을 도우면 되겠죠.

저희 둘째는 겉으로는 별다른 특징을 알아채기 힘든 아이입니다. 독서도 두루두루, 사람들과의 사귐도 두루두루, 자기 특징은 이거다 하고 내세우지 않고 속으로 갖추고 있는 아이예요. 전 분야에 걸쳐 독서를 하고, 문과로 갈지 이과로 갈지도 참 헷갈렸어요. 일단은 과학을 전공하되 문과와 이과를 두루 경험한다는 생각으로 멀리 보고 가겠다고 해요. 지금 수학을 힘들어 하지만 그래도 이과로 가서 문과와 이과를 두루 경험하는 사람이 되고 싶다는 거예요. 이 아이는 항상 홀로 가겠다는 마음이 있기 때문에 엄마가 의도적으로 필요를 파악해줘야 하는 유형이에요.

여러분의 자녀는 어떻습니까? 세 아이의 성격을 예로 들면서 아이마다 부모가 대하는 태도가 달라야 한다는 이야기를 했습니다. 이제 진로 이야기를 하겠습니다.

제가 막내 때문에 〈찾았다 진로!〉(사교육걱정없는세상)를 많이 들춰 봤어요. 제가 고민하는 게 다 나와 있더군요. 막내가 취미생활을 제대로 했어요. 홈스쿨링하면서 바이올린·플루트·피아노를 배웠죠. 더 나이 들어서 홈스쿨링하면서 어릴 때 제대로 하지 않았던 악기를 배울 수 있었어요. 또한 홈스쿨링 기간 중 제가 아이 손을 놓을 수밖에 없던 시간에는 항상 그림을 그렸어요. 그러더니 태블릿을 사달래요. 손으로 그리다 컴퓨터로 그려야 한다고 해서 사줬어요. 그다음에는 좀 더 전문가한테 배워야 하니 학원을 보내주면 어떻겠느냐고 해요. 자기 작품을 코팅해서 철해놔야 하니 코팅기를 사달라고도 했고요. 엄마가 원하는 어느어느 대학, 내가 간다고 하면 엄마가 좋아할 만한 이런

저런 대학 이런 과를 갈 것이고 그림은 취미로 할 테니 학원을 보내달래요. "진짜지?" 하고 보내줬어요. 그랬더니 완전히 애니메이터를 향해 가고 있어요. 자기가 가고 싶은 대학을 정하고 그 대학을 벌써 몇 번 다녀왔어요. 과 사무실, 작업실, 졸업전시회를 찾아다니고, 그 대학 학생한테 애니메이션을 배우고, 자기가 준비해서 공모전에 나가고……

제가 진로흥미검사와 성격유형검사 전문가 자격증이 있어요. '기회는 이때다' 싶어서 다 검사를 해서 청소년 상담센터에 갔어요. 상담 선생님이 자기들도 이 정도 검사로 상담을 한다고 해요. 제가 할 수 있는 검사니까 그분들 수고를 덜어주기 위해서 검사를 해가지고 갔어요. "선생님, 이 아이의 MBTI 성격유형으로는 과학자가 맞아요. 스트롱 검사에서도 과학자라고 말해주고 있어요. 그런데 이 아이는 애니메이션 쪽으로 가려고 해요. 그럼 수능도 문과로 가야 되잖아요. 저는 이 아이가 문과로 수능을 볼 수 있을까 걱정돼요." "일단 학생하고 얘기해볼게요." 선생님이 상담을 빨리 끝내고 나오시더니 제게 이렇게 말했어요. "아니 왜 오셨나요?" 보기 드물게 건강한 아이라는 거예요. "네 계획이 뭐냐?"라고 물었대요. "저는요 인문계 고등학교를 갈 건데요. 수능은 최소한 3등급 이상은 맞아서 제가 원하는 ○○대학을 가고 앞으로 그림을 더 준비해서 공모전에 계속 출품할 계획이에요." 상담 선생님이 저한테 충고해주셨어요. "지금 아이가 가는 길을 무조건 응원하세요. 어머니가 이렇게 걱정하는 얘기를 해봤자 쟤는 지금 들을 것 같지가 않아요. 아이가 가고자 하는 길을 어머니가 반대하면 나중에 그 길을 가다가 어려움에 처했을 때 어머니한테 안 옵니다. 자기를 인정해주고 자기를 응원해주는 다른 사람한테 갑니다.

무조건 인정해주세요." 그날 저는 아이에게 완패하고 청소년 상담센터에서 이상한 엄마가 되어서 집에 왔어요. 그 이후로는 아이를 계속 격려하고 있어요.

학교에 가서는 과학이 재미있다는 거예요. 학기 초에는 사회가 너무 어렵대요. 이 아이가 처음에 학원을 다니지 않고 혼자 애니메이션을 그릴 때 자기 혼자 신체비율을 공부하더라고요. 인체를 공부하는 거예요. 제가 "이런 걸 무슨 비율을 정해서 그리냐? 그냥 그리지" 했어요. 그런데 아이가 나중에 학원에 가서 보니까 자기가 해온 게 맞는 거예요. '이 분야에서도 수학과 과학이 적성인 이 아이의 재능이 쓰이겠구나. 얘는 애니메이션 하는 사람들 중에서도 자기만의 독특한 모습으로 전문가로 클 수 있지 않을까' 하는 결론을 내리고 편안하게 마음을 먹기로 했습니다.

막내가 저한테 과제를 줬어요. "엄마, 서울에 애니메이션 학과는 ○○, ○○, ○○대학에 있거든요. 오늘 내가 미술학원 갔을 때 엄마가 나를 위해 정보를 알아주세요. 부탁해요." 자기는 세 군데 중 한 곳에 가고 싶대요. 대학 홈페이지에 들어가서 애니메이션 학과에서 수시로 몇 명 뽑고 정시를 몇 명 뽑는지, 수시로 가려면 무엇이 있어야 하고 정시에서 반영하는 수능 과목은 무엇인지, 내신을 반영한다면 무슨 과목을 몇 퍼센트 반영하는지 표로 정리해서 적어달라는 거예요. 아이는 다 파악을 하고 있어요. 그러니까 입시설명회를 다닐 필요가 없는 거예요.

제가 아는 분 중에 집안이 어려워서 대학을 못 다닌 엄마가 몇 분 있어요. 그중 한 분이 입시설명회도 안 다니면서 자녀 지도를 정말 잘하세요. 어떻게 그렇게 잘하시느냐 물었더니 "홈페이지에 다 나와 있잖아요" 하시는 거예요. 그러니까 진로가 정해지지 않아 눈치 보는 상황이면 너무 혼란스럽잖아요? 하지만 아이가 가고자 하는 길이 분명해 과를 정하면 거기에 맞는 대학들이 정해지기 때문에 대학 탐색이 참 쉬워지더라는 거죠. 돈 내고 입시설명회 다닐 필요가 없습니다.

입시라는 괴물에 아이를 빼앗기지 말자

이제 강의를 마무리하면서 세 가지만 말씀드리고 싶은데요. 제가 오른쪽에 적어놓은 단어Anaesthetic는 좀 익숙하시죠? 왼쪽에 적은 단어Aesthetic는 무슨 뜻인지 아세요? 'an'이 있고 없고의 차이인데, 'an'이 붙으면 완전히 다른 뜻이 됩니다. 첫째 단어 Anaesthetic은 '마취약'이라는 뜻이에요. 외국 수학책에, 그러니까 수학 선생들을 위한 책에 '당신들이 수학을 잘못 가르치면 마취약이다'라고 써 있어요. 둘째 단어 Aesthetic은 '심미적인'이란 뜻이잖아요? "당신들이 수학을 잘 가르치면 수학을 아름다운 학문으로 가르칠 수 있고, 즐거운 경험이 되게 할 수 있는데, 선생이 어떻게 하느냐에 따라서 마취약도 될 수 있고 심미적인 것도 될 수 있다"고 제임스 니켈James Nickle이라는 분이 〈Mathematics: Is God Silent?〉라는 책에서 이야기했어요. 우리가 자녀를 양육하는 과정도 이와 똑같지 않을까 생각합니다. 우리는 우리 입장이 아닌 아이 편에서 공부의 길을 같이 가야 하지 않을까 생각합니다. 입시라는 괴물에 압도당하지 말고 아이와 손잡고 가면서 함께 겪는 경험에 가치를 두는 공부가 되어야겠죠. 저도 의지를 가지고 강의 준비를 하다 보니까 제 마음이 그렇게 되더군요. 의도적으로 이렇게 생각해보세요. '나는 아이와 함께 가는 과정이 중요하다.' 계속해보세요. 하루에 한 번씩. 제가 강의 준비하다 보니까 저 스스로에게 동의가 되더군요.

제가 말장난을 좀 해봤는데, 'mum'도 엄마고 'mom'도 엄마더라고요. "맘mum의 맘이 흔들리지 말아야 합니다." 저와 아이들은 세상에 눈을 닫고 귀를 닫는 게 쉬웠어요. 아이들이 학교를 안 다녔기 때문에 성적표가 없기 때문에 쉬웠어요. 인터넷에서 수능 기출문제 출력해서 저희끼리 모의고사 보고 그랬어요. '지금 네 점수면 몇 등급이지?' 하면서 우리끼리 알아보는 거예요. 그러니까 세상에 눈을 닫고 '우리가 국어가 부족하네? 이거 좀 하자' 이런 식으로 하니까, 평가받지 않고 사니까 세상에 귀를 닫을 수가 있었습니다. 아이들이 학교 다니면서 그러기는 쉽지 않죠. 쉽지 않지만 부모가 소신대로 양육의 관점을 일관성 있게 갖고 있어야 아이가 혼란스럽지 않습니다.

남과 비교하면 독이 묻어나오잖아요. 엄마의 마음 자체가 편치가 않으니까요. '비교하지 말고 내 아이만 바라보라.' 제가 인터넷 영어 교육 카페에서 자주 듣던 얘기예요. "내 아이만 바라보세요." 무료 컨설팅 해주시던 선생님이 만날 말씀하셨어요. 내 아이의 현재와 과거를 비교해서 '야, 너는 성장했어!' 이렇게 할 수 있다면 얼마나 좋겠습니까? 저희 아이들이 처음에 영어의 세계에 눈을 뜨고 보니까 유치원생이 우리보다 빨리 가고 있었어요. 애들 기죽지 말라고 '우리는 실력이 없는 게 아니다. 단지 출발이 늦었을 뿐이다'라고 늘 서로 강조했습니다.

제가 마음이 어두웠던 여고 시절을 보냈다고 했죠? 정말 다시는 돌아가고 싶지 않습니다. 그때 제 어두운 생각을 다독여주고 도와줄 수 있는 어른을 못 만났어요. 그래서 제가 교사 시절에 제 청소년기를 생각하면서 학교에서 마음이 힘든 아이들을 상담하고 지냈습니다. 많은 아이들을 만날 수는 없었지만 한 아이 한 아이 집중해서 만나면서 소수의 아이들과 상담을 했어요. 저는 청소년기에 공부의 의미를 느낄 수 없었고 죽고 싶을 때가 참 많았습니다. 하지만 죽을 수가 없었습니다. 자살하고 싶었지만 그때마다 나를 위해서 어렸을 때부터 손잡고 기도해주시던 엄마가 들려주신 신앙 이야기가 생각나서 죽을 수가 없었어요. 우리는 아이들이 목숨을 던지고 싶다고 느낄 때 그 순간 기억해낼 수 있는 정신적인 유산을 물려주고 있는지 스스로 물어봤으면 좋겠습니다.

평소에 자녀의 귀에 무슨 말을 들려주고 계십니까? 쑥스럽더라도 꾸준히 사랑한다는 표현을 하고 계시는지요? 저는 9시까지 야간자율학습 하고 돌아온 아이를 안마해주고 발바닥을 두드려줘요. 발바닥 두드려줄 때 하고 싶은 얘기를 의도적으로 규칙적으로 흘리고 있습니다. '우리 막내 너무 예쁘다' 이런 식으로 말이죠. 내 말이 오래 기억되지 않을까 싶어서 별말 아닌 걸 의도적으로 흘려줍니다. 그 아이만을 위한 의도적인 한 마디씩을 흘려주면 좋겠습니다. 홈스쿨링하는 둘째에게도 매일 손잡고 꾸준히 기도를 해주니까 아이의 마음이 움직였습니다. 하루에 5분이어도 되고 3분이어도 좋습니다. 꾸준히 지속적으로 아이를 세워주고 살리는 말을 들려주면 좋겠습니다. 처음엔 어색해서 싫다고 할 수 있는데 결국 아이는 힘을 얻을 것입니다.

그래서 여기 모인 우리가 지금 우리 아이들, 또 다른 아이들, 이 시대의 아이들이 뭔가를 준비하기 위해서 태어난 아이들이 아니고 태어나서 우리 곁에 있는 그 자체로 귀한 아이들인 것을 서로서로 일깨웠으면 좋겠습니다. 감사합니다.

4장

한국 학생은 암기하고
북유럽 학생은 토론한다

황선준
〈스칸디 부모는 자녀에게 시간을 선물한다〉 저자

복지가 나라 말아먹는다는 말은 거짓말

저는 원래 학자였습니다. 스톡홀름 대학에서 정치학을 공부하고 대학에서 강의교수나 연구원으로 재직하고 공무원으로 생활하면서도 계속 연구를 했습니다. 2011년 9월 1일 한국에 와서 연구논문을 쓰고 학술적인 책을 쓰다 보니 제가 관심을 기울여야 할 더 심각한 문제가 있다고 느끼게 되었습니다. 그래서 오자마자 쓴 자전적인 책이 〈금발 여자, 경상도 남자〉이고, 그다음 육아와 교육에 좀 더 초점을 둬서 쓴 책이 〈스칸디 부모는 자녀에게 시간을 선물한다〉입니다.

사실 우리 아이들이 정말 불쌍합니다. 불쌍하긴 우리 부모들도 마찬가지입니다. 그래서 북유럽 나라에서는 아이들을 어떻게 키우는지부터 알려야겠다는 생각이 들어서 이 책을 썼습니다. 다른 나라에서 살다 보면 자기 자신을 돌아볼 수 있는 좋은 기회가 생겨요. 한국의 육아와 교육 문제에 대해 고민한 내용과 변화했으면 좋겠다는 부분들을 이 책에 담았습니다. 오늘 말씀드릴 것도 바로 그런 부분이에요. 우리 아이를 어떻게 하면 행복하게 키울 것인가? 지금처럼 이렇게 아이들을 교육하지 않고도 충분히 똑똑한 애들로 키울 수 있는데 왜 우리는 이렇게 키우는가? 이런 부분을 함께 고민했으면 합니다.

한국은 대단한 나라입니다. 기적을 이룬 나라죠. 제2차 세계대전이 끝나고 한국전쟁을 겪은 우리나라는 세계에서 가장 가난한 나라였어요. 그런 나라가 60년 뒤에 세계 십 몇 대 경제국이 되었어요. 문맹률 70~75퍼센트였던 나라가 지금은 75퍼센트 정도가 대학을 가는 나라가 됐죠. 이는 기적이라고 하지 않을 수 없습니다. 이런 발전의 원동력은 바로 교육입니다. 제가 볼 때는 남을 추종하는 데 상당히 효과적인 교육이 주입식·암기식 교육입니다. 그런데 남을 추종하는 것이 아니라 남과 어깨를 겨루고 남보다 앞서서 새로운 것을 생각하려면 주입식·암기식 교육으로는 결코 안 됩니다.

우리나라가 짧은 시간에 기적을 이뤄냈다고 했지만 문제 또한 상당히 많습니다. 그중에 가장 큰 문제는 일과 삶 사이의 첨예한 불균형입니다. 일이 언제나 우선시되고 삶이 뒷전인 우리의 사회·경제 구조가 그것을 말해줍니다. 간단하게 통계를 예로 들어볼게요. 한국의 1인당 연평균 노동 시간은 2천200시간입니다. 미국이 1천700시간, 스웨덴이 1천400시간, 독일과 노르웨이가 1천200시간입니다. 삶이 언제나 뒷전인 이런 구조 속에서 국가가 큰 역할을 해야 하는 부분들이 많은데 그렇게 하고 있지 않습니다.

우선 노인 문제를 보겠습니다. 한국의 노인들은 경제협력개발기구 OECD 나라의 노인 중 가장 가난하고 외롭습니다. 그래서 한국의 자살률이 지난 10년 이상 OECD 국가 중에서 압도적으로 1위를 차지했어요. 한국의 평균 자살률이 10만 명당 32명인데, 노인 자살률은 10만 명당 82명으로 평균보다 훨씬 높습니다. 자식이 부모를 돌보던 전통적인 사회가 파괴될 때 많은 유럽 국가들은 국가가 이 문제를 의료, 연금, 돌봄 분야의 복지를 통해 해결했습니다.

노인 문제뿐만이 아니에요. 육아 분야도 비슷해요. 요즘 젊은이들은 결혼 안 하려고 해요. 결혼해도 아이를 낳지 않으려고 합니다. 아이를 낳고 교육하는 게 너무 힘드니까 아이를 낳지 않으려는 거예요. 한국 출산율이 지금 1.1~1.2 수준인데 유럽의 많은 나라들은 2.0이 넘어요. 출산율이 1을 맴돌면 상당히 빠른 속도로 인구 감소가 일어납니다. 이는 20~30년 뒤 대한민국 인구 구조가 역피라미드 형태가 된다는 것을 의미합니다. 부양 인구는 크게 감소하고 피부양 인구는 상대적으로 크게 증가해 큰 위기에 봉착합니다.

이런 심각한 문제를 국가가 나서서 해결해야 합니다. 우리나라는 이제까지 이런 문제를 전통적으로 개인 또는 가정의 문제로 치부해왔고, 오늘날에도 '작은 정부'라는 논리로 국가가 책임지지 않으려고 합니다. 그러나 육아·교육·노인 문제는 결코 개인의 문제가 아닙니다. 나라의 존망을 좌우하는 큰 사회적 문제입니다. 이를 유럽 국가들은 복지를 통해 해결해왔습니다. 이런 사적인 문제에 국가가 개입하면 안 된다는 논리는 정말 고리타분한 논리입니다.

2012년 대통령선거 때 복지가 나라 말아먹는다는 이야기를 한 사람들이 많았지요? 유럽에서 경제적인 문제가 많았던 나라는 그리스, 이탈리아, 스페인, 포르투갈 등 남부 유럽 나라들이에요. 북유럽 나라들은 아무런 문제가 없었어요. 어느 나라들이 복지가 훨씬 잘돼 있습니까? 북유럽이에요. 복지가 잘되어 있는 나라들이 경제가 훨씬 탄탄했습니다. 복지가 나라 말아먹는다는 말은 현실적 근거가 약해요. 북유럽 나라들이 복지를 투자라고 여기고 복지를 통해 많은 직장을 창출하면서 안정적인 삶을 영위하는 것을 봐왔습니다. 그리고 우리는 일을 하기 위해 사는 것이 아니라 행복한 삶을 누리기 위해 일하는 것임을 절대 잊어서는 안 됩니다.

육아휴직과 유아학교 제도를
철저히 운영하는 스웨덴

제가 경상도 남자인 게 표가 납니까? 경상도 남자가 육아 얘기를 해서 굉장히 당황스럽죠? 저도 제 이야기에 많은 여성분들이 공감하셔서 상당히 당황스럽습니다. 육아와 가사는 남녀 평등 문제가 걸려 있기 때문에 굉장히 중요한 문제입니다. 우리나라는 이러한 문제를 사회적으로 이슈화해서 공감을 얻는다든지 복지 문제와 연결하는 데 아주 약합니다. 스웨덴에서는 제가 말씀드리는 이 모든 것과 관련해 맞벌이 부부를 전제로 하고 있습니다. 스웨덴에는 실업자라는 개념은 있어도 주부라는 개념이 없습니다. 남녀 구분 없이 모든 사람은 직장을 갖고 일하는 것을 전제로 하기 때문에 주부라는 단어가 없습니다. 1950년대에는 주부라는 단어가 있었어요. 그때 나온 포스터를 보면 남자는 양복 입고 멋진 가방 들고 출근하고 여자는 앞치마를 두르고 집에서 일하는 사진이 있어요. 그러나 1960~1970년대를 거치며 모든 여성이 사회 진출을 하게 되면서 주부라는 개념이 사라졌습니다.

요즘 한국 젊은 남자들이 이런 이야기를 많이 합니다. '나는 집에서 많이 도와준다.' 그러나 그것 가지고는 안 됩니다. '육아와 가사가 곧 나의 일이다'라고 생각하는 것과 도와주는 것은 천양지차입니다. 도와준다고 생각하는 것은, 도와주기 싫으면 혹은 사랑이 식으면 도와주지 않는다는 얘기와 같습니다. 저도 많이 경험했기 때문에 아는데, 도와준다고 생각하는 것과 자기 일이라고 생각하는 것은 굉장히 다릅니다. 제가 스웨덴 국가교육청에서 일할 때 우리 과에 젊은 남자들이 많았어요. 이들이 집을 수리한다는 이야기보다는 '○○ 기저귀가 훨씬 더 좋다. ×× 기저귀는 오줌은 새지 않는데 공기가 안 통해서 아이들 한테 좋지 않다' 같은 이야기를 많이 했어요. 남자들이 가사와 육아를 결코 여자만의 일이라고 생각하지 않는다는 얘기죠.

한국에서는 '도와준다'는 개념이다 보니 한국 여성들이 밖에서도 일하고 집에 와서도 일하는 이중노동에 시달려요. 저희 부부가 맞벌이 하며 아이 셋을 키웠는데, 5분의 시간도 서로 조정해야 했어요. 제가 아침에 아이들을 유치원과 학교에 맡기면 집사람이 일찍 출근한 뒤 일찍 퇴근해서 애들을 데려오고 저녁을 지었어요. 그리고 제가 퇴근해서 저녁을 같이 먹고 애들 뒷바라지를 같이 했죠. 그걸 일주일마다 바꾸거나 아니면 일정에 따라 조정해야 해요. 그래서 토요일이나 일요일 저녁에는 부부가 달력을 놓고 다음 주에 무슨 일이 있는지 체크하며 서로 어떤 일을 맡을지 조정하며 살았어요.

스웨덴에는 맞벌이 부부가 일을 하면서 아이를 키울 수 있게 도와주는 많은 사회적 제도들이 있어요.

하나는 유연근무제. 아침 9시부터 오후 3시 사이에는 모든 직원이 직장에 있는 것을 원칙으로 하되, 대신 일찍 출근하면 일찍 퇴근할 수 있고 늦게 출근하면 늦게 퇴근하도록 되어 있어요. 즉 하루 8시간 근무가 철저하게 지켜지는 거죠. 그래서 부부가 함께 아이를 돌보는 것이 가능합니다. 육아와 관련해서도 몇 가지 중요한 복지 제도를 만들어 놓았어요. 이 복지 제도 덕분에 육아와 직장생활을 병행할 수 있죠. 그 중 하나가 유급 육아휴직 제도입니다. 봉급의 80퍼센트를 받고 480일 동안 유급 육아휴직을 할 수가 있어요. 또한 유급 육아휴직 기간을 늘

릴 수도 있어요. 봉급의 80퍼센트 대신 70, 60, 50퍼센트로 낮추면 휴직 기간을 연장할 수 있죠. 이를 통해 2년이나 2년 반이라도 아이를 자기가 직접 키울 수 있는 제도적 장치가 마련되어 있습니다. 480일 중에 60일은 다른 성性이 사용해야 합니다. 예를 들어서 엄마가 420일 계속 휴직했는데 아빠가 유급 육아휴직을 하지 않으면 나머지 60일은 국가에 귀속돼요. 남자가 60일은 꼭 육아를 해야 한다는 이야기입니다. 유럽에 가면 남자가 유모차 몰고 다니는 거 많이 보게 되죠? 육아휴직 중인 남편들이에요.

아동보조금 제도도 중요한 역할을 합니다. 아이 한 명당 한국 돈으로 18만 원 정도가 매달 나옵니다. 자녀가 두 명이 되면 곱하기 2에다 둘째아이 수당이 더 붙어요. 세 명 되면 또 더 붙어요. 다산정책의 하나로서도 이런 제도를 운용합니다.

육아에 아주 중요한 제도 중 셋째가 양질의 유아학교입니다. 만 1세부터 만 5세 아이들이 다닐 수 있는 공립 유아학교는 학비가 저렴합니다. 첫째아이는 약 22만 원 정도 지불해야 하는데, 둘째아이는 첫째아이의 절반에 가깝고, 셋째아이는 둘째아이의 절반만 지불하면 됩니다. 그러나 부모가 지불하는 이 돈은 전체 유아학교에 드는 비용의 약 8퍼센트 정도 차지합니다. 즉 92퍼센트는 국가 세금으로 운영한다는 뜻입니다. 스웨덴의 유아학교는 또 아이를 돌보기만 하는 곳이 아니고 보육과 교육을 병행하는 에듀케어Educare 제도입니다. 옛날 독일의 '킨더가르텐'은 보육만 했는데, 스웨덴의 유아학교는 훨씬 현대적 제도라 할 수 있습니다. 교육을 한다고 해서 유아학교에서 수학이나 영어, 스웨덴어를 가르친다는 뜻이 아닙니다. 아이들이 크면서 가정이나 유치원에서는 물론이고 사회에 나가서 어떻게 행동할 것인지, 어떻게 살 것인지를 교육합니다. 이른바 '소셜리제이션socialization', 즉 사회화 과정을 유아학교에서 시작하는 것이죠.

우리 아이 셋 모두 유아학교를 다녔습니다. 유아학교에서 우리 아이가 우리 아이인지 국가의 아이인지 착각할 정도로 단호하게 교육할 때가 많았습니다. 예를 들어 왕따나 손찌검은 절대 용납을 안 해요. 아장아장 걷는 아이들이 다 먹은 접시를 식탁에 갖다놓는다든지 자기가 사용한 장난감을 되돌려놓는 일 등을 철저하게 가르쳐요. 민원이 무서워 아이에게 아무것도 시키지 못하는 일은 결코 없습니다. 자율성을 주면서도 어려서부터 책임을 지게 하는 교육을 유아학교에서 실천하고 있습니다. 이런 교육 덕택에 스웨덴에는 학교 폭력이나 왕따 같은 문제가 아주 적습니다. 물론 학교 차원에서도 왕따나 폭력 문제를 예방하고, 문제가 발생했을 때 즉각적으로 대처하는 전문상담사나 심리학자 같은 인력이 상주하고 있습니다.

방과 후 학교도 잘되어 있어요. 아이들이 정규 수업을 마치면 취미나 적성 위주의 방과 후 활동에 참여합니다. 저학년생은 12시나 1시면 하교하는데 부모들은 4시나 4시 반이 되어야 퇴근하니 아이를 데려갈 수가 없잖아요? 그 시간 동안 학교에서 음악이나 실습, 놀이 등 취미 위주로 방과 후 활동을 운영하면서 아이들을 돌봅니다.

육아 부문의 이 모든 복지는 부모들이 일과 육아를 병행할 수 있도록 하기 위한 것입니다. 한국의 많은 기혼 여성들은 임신하거나 출산하면 직장을 그만둬야 하잖아요? 아이들 키우고 나서 사십대가 되어서 다시 직장으로 돌아가려고 하면 자기가 교육을 받았던 분야에서 일하지 못하고 서비스업에 종사하는 경우가 많습니다. 국가적으로 큰 손실입니다. 남성보다 우수한 고급인력(여성이 남성보다 10퍼센트 이상 성적이 좋습니다)을 우리나라는 제대로 활용하지 못하고 있습니다. 여성은 물론이고 이제는 남성들도 나서서 육아 부문의 복지를 늘리는 데 노력해야 합니다. 그래서 아내가, 누나가, 여동생이 직장을 가지고 자아를 실현하며 동시에 아이도 키울 수 있도록 해야 합니다. 그것 없이는 남녀평등도 이룰 수가 없고 육아와 가사는 전적으로 여성의 몫이 되는, 여성의 이중 착취 형태를 벗어나지 못하게 됩니다. 그래서 저는 육아 분야의 복지가 다른 어떤 분야의 복지보다 더 시급하고 중요하다고 생각합니다.

18세가 되면
법적·경제적으로 독립할 수 있도록 키우는 교육

이제 스웨덴에서 아이를 키우며 알게 된 몇 가지 중요한 원칙을 말씀드리겠습니다. 그 첫째는 무엇보다도 아이들에게 독립심을 심어주는 것이었습니다. 스웨덴에서는 아이들이 불쌍하다고 느껴질 정도로 철저하게 독립심을 심어주더군요. 집사람과 갈등을 겪기도 했습니다. 예를 들어 겨우 숟가락을 쥘 만한 아기에게 밥을 떠먹이지 않고 숟가락을 쥐어줘요. 숟가락질이 어려우니 음식을 머리, 얼굴에 묻히기 일쑤예요. 밥 먹고 나면 다 씻겨야 하는데도 아이가 떠먹도록 해요. 유치원생이 추운 겨울에도 자기가 직접 옷을 골라서 입게 하고 신발도 신게 합니다. 유치원에서 데려올 때도 아이가 옷 입도록 기다립니다. 도와줄 게 있으면 도와주지만 웬만하면 기다립니다. 초등학생이 외국으로 부모와 여행할 때 가방을 스스로 다 꾸리게 합니다. 부모가 안 꾸려줘요. 조그만 아이들이 자기가 싼 여행 가방을 끌고 다니는 건 유럽에서는 흔히 볼 수 있는 광경입니다. 즉 독립심을 심어주며 자율성과 책임감을 갖게 하는 육아 방식입니다.

독립심을 키워주는 것 말고 또 다른 원칙은 성에 따른 고정관념을 타파하는 것입니다. 집사람이 "당신은 아들한테 얘기할 때와 딸한테 얘기할 때 다르다"고 말해요. 가만히 보니 딸한테는 훨씬 부드럽게 이야기하고 아들한테는 잘못을 지적할 때가 많았어요. 옷차림도 아들은 청바지를 입히는데 딸은 치마를 입혔어요. 한번은 할아버지가 손자들과 언어 소통이 안 되어 힘드니 일단 선물로 환심을 사려고 했어요. 그래서 장난감 가게에 들러 손자에게는 총을, 손녀에게는 인형을 사줬어요. 저녁에 집사람이 퇴근하고 나서 난리가 났어요. 왜 총을 사줬느냐? 왜 여자애한테는 총을 사주지 않았느냐, 왜 아들한테는 인형을 사주지 않았느냐며 오랫동안 이 문제를 꺼내곤 했어요. 또 우리 큰아들이 겨우 일어서서 걸을 때 집사람이 사준 장난감이 주방 세트였어요. 엄마가 밥할 때 옆에서 같이 짓고 그랬다나요. 그래서 주방 세트를 사줘 같이 밥을 지었대요. 내가 퇴근하면 애가 내게 밥 떠먹이는 시늉도 했어요. 그 아이가 지금 대학 졸업하고 직장 다니는데 아직도 음식 만드는 걸 좋아해요. 이탈리아 음식을 만들어 우리를 초대하곤 합니다.

성에 따라 구분해 키우지 않음으로써 아이들이 훨씬 더 다양한 체험을 할 수 있고 서로를 이해할 수 있도록 키울 수 있어요. 독립심을 키워주고, 남자 여자 구분하지 않아야 평등하게 키울 수 있어요. 자기 딸이 나중에 사위한테 억눌려서 살기를 원합니까? 평등하게 키워야 합니다. 독립심을 심어준다는 것은 자율성을 준다는 것이고, 자율성을 준다는 것은 아이가 책임을 지도록 하는 것입니다.

　독립심과 성에 따른 구분을 하지 않는 육아와 함께 제가 무척 인상 깊게 느낀 것은 우리의 편견, 고정관념, 기존의 사고방식이나 문화를 아이들에게 주입하지 않는다는 것입니다. 무한한 상상력을 펼칠 수 있도록 키운다고나 할까요. 물론 어려운 얘기입니다. 부모가 이런 문제를 의식하지 못할 때가 많으니까요. 스웨덴의 수학 교과서의 예는 이 문제에 큰 울림을 줍니다. 수학 교과서에 아무런 군더더기 없이 두 명의 여성이나 남성이 아파트를 사러 가거나 이성 부부가 하는 일을 예로 든 문항이 있습니다. 즉 두 명의 남성이 아파트를 구입하는데 은행에서 연 몇 퍼센트의 이자로 융자를 해주고 이를 30년 동안 상환한다면 원금과 이자를 매달 얼마씩 갚아야 하는가라는 문항입니다. 남자와 여자만 부부로 같이 산다는 기존의 관념을 이렇게 학교 교육이 앞장서 타파하는 것입니다.

　내가 "우리는 동성애를 이해해야 한다"고 하니 집사람이 즉각적으로 반발을 해요. 그렇게 얘기하는 내 시각에는 이성애가 우리이고 정상이며 동성애는 소수이고 비정상이라는 인식이 깔려 있다고 비판하더군요. 동성애자도 이성애자와 똑같이 사랑할 권리가 있고 이것은 또 하나의 정상이라는 관점입니다. 당연히 동성애를 병적으로 또는 비정상으로 보는 부모의 시각을 아이에게 심어줘서는 안 된다는 것이죠.

즉 기존의 관념들도 그것이 얼마나 합리적이고 과학적인가에 따라 받아들일 것인지 타파할 것인지를 부모가 인식해야 하고 아이들에게 주입하기보다는 선택할 수 있도록 키워야 한다는 얘기입니다.

　스웨덴에서는 공부도 자기 스스로 해야 합니다. 즉 자기주도 학습이 중요하다는 것입니다. 스웨덴에는 학원이 없습니다. 집에서 부모가 숙제나 공부를 돌봐주고 도와줘요. 그래서 스웨덴에서는 아이들 성적과 가장 상관관계가 큰 게 부모의 교육 정도예요. 특히 엄마의 교육 정도가 가장 중요해요. 공부를 엄마가 더 많이 도와주거든요. 그렇게 평등한 사회에서도 엄마의 역할이 더 커요. 우리나라는 어떤지 아세요? 아버지 재력이 아이의 학력과 가장 상관관계가 깊어요. 아마 학원 보내는 데 아버지의 재력이 필요한 모양이에요.

　한번은 이런 일이 있었어요. 우리 첫째애가 중학교 때 쓴 논문 숙제를 본 적이 있어요. 조금만 고치면 아주 좋을 것 같아 옆에 앉혀두고 한두 시간에 걸쳐 고쳐줬어요. 이런 식의 논문(작문)이 바로 성적에 반영되는 시험이에요. 그쪽에는 선택형 시험이나 중간고사, 기말고사가 없고 전부 이런 식의 수행평가를 해요. 그런데 제출한 걸 보니까 전부 다 자기가 쓴 원본대로 다시 고쳐놓았어요. 이상해서 집사람에게 물어봤어요. "내가 대학교수이고, 멋진 표현도 많이 써줬는데 왜 다시 돌려놨지?" "걔가 그 숙제를 제출하는 것으로 끝나는 게 아니고 다음 날 발표도 해야 하고 선생님과 다른 아이들의 질문과 비판에 대답도 해야 하는데 당신이 쓴 단어나 표현에 걔가 확신을 갖지 못하면 어떻게 대답하겠어요? 그래서 돌려놓은 거예요." 이 정도로 공부도 자기주도적으로 한다고 할 수 있어요.

그리고 스웨덴에선 18세가 넘고 고등학교를 졸업하면 독립을 해야 합니다. 부모들은 법적으로 자녀를 부양할 의무가 사라져요. 이러니 아주 어릴 때부터 독립심을 키워주는 게 이해가 되지요. 한국에서는 졸업하고 직장 구하고 결혼하고 애까지 낳고도 부모와 같이 살죠. 스웨덴 아이들은 18세가 넘으면 다 집을 떠나요. 우리 애들도 다 떠났어요. 법적으로뿐만 아니라 경제적으로도 독립해요. 얼마 전에 막내가 한국에 와서 한국어 연수를 1년 받은 뒤 한국에서 사는 게 재미있다면서 지금 영어 학원 선생을 하고 있어요. 고등학교 나와서 영어 선생을 해요. 스웨덴 아이들이 그렇게 영어를 잘해요. 이 아이가 유기견을 주웠대요. 데려다 씻기고, 사진 찍어서 주인을 찾는다는 광고지를 온 동네에 붙였는데 아무도 나타나지 않아 자기가 키우기 시작했대요. 하루는 그 강아지의 뒷다리가 부러져서 동물병원에 가서 수술을 했는데 100만 원이 들었대요. 그런 내용의 문자를 저한테 보내왔어요. '수술을 했는데 100만 원이 들었어요.' '내가 돈을 보내줄까?' 하니 의사와 상의해서 할부로 내기로 했으니 걱정 말라고 하더군요. 저는 아버지로서 돈을 줘도 괜찮겠다는 생각이 들었는데 매정하게 자신이 해결하겠다는 거예요. 겨우 열아홉 살이에요. 그 정도로 독립심이 강해요. 애들이 그렇게 부모와 대등한 관계 속에서 커요.

스웨덴은 모든 개인이 이렇게 독립된 생활을 할 수 있도록 제도를 운영하고 있어요. 스웨덴 복지의 근본 철학이 바로 어느 누구도 다른 사람에게 의존하지 않는다는 겁니다. 주체적이고 독립적인 자유인이 스웨덴 복지가 추구하는 인간상입니다. 아이들이 18세 이전에는 독립할 수 없잖아요? 그래서 그때까지는 교육이나 육아 등 거의 모든 것을 무상으로 하고 18세가 넘으면 언제나 독립할 수 있도록 해놓았어요. 대학도 50퍼센트 정도밖에 안 가는데, 학비는 무상이고 생활비만 국가에서 상당히 저렴한 이자로 융자를 해줘요. 그 융자금은 직장을 다니면서 평생 동안 조금씩 갚아나가요. 그런데 그 융자의 3분의 1은 갚지 않아도 되는 돈이에요. 대학 다니면서 학생아파트에서 생활하고 책 살 수 있는 생활비의 3분의 1을 국가로부터 봉급으로 받는 셈이죠. 그런 식으로 자녀가 부모에게서 독립할 수 있게 해놓았습니다. 남녀 관계도 상호 독립을 전제로 하지요. 대부분의 나라가 남자와 여자의 관계, 즉 부부관계를 보완적인 관계로 봅니다.

스웨덴에서는 부부를 경제적으로도 법적으로도 완전히 평등하고 독립된 관계로 봅니다. 그래서 모든 부문에 부부간의 독립을 유지시키기 위한 복지 제도가 마련되어 있어요. 이혼할 때 재산은 50 대 50으로 나누거나, 남자가 아무리 부자라도 여자가 실업자가 되면 실업수당이 나오는 식이죠. '남자와 여자가 어떤 식으로도 종속되어서는 참사랑이 아니다. 남자와 여자의 평등한 관계에서 참사랑이 나온다'고 보는 게 스웨덴의 사랑철학입니다.

노인 문제도 독립을 근본 철학으로 해결합니다. 정년퇴직을 한 뒤에 자식한테 의존해서 살지 않도록 해놓은 게 바로 노인 복지입니다. 무상의료, 연금, 돌봄 제도가 바로 노인들의 독립을 가능하게 합니다. 돌봄은 집으로 찾아가 점심을 해드리고 목욕을 시켜주는 등 죽을 때까지 국가가 돌봐주는 겁니다. '노인은 자식한테 빚지고 살고 싶지 않다. 인간다운 노후를 보내고 싶다'는 생각이 밑에 깔려 있다고 보면 되죠.

모든 개인이 살아가면서 누구한테도 의존해서 살 필요 없도록 해놓은 것이 스웨덴의 보편적 복지철학입니다. 스웨덴을 중심으로 한 북유럽의 복지 제도는 이와 같이 독일이나 프랑스 같은 다른 유럽 나라들과도 상당히 차이가 납니다.

부모와 자식이 수평적 관계에서 소통하는 가정

육아에서는 아이와 가정이 중심입니다. 아이에게 초점을 두고 아이에게 최선을 다하는 것이죠. 우리는 죽자 살자 공부해서 좋은 대학 가면 된다, 좋은 직장 구해야 된다, 좋은 사람하고 결혼하면 된다고 생각하잖아요? 언제나 저 앞의 목표를 위해서 그 과정의 모든 것은 희생해야 하는, 인생의 모든 과정이 어른이 되기 위한 하나의 통로가 됩니다. 스웨덴에선 그렇게 생각하지 않아요. 순간순간이 의미가 있고 가치가 있고 순간순간이 행복해야 한다고 생각합니다.

'가정은 가장 안전한 곳이 되어야 한다. 화가 났을 때 풀 수 있는 곳이 가정이고 좋은 일이 있을 때 부모와 함께 기뻐할 수 있는 곳이 가정이어야 한다.' 이것이 스웨덴에서 느낀 가정에 대한 제 생각입니다. 우리나라는 이런 부분이 약합니다. 예를 들어보면, 과외를 받는 학생 20~25퍼센트가 집에서 잔소리 듣기 싫어서 과외를 받는다는 통계가 있어요. 공부해라, 공부해라, 이 소리에 찌들어서 과외를 받는 학생이 상당히 많다는 것입니다. 부모들에게 이런 얘기 많이 들어요. '아, 오늘은 한 시간 동안 애하고 소통했다.' 애들한테 물어보면 '한 시간 내내 잔소리 들었다'고 합니다. 우리나라 부모들은 소통을 못 합니다. 애들

애기를 듣지를 못해요. 제가 26년간 스웨덴에서 살면서 소통법을 터득하려고 노력했지만 쉽지 않았어요. 하지만 우리 집사람은 대화하는 게 달라요. 한번은 고등학인 딸아이가 술 마시고 오토바이를 타고 가다가 길가에 처박혔어요. 한국 같으면 오토바이부터 빼앗고, 뭐 금지 뭐 금지를 시키며 난리가 났을 텐데 집사람은 헬멧을 써서 천만다행이라고 칭찬하며 딸아이와 하나하나 애기를 하기 시작해요. 여학생의 애기를 들으면서 중간중간에 한마디씩 끼어들어 아이가 이해하게끔 하는데 그 과정이 기가 막히더군요. 이와 같이 가정은 어떤 어려운 일도 부모와 소통할 수 있는 곳이어야 합니다.

스웨덴에서는 애들한테 일을 시켜요. 우리도 월, 화, 수, 목, 금 중 사흘은 세 아이가 돌아가면서 저녁 준비를 하도록 했어요. 중학생만 되면 저녁을 해요. 물론 자기가 먹고 싶은 것을 주로 하죠. 그 밖의 집안 청소, 정원일 등도 많이 합니다. 중2, 3학년이 되면 지방자치단체에서 운영하는 여름 아르바이트 일을 하라고 보내요. 이를 통해 애들은 노동이 무엇이고 어떤 가치가 있는지, 돈이 얼마만큼 중요한지 이해하기 시작하죠. 부모가 그냥 용돈을 주면 펑펑 써버리지만 자기가 번 돈은 굉장히 아껴서 쓰거든요. 가사를 이렇게 공동으로 하면 가족이 같이 할 수 있는 시간이 많아져요. 영화를 같이 보러 가거나 짧은 여행을 가거나 쇼핑을 같이할 수 있는 시간을 벌 수 있다는 거예요.

스웨덴 부모는 애들 이야기를 경청하고 소통해요. 그리고 언제나 아이한테 관심을 가지고 아이를 주시하고 대화하면서 사랑하죠. 우리도 그렇긴 해요. 열심히 돈 벌어 애들 뒷바라지하는 것도 사랑이니까요. 스웨덴은 순간순간을 중요하다고 생각하고 애들이 배워야 할 것을 하나 하나 챙기는 식이어서 아이들을 존중한다는 생각이 들어요. 아이를 내 자식이라는 수직적인 태도가 아니라, 서로 대화하는 수평적인 상대로 존중합니다. 학교에서도 그렇고 집에서도 그렇습니다. 이것이 큰 차이라는 생각이 많이 들어요.

나는 '어떤 부모이고 싶은가'라는 시각보다는 '우리 아이는 어떤 부모를 원하는가'에 초점을 두는 시각의 변화가 필요합니다. 예를 들어 애가 싸우고 왔을 때 '아버지가 너를 어떻게 키우는데 싸움을 하고 그러냐' '우리가 이혼을 해서 네가 그렇게 행동하느냐?' 같은 유형의 말은 부모 입장에서 보는 거예요. 시각을 바꿔보세요. 저 아이가 왜 싸웠는가? 저 아이는 지금 어떤 엄마를 원하는가? 어떤 아버지를 원하는가? 이런 식으로 시각을 바꿨을 때 경청이 왜 중요한지 이해하게 되죠. 아이들의 얘기를 들어야 해요. 아이들 얘기를 들으면 문제가 해결되기 시작합니다. 오늘 가서 잔소리하지 말고 아이들 얘길 한번 들어보세요. 그걸 2, 3주만 해보세요. 그러면 애들이 많이 바뀔 거예요.

한국에 와서 상당히 놀랐어요. 엄청나게 많은 사람들이 저녁 시간에 외식을 하더군요. 제가 스웨덴에서 간부로 일하면서도 업무 외에 개인적으로 밖에서 저녁을 먹은 경우가 1년에 다섯 손가락에 꼽을 정도예요. 저녁은 언제나 집에서 가족과 같이하는 삶을 살아왔는데, 여기는 엄마는 엄마대로 아버지는 아버지대로, 애들은 학원을 전전하는 '저녁이 없는 삶'을 살고 있더군요. 이래서야 어떻게 인성 교육을 하고 어떻게 민주주의 교육을 하나요? 늦게 퇴근하는 것이 일이 많아서도 그렇지만 많은 사람들이 퇴근 후 약주 한 잔 즐기는 것을 보고 놀랐습니다. 그날 무슨 일이 있었는지 저녁에 애들하고 얘기하고, 애가 어리면 숙제를 돌봐주고 책을 같이 읽으며 얘기하는 그런 가정이 되어야 합니다. 부부 사이도 저녁을 같이 보내면서 얘기하고 와인 한 잔 하고 그러면 훨씬 더 좋아지리라고 생각합니다.

민주주의의 근본을 스웨덴에서는 가족회의를 통해 배울 때가 많아요. 애가 강아지를 갖고 싶다고 할 때 우리 같으면 '안 돼!' 한마디면 끝이지만 스웨덴에서는 가족회의로 넘겨요. "엄마 아빠는 이번 여름휴가 이야기를 하고 싶은데, 너희들은 무슨 얘기를 하고 싶니?"라고 하면 강아지 키우자, 휴대전화 새것 사달라는 등의 안건을 올려 토론해요. '강아지를 사면 그 강아지를 하루 종일 집에 그냥 둬서는 안 된다고 법적으로 돼 있다. 어떻게 할 거냐?' '그럼 점심때 자전거를 타고 집에 가서 강아지에게 점심을 주고 또 학교에 가겠다.' '그게 봄, 여름, 가을에는 가능할지 모르지만 눈이 많이 오는 겨울에는 어떻게 자전거 타고 왔다 갔다 하니?' 이런 식으로 얘기를 해요. 토론하다 보면 아이들이 자기 생각에 문제가 있음을 느껴요. '아, 강아지는 안 되겠구나.' 이때 부모가 '그러면 토끼가 어떠냐? 토끼는 겨울에도 밖에서 키울 수 있고 땅굴 파서 키울 수도 있어.' 이런 식으로 우리는 오랫동안 토끼 두 마리를 키웠어요.

가족회의를 통해 아이들은 발표 능력을 키우고 남의 말을 경청하는 자세도 배우고 자신의 의사가 관철되지 않을 때의 대처 방법도 배웁니다. 자신의 의사가 관철되지 않아 좌절감을 느끼기보다는 합의에 도달하면 누구도 마음에 상처를 받지 않는다는 것도 배우는 거죠. 당연히 정치와 종교에 대해서도 이렇게 토론할 수 있어요. 중학교를 넘어서면서 이런 토론이 가능한데 이때 어른들이 굉장히 조심해야 합니다.

자신의 의사를 강요하거나 자신이 옳다는 식의 자세는 싸움만 불러일으키니까요. 토론을 하면서 아이의 사고에 어떤 문제점이 있는지 상처를 주지 않으며 깨닫게 해서 사고를 깊고 넓게 하도록 만드는 것이 중요하고, 여러 가지 이념이 있는 것을 보여주면서 그중에서 선택할 수 있도록 자유를 주는 것이 중요해요. 종교도 마찬가지예요. 이렇게 잘 하고 계신가요?

스웨덴 사람들은 가정 대소사를 애들과 의논합니다. 아버지가 암에 걸렸다든지, 부부가 이혼한다든지 하는 문제를 다 이야기합니다. 이런 걸 얘기하는 게 중요합니다. 부부 싸움의 많은 부분이 아이 때문에 시작하는 경우가 많아요. 아이들은 부모가 싸우는 것을 방에서 들으며 나 때문에 싸운다는 죄책감과 두려움으로 떨어요. 그래서 부모가 왜 싸우는지 아이들과 얘기하면서 아이들이 죄책감을 느끼지 않도록 해 줘야 합니다. 사실 성격이 맞지 않다든지 권태기가 왔다든지라고 얘기하는 것이 솔직하지요. 이혼을 하고 나서 어떻게 관계를 유지하는가도 아주 중요합니다. 부모가 이혼을 해도 아이는 양부모를 가질 권리가 있습니다. 그래서 스웨덴에선 이혼 후에도 멀리 떨어져 살지 않고 가까이에 살면서 아이를 일주일 또는 2주일씩 번갈아 돌보며 키워요. 왜냐하면 아이들은 같은 학교에 다녀야 하니까 이혼 후에도 부모는 학교에서 가까운 곳에서 살며 같이 돌보는 거예요.

사랑의 매가 있을까요? 저는 절대 없다고 봅니다. 매로서, 체벌로서 아이에게 무언가를 못하게 하거나 강요하기보다는 대화로 이해시키고 설득하는 것이 훨씬 좋은 방법입니다. 체벌하고 심하게 꾸짖으면 애가 눈앞에서는 말을 들어도 안 보이는 데서는 자기 멋대로 할 가능성이 커요. 그리고 애들이 굉장히 두려워해요. 어렸을 때 부모나 선생님에게 맞은 기억이 상처로 다 남거든요. 1979년 스웨덴은 가정에서의 체벌을 법으로 금지했어요. 애들이 체벌하는 부모를 신고할 수 있도록 법을 만들어놓았어요.

종합적으로 요약하면, 독립심을 키우고, 아이들을 성에 따라 차별하지 않고 키우고, 아이들에게 초점을 두고 아이들에게 최선을 다하면서 가정이 중심이 되는 삶을 살아야 한다는 것입니다. 그리고 가장 중요한 것은 남자와 여자가 평등해야 하고, 공동육아를 위해 육아와 교육 분야의 복지 제도를 만들어내야 합니다. 그래서 좋은 부모는 아이가 18세가 되는 성인이 될 때까지 아이와 많은 시간을 갖고, 아이를 있는 그대로 사랑하며, 아이를 믿고 기다리며, 아이가 필요할 때 언제나 옆에 있고 지원하고 격려하는 부모다. 다시 말씀드리지만 '나는 어떤 부모이고 싶은가?'보다는 '우리 아이는 어떤 부모를 원하는가?'로 부모의 시각이 바뀌는 것이 중요해요. 그렇게 되면 필연적으로 아이의 말을 경청하고 대화하고 소통하지 않으면 안 되니까요.

"너는 어떻게 생각하니?"
토론과 토의가 주가 되는 교육

이제 교육 문제를 이야기하겠습니다. 제가 스웨덴의 대학에서 강의 교수하고 연구원을 하다가 스웨덴 사회를 아는 데 대학은 적합한 장소가 아니라는 결론을 내리고 감사원으로 갔어요. 감사원에서 한 2년 정도 일하다가 옮겨 간 곳이 국가교육청이에요. 스웨덴의 교육청은 우리나라 교육부와 비슷한 역할을 해요. 스웨덴은 정치기구인 교육부와 관료기구인 교육청이 따로 있어요. 교육청은 독립적이에요. 국가교육청은 수장 임기가 6년으로 정해져 있고, 지식 위주의 전문적인 기관입니다. 교육부는 행정기구로서 장관과 정무직 중심으로 돼 있고 이들을 보좌해주는 관료들이 있어요. 그리고 290개의 지방자치단체가 교육·보육·복지·의료 등을 중앙정부와 함께 책임집니다.

제가 교육청에서 14년 동안 정책평가 책임자로 일했어요. 유치원·초등학교·중학교·고등학교·성인 교육까지 스웨덴의 교육이 잘 돌아가는지를 평가하고 잘못되면 어떤 식으로 발전시킬 것인가를 고민하는 역할을 했다고 할 수 있죠. 외국인이 그런 일 하기 쉽지 않죠. 그것도 한국 여권을 가지고 있는데도 스웨덴은 외국인을 공무원으로, 그것도 간부로 채용해요. 그뿐만 아니라 제가 스웨덴에 있으면서도 하루에 5, 6개의 신문을 훑어보며 한국의 정치·경제·사회·교육 등을 계속 지켜봤어요. 결론은 '정말 문제 많다'였습니다.

스톡홀름 대학 정치학과 박사과정에서 겪은 얘기부터 시작해보죠. 첫 학기 때 정치이론 과목이 정말 힘들었어요. 왜냐하면 대학원 과정이고, 정치이론은 서양 이론이어서 사실 동양 사람들한테 어려운 부분이 있어요. 자유주의·사민주의·자본론·국가론·여성론·민주주의론 등을 총망라한 과목이었어요. 첫 시간에 들어가니까 학생이 여섯 명이었어요. 주제별로 나눠진 자료를 열심히 읽고 노트에 요약하고 외우고 해서 강의실에 갔는데 교수님이 의자를 꺼내 앉더니 질문을 던져요. 그러자 여섯 명이, 아니 저를 제외한 다섯 명이 열심히 토론을 하는 거예요. 교수는 토론이 어느 정도 됐다 싶으면 다른 질문을 던져요. 이런 식으로 세 시간짜리 수업을 별다른 강의 없이 이끌어 나가요. 이해도 제대로 안 되고, 토론엔 아예 끼어들지도 못해서 좌절감을 많이 느꼈어요. 보따리 싸서 한국으로 돌아가야 하는 것 아닌가 하는 생각을 하루에도 수십 번씩 했죠. 그런데 한 학기가 끝날 즈음의 토론 주제인 민주주의 부분은 이해가 되는 면이 좀 있었어요. 제가 손을 들었어요. 그때까지 입도 뻥긋 안 하던 동양 학생이 손을 드니 교수가 깜짝 놀라면서 "그럼 자네가 얘기해봐"라고 말했어요. 제가 한 친구를 가리키면서 "네가 얘기한 직접민주주의의 문제점은 우리가 읽은 이 책 250페이지에서 280페이지에 답이 다 있잖아"라고 말하고 다른 친구를 가리키며 "네가 이야기하는 간접민주주의의 장점은 150페이지에서 170페이지에 답이 있는데 너희들은 책도 읽지 않았냐? 왜 그렇게 토론을 많이 하냐"고 쏘아붙였어요. 그러자 교수가 정색을 하면서 저를 쳐다보며 이렇게 질문했어요. "그럼 자네는 어떻게 생각하는가?" 딱 한마디 했어요. 저는 얼굴이 빨개진 채로 고개를 숙였습니다. 이게 한국 교육과 스웨덴(유럽) 교육의 차이를 가장 극명하게 보여주는 단적인 예라 할 것입니다.

우리나라에서 공부 잘하는 학생은 교재에 있는 내용이나 교사가 한 이야기를 이해하고 잘 요약해 외우고, 객관식 시험에서 답을 잘 맞히는 학생이죠. 스웨덴에서 그 정도 수준은 통과 이상의 점수를 받지 못해요. A, B 받기가 굉장히 힘들어요. 책 내용을 이해하고 요약해서 외우는 게 아니라 책 내용을 비판적으로 보고 분석하고 종합하고 평가하고 다른 분야와 연결해서 자기 나름대로 이론이나 생각으로 정리하지 않으면 좋은 학점을 결코 받을 수 없습니다. 그래서 그 교수가 '그럼 자네는 어떻게 생각하는가?' 하고 제게 물은 거예요.

이런 교육을 사실 대학원 과정에서만 하는 게 아니에요. 초등학교 2~3학년만 돼도 동화책 읽고 발표하라고 해요. 아니면 쓰라고 합니다. 아이가 몇 줄 쓴 것을 보고 선생님이 '너는 주인공을 어떻게 생각하니?'라고 질문해요. 내용이나 사실을 있는 그대로 외우는 것이 아니라 그것을 어떻게 생각하는지, 어떻게 해석하는지, 어떻게 평가하는지, 그것이 어떤 의미인지, 끊임없이 자기와 자기 주위를 연결하는 지적 작업을 해요. 특히 어떻게 비판적으로 보는가를 가르치죠. 우리나라에서는 정답이 있는 사실 위주의 지식을 많이 외우는 게 공부인 반면 스웨덴에서는 무엇이 문제인가, 문제가 설정되면 그 문제를 어떻게 해결할 것인가를 중심으로 가르칩니다. 문제를 설정하는 능력은 아주 중요한 능력입니다. 그게 바로 창의력이니까요. 우리나라에서 말하는 문제 해결 능력은 그렇게 대단한 능력이 아니에요. 정도의 차이는 있지만 웬만한 사람은 어느 정도 할 수 있습니다. 하지만 창의력은 비판력 없이는 결코 얻을 수 없습니다. 우리나라 교육은 아이들의 비판력을 키워주지 않는다는 데 가장 큰 문제가 있어요.

제가 그 강의 시간 이후 책 읽는 방식을 완전히 바꿨어요. 문장 하나하나 읽을 때 '왜?'라는 질문을 던졌죠. 왜 이 교수는 이런 이야기를 하는가? 왜 이 교수는 이런 식의 문제를 가지고 이런 글을 쓰는가? 왜 이 교수는 이렇게 증명하는가? 왜 이런 결론에 도달했는가? 그런 훈련을 5년 이상 했어요. 그 전에는 무엇이 공부인지 무엇이 학문인지 몰랐다는 얘기예요. 5년 정도 그런 식으로 피눈물 나는 노력을 하니까 갑자기 뭔가 보이기 시작했어요. 책을 읽으면 '이 저자는 자기가 신자유주의자니까 이런 식의 질문을 던지면서 이런 식으로 풀어내는구나. 그럼 내가 사회민주주의자라면 이걸 어떻게 비판할 것인가?' 하는 식으로 발전되더군요. 기가 막히죠? 한국의 공부가 지식 그 자체를 계속 습득하는 공부라면, 스웨덴이나 유럽식 공부는 방법론을 가르쳐주는 공부예요. 그 차이가 엄청나게 큽니다.

예를 들어 프랑스 혁명을 공부한다면, 한국에서는 혁명이 언제 일어났는지, 누가 주동했는지, 언제 끝났는지 따위를 외워야 합니다. 스웨덴에서는 왜 혁명이 일어났는지, 어떤 사회적 구조에서 혁명이 일어날 수밖에 없었는지, 인구 증가가 혁명에 끼친 영향은 무엇인지 등을 분석하는 것을 배워요. 수준의 차이는 있지만 중학교 때부터 이런 식으로 분석하는 방법을 배우죠. 그래서 다음에 영국 혁명을 공부하면, 한국에서는 또 외우지만 스웨덴 학생들은 혁명을 분석하기 시작해요. 그래서 유럽식으로 공부하면 자기주도 학습이 가능해집니다. 스웨덴 대학생들이 어떻게 그렇게 논문을 잘 쓰는지를 차츰 이해하게 됐어요. 자기 스스로 문제를 설정해서, 그 문제를 가지고 논문을 쓰니 독창적일 수밖에 없죠. 우리가 쓰는 논문은 상당수가 짜깁기고 표절이잖아요.

이런 식으로 공부하기 위해서는 우리의 교수 학습 방법을 혁신해야 합니다. 토론·토의식 수업을 해야 합니다. 교사가 끊임없이 학생들에게 질문을 던지고 학생들은 대답하고 자기들끼리 서로 토론하는 식의 공부를 해야 합니다. 수업에서 학생들의 참여를 높이는 게 공부의 관건이 되는 것입니다. 가르치는 데서 배우는 데로의 시각의 변화도 이루어져야 합니다. 학생들이 객체가 아니라 배우는 주체로서의 시각을 견고히 해야 합니다. 또 협력수업을 해야 합니다. 이것도 예를 하나 들어볼게요.

양적 방법론이라는 과목도 앞서 말한 그 여섯 명과 같이 배웠는데, 교수가 세 명이었어요. 정치이론 수업에서는 한 명 한 명이 논문을 냈는데 양적 방법론은 세 명이 그룹이 돼 공부했어요. 제가 속한 그룹에는 스웨덴 친구 하나와 아프리카 출신으로 스웨덴에서 오래 산 친구가 있었는데, 이들이 열심히 안 해요. 일주일에 한 번 과제를 받으면 데이터베이스에 들어가서 각종 통계도 내가면서 리포트를 써내고 그다음 주에 리포트를 발표하고 학기말에는 거의 논문 규모에 달하는 리포트도 제출해야 합니다. 한번은 이런 일이 있었어요. 같은 조 학생들이 열심히 하지 않아서 스웨덴 말도 제대로 못하는 제가 대표로 리포트를 썼어요. 그런데 답을 알면서도 답을 적지 않고 제출했어요. 세 명이 발표할 때 제가 리포트에 쓰지 않은 답을 말했어요. 그러자 한 교수가 놀라면서 "자넨 알면서 왜 안 썼나?" 하고 물었어요. 왜 그랬겠어요? 나만 아는 것을 보여주려고 그랬죠. 세 명이 그룹으로 수업을 하고 리포트를 내면 성적이 똑같아지잖아요. 그럼 교수가 모르잖아요. 나만 아는 걸 보여주려고 그랬던 거예요. 여기 앉아 계신 분들은 한 번도 안 그랬어요? 우리는 그렇게 커왔어요. 그런 식으로 경쟁, 경쟁, 경쟁 속에서 커왔죠. 남을 제치고 일등 하지 않으면 안 되는 강박관념 속에서 남들보다 먼저 잘하는 걸 보여주려고 애쓰면서 커왔죠.

그 교수가 딱 알아차리고 이런 이야기를 했어요. "매사가 다 그렇지만 공부도, 학문도 절대 혼자 하는 게 아니다." 한참 후에 그걸 알았어요. 세계 유수의 교수들이 논문을 한 편 쓰면 세계 각지의 친구들에게 보내 의견과 비판을 받습니다. 그들의 의견을 참조해 논문을 수정하는 과정을 몇 번이나 거친 뒤 학술지에 실립니다. 제가 속한 그룹과 달리 우리 옆의 세 명은 자기들이 아는 것 다 얘기하며 토론했더군요. 그것도 부족해서 지난해에 다녔던 선배들한테 전화해서 자문했어요. 심지어는 밤 11시 반에 교수한테 직접 전화로 묻고 토론해서 페이퍼를 쓴 거예요. 그러니 수준 차이가 얼마나 났겠어요. 이게 바로 협력수업이에요. 협력수업은 동료효과를 가져오기 위해서 하는 거예요. 피어 이펙트peer effect라고 교육학에서 많이 쓰는 용어가 있어요. 동료끼리 서로 가르치고 배운다는 뜻이에요. 내가 아는 것과 다른 사람이 아는 것이 상당히 다를 수가 있는데, 이런 부분을 서로 얘기합니다. 그리고 정답이 없는 걸 공부할 경우 각자의 시각을 가지고 토론하면서 서로 배울 수 있어요. 한국에서는 시험 때문에 이런 교육이 차단돼 있어요.

창의력은 문제 해결 능력이 아니라 문제 설정 능력에서 나온다

심지어 이런 일도 있었어요. 우리 애가 중2 때 당시 최고 성적인 MVG를 받아왔어요. 집사람이 대견해서 아빠한테 보여주라고 했어요. 아이의 성적표를 보고 제가 던진 첫째 질문이 뭐였는지 아세요? "너 100점 맞아서 이거 받았니?" 나는 아이가 만점 받기를 원했던 거예요. 그런데 아이가 백점, 만점이라는 것 자체를 이해를 못했어요. 왜냐하면 스웨덴에는 우리처럼 점수로 나오는 시험이 없어요. 선택형 시험이 없다는 얘기예요. 전부 서술형, 논술형 또는 작문(논문)시험이니까요. 이런 시험에 대한 피드백을 서술형 형태로 해주니 애가 만점이란 걸 이해하지 못한 거죠. 다음 질문은 더 가관이었어요. "너희 반에서 몇 명이나 그거 받았니?" 우리 집사람이 엄청나게 화를 내면서 왜 애가 좋은 성적을 받아오면 잘했다고 칭찬을 못 해주느냐, 왜 애 친구들하고 비교를 하느냐면서 다시는 아빠에게 성적을 보여주지 말라고 하더군요. 그 이후 성적표를 못 봤어요. 스웨덴에는 이렇게 개인 성적만 있고 석차는 없어요. 총점을 가지고 석차를 낼 수는 있어요. 그런데도 그렇게 하지 않아요. 학생들끼리 비교하지 않아요. 우리가 그렇게 경쟁, 경쟁, 경쟁 교육 속에서 살아오다 보니까 남들하고 협력할 줄을 몰라요. 나중에 이야기하겠지만, 사실은 그게 상대평가라는 제도 때문에 그렇게 된 거예요.

스웨덴에서는 초등학교 2~3학년 때부터 프로젝트 수업이나 융합수업을 합니다. 2~3명씩 묶어 주제를 하나 주고 협력해서 결과를 내게 만들어요. 고등학생쯤 되면 융합수업을 상당히 많이 해요. 예를 들어 영어와 사회 과목을 공부하면서 '체코 프라하의 봄'을 연구하는 식이에요. 체코까지 가서 일주일 동안 의회 견학 같은 것을 하면서 영어로 페이퍼를 써요. 영어 교사와 사회 교사가 같이 머리를 싸매고 학생들을 가르치고 그 페이퍼를 평가하는 식입니다.

제가 진짜 기가 막히고 놀란 것 중의 하나가 딸이 고2 때 일어난 일이에요. 그 학교의 국어·사회·역사 교사가 머리를 합쳐서 '논문' 숙제를 냈어요. 고등학교면 논문이라고 해요. '역사적 사실을 들어서 내셔널리즘이 어떻게 표출되는가를 연구하라.' 아이가 그걸 받아와서 논문 써야 된다고 고민하고 있어요. 대단한 수준인데 학생들이 그걸 어떻게 소화하는가 보고 싶어서 나중에 논문 다 모아서 보내달라고 교사한테 전화까지 했어요. 정도의 차이는 있지만 학생들의 논문을 읽어보니 그 어려운 주제를 잘 소화해냈더군요. 그 학기에 9월 초부터 사회·역사 교사와 함께 공부한 내용이 제2차 세계대전이었어요. 그래서 '내셔널리즘이 그 전쟁의 가장 큰 원인 중 하나다'라는 식으로 공부한 거예요. 문제를 가지고 공부를 하는 프로젝트 형태의 공부죠. 우리처럼 진도를 정해 공부하는 게 아닙니다. 국어 교사가 들어 있는 게 이상해서 전화해서 물어보니까 이렇게 말해요. "논문 하나를 보면 국어 실력이 얼마만큼 되는지 다 알 수 있다." 어휘력, 문장 구사력, 문장 완성도, 문장의 아름다움, 단문·장문을 섞어가면서 멋진 스웨덴어를 구사하는 능력을 다 알 수 있다는 거예요.

기억나는 논문 두 개만 얘기할게요. 한 학생이 미국의 9·11 테러 사건을 가지고 논문을 썼어요. 9·11 이후 미국의 주요 공항에서 검문검색하는 방식과 횟수가 달라진 점을 논문 주제인 내셔널리즘, 즉 미국의 내셔널리즘과 연결했어요. 아까 제가 문제 해결 능력은 그렇게 대단한 것이 아니다, 문제 설정 능력이 중요한 것이고, 그것이 바로 창의력이라고 말씀드렸습니다. 바로 이것이 문제 설정 능력이에요. 내셔널리즘이라고 얘기했을 때 9·11 테러 사건과 이에 대한 미국의 반응을 문제로 설정하는 이 능력이 바로 문제 설정 능력이고 창의력입니다. 이런 능력은 평소에 비판적으로 세상을 보고 비판적으로 책을 읽고 비판적으로 토론하지 않으면 결코 키워지지 않습니다. 이런 능력은 아주 어릴 때부터 키워줘야 합니다. 학교에서 키워줘야 하죠. 이 학생은 검문검색의 방식과 횟수가 어떻게 달라졌는지를 미국의 내셔널리즘과 연결했고 이를 미국 주요 공항이 있는 주의 신문을 쭉 훑으면서 수량화해서 논문을 썼어요. 스웨덴 고등학생이 영어로 된 자료로 논문을 쓰는 것도 놀라운 일이지만, 9·11 사태를 내셔널리즘과 연결하는 날카로움에 탄복하지 않을 수 없었어요. 우리는 왜 학교에서 이런 것을 가르쳐주지 못할까요?

이것보다 더 놀랄 만한 논문이 있었어요. 2010년 9월 25일 일본말로 센가쿠, 중국말로 댜오위다오 열도에서 중국 어선과 일본 순찰함이 충돌했어요. 그러자 일본이 자기 영해라며 중국 어선을 나포하고 선원들을 억류했죠. 중국에서 난리가 났어요. 베이징 대학에서부터 데모가 벌어지고 세계 여론도 별로 좋지 않자 일본은 배를 돌려주고 선원들을 풀어주고 선장만 억류했어요. 그러자 이번에는 일본에서 데모가 일어났어요. 일본 우파가 왜 그렇게 쉽게 배를 돌려주느냐며 들고일어난 거예요. 그 와중에 아세안ASEAN 회의가 열리고 두 나라 외교부장관은 아세안 회의에 참석해서 만나지만 악수도 하지 않고 지나가요. 사진기자가 이런 걸 놓칠 리가 없지요. 스웨덴 조간신문에 큰 사진과 함께 이 문제가 몇 번 기사화됐어요. 어느 학생이 조간신문을 보면서 여기에 뭔가 있다고 생각한 거예요. 조그만 어선과 순찰함이 충돌하는 작은 사건이 중국과 일본 사이에 왜 그렇게 심각한 외교적 사건으로 비화하는가 하는 질문을 논문 주제로 설정해요. 두 나라 사이에서 내셔널리즘이 작용했으리라 추측한 거예요. 바로 이게 문제 설정 능력이에요.

우리 아이들은 죽자 사자 조선의 역대 왕들을 '태정태세문단세 예성연중인명선……' 하고 외우고 있을 때 그쪽 아이들은 이렇게 자기가 학교에서 배우는 것을 세계에서 일어나는 일과 연관 짓는 거예요. 우리는 고등학생이 신문을 보면 공부나 하라고 하죠. 이 학생은 자신의 논문 주제를 연구하기 위해 30만 명 이상의 포로와 양민을 학살한 1937년 난징대학살로 거슬러 올라가 논문을 써요. 이것이 중일전쟁이고 이 전쟁에서 세계의 중심이라고 생각한 중국이 패하죠. 일본은 그렇게 잔인한 전쟁을 치르고도 진솔하게 사과 한 번 하지 않았다는 겁니다. 그래서 이 두 나라 사이에 민족적 응어리가 져 이렇게 작은 사건도 그렇게 크게 외교적으로 비화한다는 결론을 내려요. 대단하지 않아요? 이 학생은 또 내셔널리즘을 공격적 내셔널리즘과 방어적 내셔널리즘으로 나누고 공격적 내셔널리즘이 위험하고 전쟁의 원인이 되며 그런 예가 바로 독일 나치와 일본 국군주의라고 규정해요. 나아가 이 학생은 자료 비판까지 해요. 중국과 일본에서 나온 자료는 자신의 논문에서 제외한다고 밝히거든요. 왜냐하면 객관성을 잃었기 때문이래요. 그래서 미국, 러시아, 스웨덴에서 나온 자료로 자신의 논문을 썼다는 거예요.

　이 세 과목의 수업은 이렇게 논문을 쓰는 것으로 그치지 않고 모든 학생은 논문을 발표하고 다른 학생의 논문을 비판해야 해요. 이때 건설적 비판이라는 용어를 사용해요. 이 발표와 비판을 세 명의 교사가 이끌어요. 이렇게 해서 그 학기의 사회, 역사, 국어 과목 성적이 나와요. 창의력은 한국에서 하듯 창의적 체험 활동이나 텃밭 가꾸기를 통해 얻을 수 있는 것이 아니에요. 국어, 영어, 수학, 자연 및 사회과학 등 교과과목 시간에 끊임없이 비판적으로 보며 토론하고 무엇이 문제인가를 고민하는 데서 나오는 것이에요.

　다른 예를 하나 들어볼게요. 스웨덴은 JAS Gripen이라는 유명한 전투기를 생산해요. 이 전투기의 구조가 흥미로워요. 거의 모든 전투기는 무게중심이 앞에 있어요. 무게중심이 앞에 있지 않으면 비행체가 빠른 속도로 날 때 굉장히 불안정해요. 그런데 스웨덴 사람들은 무게중심을 뒤에 뒀어요. 왜 그랬을까요? 이유는 공중 전투 시 뒤에서 공격을 받을 때 회전반경을 작게 해 빨리 적 전투기의 뒤로 가기 위해서 무게중심을 뒤에 둔 거예요. 남들이 전혀 생각하지 못했던, 남들이 생각할 수 없는, 물리학에서의 정석이 아닌 것도 스웨덴 사람들은 이렇게 비판적으로 보며 테스트를 하는 거예요. 국제학업성취도평가PISA에서 중위권밖에 하지 못하는 스웨덴이 스위스와 함께 국제기술혁신지표에서는 세계 선두에 서 있어요. 왜 우리는 이런 것을 학교에서 가르치지 못하고 키우지 못하는가가 문제예요.

　앨빈 토플러가 이렇게 말했습니다. "한국 학생들은 미래에 필요하지도 않을 지식을 외우고 공부한다. 미래에 있지도 않을 직장을 염두에 두고 공부한다." 일리가 있는 얘기예요. 창밖을 보세요. 얼마나 평온해 보입니까? 그런데 저기에는 많은 사회적 문제가 도사리고 있고 날카로운 시각이 없으면 이런 문제들을 보지 못합니다. 이런 능력을 학교 교육에서 키워줘야 한다는 얘기입니다. 제가 스웨덴에서 공부하면서 통탄한 것 중 하나가 다른 친구들의 논문 주제와 문제 설정 능력을 보며 '나는 왜 또 한 발 늦었는가?'였어요. 그게 어릴 때부터 비판력을 키워주지 않고 주입식·암기식 교육으로 창의력이 잘려버려서 그래요.

　우리 아이가 초등학교 1학년 때 집사람이 한국말 가르치라고 잔소

리를 해서 아이를 데리고 한국토요학교에 갔어요. 애를 교실에 들여보
내고 저는 복도에 앉아 책을 읽거나 지루하게 기다렸어요. 하루는 교
실 문이 조금 열려 있어 안을 보니 우리 아이가 제일 뒷자리에서 교사
한테 등을 돌린 채 창밖을 내다보고 서 있는 거예요. 수업을 마치고 나
오는 한국 교사에게 이유를 물었더니 자기도 모르겠대요. 집에 오는
지하철에서 애한테 왜 너만 혼자 등을 돌리고 서 있었느냐고 물어봤
어요. 애가 선생님이 사과를 그리라고 해서 그렸는데 틀렸다고 해서
화가 났다는 거예요. 어떻게 그렸는지 물어봤더니 색칠을 까맣게 했대
요. 선생님은 초록색이나 빨간색으로 다시 칠하라고 했대요. 그 자리
에서 애한테 말했어요. "다음 주부터 절대 그 학교 안 간다." 한국어를
가르쳐주지 못해도 창의력을 잘라버려서는 안 되겠다고 생각했어요.
제가 한국에서 자라며 배운 그런 교육을 우리 아이에게까지 물려줄
수는 없었어요.

학력평가에 발목 잡혀
토론 수업 못하는 한국 교육

그러면 우리는 왜 토론식 수업도 못하고 협력수업도 못하고 프로젝
트·융합수업도 못하는가요? 이런 문제의 상당 부분은 학력평가 방식
때문입니다. 우리나라의 주요 학력평가는 표준화된 선택형 평가입니
다. 중간고사, 기말고사, 수능고사 등이 그렇습니다. 수능시험에 정답
이 2개 있으면 장관이 물러날 정도로 심각해요. 선택형 시험을 치니

토론식 수업을 할 필요가 없습니다. 정확한 답이 있는 문제들만 잘 공부하고 외우면 됩니다. 그래서 한국의 교수 학습 방법을 혁신하려면 평가 방식을 혁신해야 합니다. 이 둘이 서로 맞물려 있습니다.

또 우리나라는 초등학교에서는 절대평가를 하지만 중등학교에서는 상대평가를 해왔어요. 상대평가는 모집단에서 A를 받는 학생 7퍼센트, B를 받는 학생이 16퍼센트 이런 식으로 성적 순위에 따라 비율을 정해 성적을 매기는 방식입니다. 모든 학생이 공부를 잘해도 이렇게 상대적으로 성적을 매기는 방식입니다. 이 방식에 따르면 친구가 A를 받을 확률이 높으면 자신이 A를 받을 확률이 낮아집니다. 이런 경우 학생들이 협력을 안 하는 게 당연하죠. 공부를 열심히 해놓고도 '나 어제 공부 하나도 안 했다. 놀았다' 소리만 하지 서로 가르쳐주고 배우지 않아요. 그러니 학교 안에서도 협력하지 못하고, 사회에서도 마찬가지입니다.

가정에서부터, 학교에서부터 협력하는 법을 가르쳐야 해요. 그리고 수행평가를 해야 합니다. 서술형·논술형·작문 시험, 실습·실기·실험 등을 통한 평가가 수행평가입니다. 즉 결과뿐만 아니라 과정을 평가하고 이론뿐만 아니라 실기도 평가하는 것이 수행평가입니다. 수행평가의 비율을 점진적으로 늘려 나가야 합니다. 표준화된 선택형 중간고사·기말고사 또는 수능시험 등은 주입식·암기식 교육과 아주 잘 맞아요. 이런 식의 공부는 사교육을 키울 수밖에 없습니다.

왜 우리는 무엇이 문제인지, 신문을 보면서 문제를 설정해내고 그것을 학교 수업과 연결하는 능력을 키워주지 못하는가? 앞서 말했듯이 교수 학습 방법과 학력평가 문제 때문에 그렇습니다. 우리가 왜 선택형 시험을 치느냐면 시험의 공정성과 변별력을 위해서입니다. 공정성을 지키려다 아이들을 망치고 있어요. 사실 제가 스웨덴 교육청에서 근무할 때, 스웨덴의 서술형·논술형 및 작문 시험이 시간과 돈이 많이 들고 답안지 평가에 주관적 요소가 들어갈 여지가 있기에 선택형 시험으로 전환하면 안 될까 하는 논의가 있었어요. 그러나 결론은 똑같았어요. '아이들 머리를 망치려면 선택형 시험을 하라. 아이들에게 비판력을 키워주고 창의력을 키워주기 위해서는 서술형·논술형 시험을 하지 않으면 안 된다.'

말은 쉽지만 서술형·논술형 시험을 우리나라 선생님들은 잘 못합니다. 어릴 때 그런 시험을 쳐보지도 않았고, 사대·교대에서 제대로 배우지도 않았어요. 서술형·논술형 시험은 결코 쉬운 게 아니에요. 배운 내용의 가장 핵심이 되는 부분을 시험문제로 출제해야 하고, 아이들의 지적 복합성을 파악할 수 있는 문항들을 개발해야 합니다. 문항 개발이 엄청나게 힘듭니다. 연구도 많이 해야 하고, 교사들 사이에 토론도 많이 해야 하고, 연수도 많이 해야 하는 분야입니다. 학력평가에 관한 한 교사에게 절대적 권한을 줘야 합니다. 우리는 학부모들의 민원이 무서워 서술형·논술형 시험과 작문(논문)을 통한 평가를 못하고 있습니다. 분명히 알아야 하는 것은 선택형 시험이 우리 아이들의 머리를 망치고 있다는 것입니다. 그러니 자녀들의 학력평가에 대한 학부모들의 자세 변화가 절실히 요구된다 할 것입니다.

교육자치의 근본은 전근대적 권위주의에서 벗어나 민주주의를 실현하는 것

이제까지 교육에서 가장 핵심적이고 본질적인 교수 학습 방법과 평가 방법의 문제를 얘기했습니다. 이제 그 외연에 있는 문제를 얘기하겠습니다. 그게 바로 교육 및 학교 민주주의입니다.

교육 민주주의는 학생들의 배경, 즉 부모의 교육 정도나 경제적 배경과 관계없이 교육 경력을 쌓을 수 있도록 하는 것입니다. 농민의 아들이 의사가 되고 노동자의 딸이 판사가 될 수 있도록 하는 것이 교육 민주주의란 것입니다. 우리나라로 치면 개천에서 용 나게 하는 것이 바로 교육 민주주의입니다. 국가가 공교육을 통해 이런 역할을 해야 합니다. 이런 교육 민주주의를 이루기 위해서는 필연적으로 교육 복지를 해야 합니다. 즉 가정 형편이 넉넉지 않아도 대학 교육과 그 이상을 받을 수 있도록 모든 교육은 무상으로 이루어져야 합니다. 스웨덴은 박사과정까지도 무상입니다. 또한 교육평등에 대한 뚜렷한 철학이 정립돼야 합니다.

학교 민주주의는 교육 민주주의처럼 거시적 시각은 아닙니다. 학교에서의 교장과 교사, 교사와 학생과의 관계를 얘기하는 것입니다. 권위주의적이고 수직적 관계에서 수평적 관계로의 전환이 필요합니다. 또 교장은 학교를 민주적으로 운영해야 합니다. 학생들은 물론 민주주의가 무엇인가를 지식적 측면에서 배울 뿐만 아니라 학급회와 학생회 등을 통해 민주주의를 직접 체험할 수 있어야 합니다. 우리가 흔히 이야기하는 집단지성을 활용할 수 있는 가장 좋은 제도가 바로 민주주의입니다. 아랫사람들의 의견이 위로 올라가고, 정책으로 입안되어야 민주주의가 이루어질 수 있죠. 단지 투표만 하는 것이 민주주의가 아니잖아요. 학교에서의 모든 관계가 수평적이 되어서 아랫사람들이 자신의 생각을 개진하고 토론하여 합의를 이끌어내는 학교 문화를 만들어내야 합니다. 이것이 바로 학교 민주주의입니다.

우리나라 학생들이 국제학업성취도에서 세계 1·2등 하죠? 그러나 우리나라 학생들의 자신감과 학업 흥미도는 꼴찌고, 교육 스트레스는 세계에서 최고로 높습니다. 교육 효율성 측면에서 우리나라 학생들이 2009년 PISA에서 OECD 25개국 중 24등을 했어요. 엄청나게 많은 시간을 투자해서 얻어낸 게 PISA 성적인데 효율성이 바닥이라는 거죠. 굉장히 심각한 문제입니다. 또 민주시민의식에 관한 국제학력테스트International Civic and Citizenship Education Study, ICCES라는 게 있어요. 우리나라 학생들도 이 테스트에 참여합니다. 민주주의가 무엇인가 하는 지식적 측면에서 우리나라 학생들 몇 등 하는지 아세요? 1등합니다. 그런데 민주주의의 행태, 가치, 평가 부분에서 몇 등 하는지 아세요? 다른 친구들과 협력하는가, 다른 친구들 의사를 존중하는가, 여자와 남자가 평등한가, 외국에서 이민 온 친구들이 똑같은 권한을 가져야 하는가 등에 관한 문항에 한국 학생들 몇 등인지 아세요? 꼴찌예요. 민주주의가 무엇인지 지식으로는 아는데 행동하지 않는다는 얘기예요. 그래서 우리는 공부는 잘하나 자신감이 없고, 공부에 흥미도 없고, 스트레스에 쌓여 있고, 민주주의가 뭔지는 알아도 행동하지 않는 이론과 실제가 괴리된 아이들을 양산한다고 하면 너무 비판적인가요?

이제 교육자치에 대해 말씀드리겠습니다. 교육감을 주민직선제로 뽑는다며 교육자치를 한다고 합니다. 교육자치는 학교 단위에서 해야 한다고 믿습니다. 교육 과정 재구성에 대한 권한(의무)을 교사에게 주고 학교 단위에서의 예산총액제를 실시해야 합니다. 교장선생님과 교사가 자기 학교의 학생들을 가장 잘 알고, 어디에 돈을 써야 할지 잘 알기 때문입니다. 그러면 정부는 무엇을 할 것인가? 정부는 현재 많은 특별교부금으로 학교를 직접 통치하는 형태를 띠고 있는데 이것을 가능한 한 지양해야 합니다. 정부는 교육 목표를 정하고 교육의 방향을 제시하는 데 주력해야 합니다. 교육 목표와 방향은 교육법, 교육시행령법, 교육 과정에 녹아 있어야 합니다. 교육청은 근본적으로 중앙에서 세운 교육 목표를 달성하기 위해 학교를 지원하는 형태가 되어야 합니다. 지금 교육청은 교육부가 하는 특교사업보다 훨씬 많은 정책사업을 해요. 이것 때문에 우리 교사들이 가장 근본적인 임무인 학생을 가르치고 돌보는 역할을 제대로 못해내고 있습니다. 교육청의 정책사업으로 교사들이 행정업무에 시달리고 있습니다. 정부의 특교사업과 교육청의 정책사업의 상당 부분을 폐지하고 그로 인해 생기는 예산을 각 학교에 내려줘야 합니다. 그래서 학교에 자율성을 주고 책임을 묻는 형태로 나아가야 합니다.

우리는 교사에게 자율성을 주지 않고 책임만 묻습니다. 우리나라에서 비교적 똑똑한 사람들을 교사로 뽑아놓고 사사건건 구체적으로 지시합니다. 이러면 교사를 수동적으로 만들 수밖에 없습니다. 즉 교육자치에서 가장 중요한 부분이 교육 과정 재구성권과 예산 사용권입니다. 우리나라 예산은 너무나 세밀하고 구체적입니다. 학교 차원에서 필요한 부분에 예산을 사용하는 게 어렵게 돼 있습니다. 교육청에서 보조원 한 명을 내려줄 것인가, 한 학급의 인원을 25명으로 정할 것인가 하는 토론을 한 적이 있습니다. 생각해보세요. 교사 한 명이 공부하고 싶어 하는 학생 50명을 가르치는 것과, 농땡이 치는 학생 10명을 가르치는 것 중 어느 쪽이 더 힘들 것 같아요? 후자가 훨씬 더 힘들어요. 그런데 일률적으로 25명으로 해야 한다는 것은 현장의 문제에 대한 답이 아니에요. 몇 명이 적정한지를 아는 사람은 그 학교의 교사와 교장입니다. 그래서 예산도 차등화해서 학교에 내려줘야 합니다. 교육환경이 열악하고 문제가 많은 학교에 예산을 많이 줘서 그 학교 교장과 교사들이 특수교사를 한 명 더 쓸 것인가, 보조교사를 한 명 더 쓸 것인가, 아니면 교육 자료를 더 구입할 것인지를 결정할 수 있도록 해야 합니다. 유럽의 많은 나라들이 이미 이렇게 하고 있어요. 우리나라만 위에서 쥐고 있어요. 전근대적인 관료주의지요. 제가 같이 일했던 곽노현 전 서울시 교육감이 이런 말을 했어요. "19세기 관료체제와 20세기 교육 과정으로 21세기 아이들을 가르칩니다. 이런 미스매칭이 세상에 어디 있습니까?" 진짜 일리 있는 얘기죠. 엄청나게 전근대적이에요. 교사들에게 자율성을 주지 않고 위에서 지시하는 형태로는 교육 혁신은 불가능해요.

교육자치 해야 하고 민주주의를 학교 안에서 달성해야 합니다. 그래야 민주적인 학생·시민을 키워낼 수 있습니다. 그와 동시에 교육에서 가장 핵심적인 교수 학습 방법과 평가 방법을 혁신해야 합니다. 그래서 생각하는 학생을 키워내야 됩니다. 우리는 지금 생각하지 못하는 학생을 키우는 교육을 하고 있어요. 강의를 마치고 질문 받겠습니다.

사회적 불평등이 심한 나라가
교육에도 문제 많아

질문 약간 엉뚱한 질문인데요. 스웨덴 부모들은 자녀 교육에서 정말 문제가 없고 다 행복할까요?

황선준 문제없는 나라가 어디 있겠어요. 무엇이 문제인가, 문제로 보는가 아닌가 하는 시각의 차이가 중요하죠. 우리가 대체로 문제라고 하는 것을 그곳에선 문제로 보지 않는 경우가 많습니다. 예를 하나 들지요. 막내딸의 고등학교 졸업식에 참석하러 한국에서 스웨덴으로 갔어요. 스웨덴에선 고등학교 졸업식이 중요해요. 대학은 아예 졸업식이 없어요. 제가 도착한 다음 날이 일요일이었는데, 그날 아침 딸애가 시내에서 외박을 하고 9시가 넘어 헐레벌떡 집으로 들어왔어요. 5월의 마지막 일요일은 어머니날이라 딸애는 전날 어머니날 아침에 빵을 구워 아침 식사를 차려주기로 약속했대요. 외박을 하고 들어온 딸에게 제가 어떻게 된 거냐고 물었더니 어젯밤에 술 먹고 춤추다 늦어서 남자친구 집에서 잤다는 거예요. 늦게 들어와 피곤한데도 빵 굽고 커피를 끓여서 우리에게 줬어요. 우리가 먹고 나자 설거지를 한 다음 자기 방에 가서 자는 거예요. 고등학교 졸업을 앞둔 아이지만 밤늦게 춤추고 놀다 외박한 것을 그쪽 아이들은 숨기지 않고 부모에게 얘기해요. 이런 일을 우리나라에선 큰 문제로 삼을 거예요. 그러니 우리나라에서는 자식들이 이성 관계를 부모 몰래 해요. 이성 문제를 크게 문제 삼아

억압하면 오히려 부모를 속이고 다른 성적 문제를 유발하는 역효과가 생길 가능성이 아주 커요. 성이 얼마나 귀중하고 아름다운 것인데, 억압하고 나쁜 짓으로 몰아가면 더 큰 문제가 될 가능성이 높다는 겁니다. 문제가 없는 게 아니라 무엇이 문제인지를 보는 시각의 차이가 있는 게 아닐까요?

온라인 질문 강사님은 한국 교육에서 희망의 씨앗으로 여길 만한 의미 있는 수업 또는 교실 현장 등은 발견 못하셨는지요? 지금 교실 수업을 들여다보면 생활지도·교과연구 등에서 평가 혁신과 교실 혁신을 위해 고민하고 연구하는 분들이 굉장히 많답니다.

황선준 맞습니다. 제가 교육정보원장으로 일하면서 일주일에 한 학교씩 유치원, 초등학교, 중학교 또는 고등학교를 방문했어요. 방문해보니 초등학교 수준에서 한국 교육은 엄청나게 바뀌었어요. 모둠수업·프로젝트 수업 등 교수 학습 방법이 다양해졌더군요. 그런데 중학교 2학년만 올라가면 말짱 도루묵이 된다는 생각을 떨쳐버릴 수가 없어요. 지금 많은 초등학교 선생님들이 밤 11시, 12시까지 다음 날 수업 준비를 해요. 불행하게도 이런 선생님들이 각종 행정업무에 시달립니다. 가장 힘든 게 학부모들이라고 말합니다. 중2 올라가면 도루묵이 되는 이유는 대학입시 때문입니다. 왜 대학입시 때문에 그런가 하면 우리 사회가 불평등해서입니다. 선진국들의 삶의 질 문제를 분석한 책이 있습니다(《The spirit level》, '평등이 답이다' 정도로 옮길 수 있을까요?). 폭력, 수감자 비율, 비만, 정신병질환, 10대 임신, 교육, 사회적 신뢰 등 삶의 질을 규정하는 9개의 변수를 가지고 20여 개국의 이른바 잘사는 나라들을 분석했는데, GDP가 높은 나라 중에서 소득불평등이 심한 나라, 예를 들어 미국은 이 9개의 변수에서 성적이 아주 나빠요. 9개 변수 중 상황이 좋은 곳은 모두 북유럽 나라와 일본이었어요.

사실 우리 사회는 사회적 불평등 때문에 많은 문제가 발생합니다. 사회적 불평등이 심하니까 부모들이 우리 애만은 좋은 대학 보내서 좋은 직장 갖기를 원합니다. 사회적 불평등 때문에 대학들이, 학과들이 서열화되고 애들이 학원을 뺑뺑 돌게 됩니다. 어쨌든 우리 사회를 좀 더 평등하게 만드는 방향으로 나아가야 합니다. 북유럽 국가들은 보편적 복지를 통해서 평등 사회를 보여주었습니다. 청소부 아줌마가 대학교수한테 당당하고 단호하게 이야기하는 것이 가능하게 되었습니다. 한번은 우리 애가 공부를 안 해서 제가 "너는 커서 편의점 캐셔밖에 더 되겠냐"고 꾸지람했어요. 그 소리를 들은 집사람이 "캐셔가 왜!" 하며 강하게 반응했습니다. 성실하고 열심히 살면 존중해줘야지 왜 그런 사람을 송두리째 비하하느냐는 것입니다. 저는 1등 해야 되고 최고의 고등학교, 최고의 대학교에 가야 되고, 좋은 직장 가져야 된다는 식으로 얘기한 거예요. 좋은 대학 좋은 직장이 언제나 행복을 주는 것은 아니라는 사실을 스웨덴에서 배웠습니다.

5장

어떻게
공부할 것인가

강영안
서강대 철학과 교수

시험을 치르기 위한 학교 공부만이 공부일까

여러분 만나서 반갑습니다. 공부를 입시로 생각한다면 사실 저는 여기서 강의할 자격이 없습니다. 저는 입시공부를 해본 적이 없습니다. 우리나라에서 고등학교도 가고 대학교도 다니고 외국에 8년 유학도 했지만, 입시공부를 해서 어떤 과정에 들어가본 적이 없기 때문에 어떻게 원하는 학교에 들어갈 것인지를 두고 도움이 될 만한 이야기를 들려드릴 수가 없습니다. 저는 대학을 네 군데(고려신학대학, 한국외국어대학교, 벨기에 루뱅 대학교, 암스테르담 자유대학교)를 다녔고, 네 군데(네덜란드 국립 레이든 대학교, 계명대학교, 서강대학교, 미국 미시간 칼빈 칼리지)에서 적어도 1년 이상을 가르쳤습니다.

저는 서울에서 400킬로미터나 떨어진 저 남쪽 시골에서 고등학교를 다녔습니다. 대학은 아예 일반 대학에 갈 생각도 하지 않고 예비고사 통과하고 나서 곧장 신학대학으로 갔습니다. 신학대학에서 공부하다 보니 네덜란드의 개신교 신학에 흥미를 갖게 되었고, 네덜란드로 유학을 가야겠다는 생각을 하게 되었습니다. 그러자면 네덜란드어를 알아야 되겠기에 신학대학을 중퇴하고 한국외국어대학 화란어(네덜란드어)과로 갔습니다. 지금도 그렇지만 네덜란드어를 배울 수 있는 유일한 곳이 그곳이었어요. 그곳에서 제 평생 은사이신 손봉호 선생님을 만났습니다. 벌써 선생님을 만난 지 41년이나 됐습니다.

따라서 저는 '공부는 이렇게 하는 것이다'라고 무슨 도움이 될 만한 이야기를 할 자격이 없습니다. 그럼에도 여기에 선 것은 '사교육걱정없는세상'의 두 대표님을 평소 잘 알고 있었고 그분들이 하는 수고에 대한 감사와 미안한 마음이 늘 있었기 때문에 강의를 거절하지 못하고 이렇게 나와 섰습니다.

오늘 저는 크게 세 가지를 말씀드릴 겁니다. 첫째, '우리 삶 자체가 공부다'라는 주장을 하고, 둘째, 우리 삶 자체가 공부라면 가장 기본적인 공부는 무엇이겠는가를 물어볼 것입니다. 저는 그 공부가 인문학이라고 생각하는데, 인문학이 왜 필요한지 물어볼 것입니다. 셋째, 어떻게 공부할 것인가. 지금까지 해온 공부에 문제가 있다면 무슨 문제가 있는지, 생각해보겠습니다.

삶 자체가 공부다

아마 6~7년 전 일인 것 같습니다. 우리 아이들하고 저하고 새벽 3시까지 논쟁을 한 적이 있습니다. 밤 11시쯤 아이들끼리 음악을 듣고 있다가, 유튜브를 통해서 전 세계에 알려진 당시 중학교 2학년생 기타리스트가 화제에 올랐습니다. 우리 작은아이가 "저 아이는 공부 안 해도 되겠다"고 부러워하더군요. 그게 무슨 뜻인지는 알았지만, 제가 되받아 질문했죠. "왜 공부 안 해도 되냐? 학교 공부만 공부냐?" 그래서 새벽 3시까지 큰아이까지 가세해서 토론이 붙었습니다. 토론을 하면서 아이들과 제가 가진 공부에 대한 개념이 많이 다르다는 사실을 발견했어요. 물론 다른 계기를 통해서도 많이 느끼지만, 우리 아이들이 생각하는 공부가 철저히 학교 공부, 그것도 시험 치기 위한 공부이고 그

밖의 다른 것은 일체 공부라고 생각하지 않는다는 겁니다. "그건 아니다. 우리 삶 자체가 공부 아니냐"고 주장했는데, 아이들은 아니라는 거예요.

왜 우리 삶 자체를 공부라고 하느냐? 생각을 해보십시오. 아기가 태어나 "앵" 하고 울고 고개를 이리저리 돌리고 엄마 젖을 찾고 그런 것은 다 생략하더라도 어느 정도 기간이 지나면 걷겠다고 버둥거리기 시작하잖아요? 그 순간부터 아니, 태어나서부터 젖꼭지를 물고 젖을 빨고 하는 그 모든 것에서부터 사실상 공부가 시작된다고 생각합니다. 물건을 쥔다든지 물건을 찾는다든지, 말하는 것을 배우는 그 과정이 사실상 모두 공부죠.

칸트가 〈교육학 강의〉라는 책에서 이런 이야기를 했어요. "사람은 교육을 통해서 사람이 된다." 사람에게는 하나님의 창조를 통해서 주어진 자연적인 소질이 있다고 칸트는 생각했어요. 이걸 독일말로 '나투어안라게Naturanlage'라고 하죠. 자연적으로Natur 사람에게 태어날 때부터 주어져 있는 것Anlage. 이것을 드러내는 것, 드러내어 제대로 기능하도록 만드는 것, 곧 계발하는 것이 교육입니다. 자연으로부터 받은 것만으로 사람이 되는 것이 아니라 자연으로부터 받은 것, 갖추어진 것을 인위적인 노력을 개입해 드러내고 발전시키는 것이 교육이고, 그것을 통해서 사람이 비로소 사람이 된다는 말입니다. 인위적으로 드러내는 작업, 즉 '계발한다, 드러낸다'고 하는 것을 독일말로 '쿨투어Kultur'라고 합니다. 우리말로 '문화'라고 번역해서 사용하죠. 칸트는 이 '쿨투어', 곧 문화가 "인간을 위한 학교"라고 말합니다. 인간을 교육하고 인간을 만들어가는 과정이라는 말이지요. 그런데 글을 공부하고, 책을 읽고 선생님에게 배우기 전에 아이가 어머니 뱃속에서—우리가 태교라는 말을 쓰니까요—그리고 세상에 태어난 순간부터 하는 모든 행동이 사실상 공부와 관련된다고 저는 생각합니다.

'공부'가 무슨 뜻입니까? 한자로는 '工夫' 또는 '功夫', 이렇게 두 가지로 쓰는데, 이 글자 뜻이 무엇입니까? 아마 가장 쉽게 풀자면 '힘쓰다'라는 말이 될 것입니다. '힘쓰다' '애쓰다' '노력하다'. 중국말에서는 이것이 나중에 전의돼서 '해도 쓸데없다' '허망하다'라는 뜻으로도 쓰입니다. 중국말로는 '꽁푸'라고 발음하죠, '꽁'이나 '푸'나 중국말로는 모두 일성입니다. '공부' 또는 '꽁푸'는 말뜻만 가지고 말한다면 '힘쓰고 애쓰는 것'이라고 말할 수 있습니다. 그러니 '공부한다'는 건 쉬운 일이 아니죠.

윌리엄 암스트롱이 쓴 책이 우리말로 번역돼 있는데, 영어 제목이 'Study Is Hard Work'입니다. '공부는 어려운 일이야.' 그런데 이 말은 마치 "원은 둥글다"라고 말하는 것과 같아요. 우리말 '공부'뿐만이 아니고 우리가 '공부'라고 번역하는 영어의 'study'도 어렵다는 말과 관련됩니다. 'Study'는 라틴말 '스투디움studium'에서 온 말인데 동사가 '스투데오studeo'입니다. 영어의 '스튜던트student', 프랑스어의 '에튀디앙édudient'도 이 어휘와 관련된 말인데요, 라틴말 '스투데오studeo'는 영어로 풀면 'to do effort'예요. '노력한다'는 말입니다. 희랍어에는 '제테오zēteo'가 있습니다. 명사로는 '제테시스zētesis'입니다. '찾음' '탐구' '연구' '공부' 등을 뜻합니다.

다른 말 하나 더 볼까요? 〈구약성경〉은 히브리어로 쓰여 있는데요, 제가 삶의 요절要節처럼 삼고 사는 구절이 〈전도서〉 12장 12절입니다.

"책을 쓰는 것은 끝이 없고 많이 공부하는 것은 몸을 피곤케 하느니라." 제가 나이 오십 넘어서부터 전도서를 계속 읽었는데, 이 구절이 나오면 조금 쉽니다. 거의 끝에 다 왔으니까요. 여기에서 '공부'라는 말이 히브리어로 '라하그ꭗꞏ'란 말인데요, 이 말이 원래 '힘들다'는 뜻을 가진 말입니다. 그러니까 공부는 쉬운 게 아니에요. 여러 말들이 공부와 관련해서 말할 때는 '어렵다' '힘들다' '애쓴다'는 말을 떠올리도록 되어 있습니다. 공부는 힘든 겁니다. 힘들여서 애써서 집중해서 하지 않으면 안 되는 게 공부입니다.

그런데 인생은요? 인생은, 삶은, 그냥 적당히, 쉽게 살아도 되는 거 아니잖습니까? 아기가 엄마 젖을 찾고 젖을 누르고 자기가 필요한 걸 빨아들이는 동작에서 뭘 쥐는 동작, 사물을 보고 그것을 잡으려고 기어가는 동작, 기는 것, 배밀이하는 것, 뒤집는 것, 걷기 시작하는 것, 그 모든 것이 얼마나 힘들고 애쓰는 과정입니까?

제가 피아제를 몇 년 동안 공부하면서 수십 권의 책을 읽었지만 피아제에 대해선 글을 쓴 게 아직 없습니다. 그런데 피아제를 공부할 때는 제게 아이가 없었습니다. 1980년대 초반에 암스테르담에서 살던 한국 사람들은 지금도 옛날에 제가 교민들 집에 찾아가면 애들 데리고 놀던 일을 기억해요. 제가 애들을 좋아서 데리고 논 게 아니라 피아제 이론이 진짜 맞는지 안 맞는지 실험해보려고 그랬습니다. 애들한테 물체 개념이 있는가, 없는가? 그래서 남의 애 데려다놓고 물건을 보여줬다가 수건을 싹 덮어버리면 일정한 나이까지는 없어진 줄 알고 다가오지 않고 딴 짓 하고 놀아요. 그런 걸 여러 번 해본 적 있어요. 그런데 피아제가 어린아이의 인지 발달 과정을 서술한 것을 보면 일종의 전쟁이고 투쟁이에요. 배우려는 과정, 내 몸을 적응시키고 다시 바깥 것을 내게 조정하고, 영어로 말하면 'assimilation(동화)' 'accommodation(적응)'을 끊임없이 지속적으로 해가면서 일종의 '구조structure'가 형성되는 과정을 피아제가 이야기하잖아요. 그 모든 과정이 공부, 애쓰고 힘쓰는 거죠.

몇 가지 언어를 얘기했는데, 영어뿐만이 아니고 프랑스어에도 '에튀드étude'라는 말이 있고, 더욱이 그것이 하나의 일이 되고 노력이 될 때 쓰는 '트라바이유travail'도, 보통 '일'이라고 번역하는데, 이건 원래 '고문'과 관련된 말입니다. 독일어에서 '일하다' '공부하다'를 뜻하는 '아르바이텐arbeiten'도 원래 노예·종살이arba와 관련된 말입니다. 이렇듯 공부와 관련된 어휘들은 한국말이나 서양말이나 다 '애쓰고 힘쓰고 힘들다'라는 뜻을 갖습니다. 저는 이게 '삶이 곧 공부다' '우리의 삶 자체가 공부다'라고 할 때 첫째로 주목해야 할 사항이라고 생각해요.

저는 여기서 그치지 않고 둘째 과정이 있다고 봐요. 이 과정은 숙달되고 익숙해지는 단계입니다. 아기들이 처음에는 뭔가를 잡고 걷다가 한 살쯤 되면 뒤뚱뒤뚱 걸어요. 거기서 조금 더 숙달되면 걷는 것 별로 신경 안 쓰고 그냥 자기 하고 싶은 거 하잖아요. 공부도 처음에는 애쓰고 힘쓰고 힘들게 하다가 어느 정도 숙달되면 별로 신경 쓰지 않는 단계에 들어가요. 배우고 연습하는 과정을 통해서 숙달이 되고, 숙달이 되면 그동안 애쓴 결과가 무의식적으로, 거의 자동적으로 이루어지죠. 여러분 영어를 오랫동안 배우셨잖아요. 영어가 어느 정도 숙달되면 그다음부터는 영어 생각 안 하거든요. 영어를 생각하고 말하면 항상 틀립니다. 그래서 농담으로 그러죠. '외국어 할 때는 맥주 한 잔 마시고 하면 잘한다.' 문법이나 단어에는 전혀 신경을 쓰지 않고 말할 내용만 생각하면 오히려 외국어가 잘 나오는 경험을 하지 않습니까? 공부를 한다는 것은 애쓰고 힘써서 노력은 하되, 학습 과정을 거칠수록 거의 무의식화·자동화·습관화되어서 마침내 힘이 거의 들지 않게 되는 것입니다.

공부가 어느 정도 습관화되고 쉽게 되면, 이제 셋째 단계로 자신이 하고 싶은 것을 자유자재로 하게 됩니다. 사물을 본다든지, 말하기를 배우고 나면 그때 비로소 자기가 하고 싶은 공부를 할 수 있습니다. 악기를 배운다든지 외국어를 공부한다든지 아니면 어느 한 분야를 깊이 파고드는 것이지요. 대개의 경우는 평생의 업인 전문적인 공부를 하게 되지요. 일반적으로 우리가 학교에서 배우는 언어, 수, 신체에 관한 수많은 공부는 둘째 단계인 습관화되기까지 익숙해지는 것이고, 대학에 갈 단계쯤에 비로소 자기가 업으로 삼을 무언가를 하게 됩니다. 물론 예체능 교육은 훨씬 일찍 시작해야 합니다. 이렇게 배운 공부가 습관화되면 하나에 집중할 수 있는 능력이 생긴다고 할 수 있습니다.

퇴계의 〈자성록〉을 보면 율곡이 퇴계에게 보낸 편지가 있습니다. 그 가운데 율곡이 퇴계한테 공부하는 법에 관해서 "주일무적 수작만변主一無適 酬酌萬變"(하나에 집중해서 떠나지 않고, 만 가지 변하는 일에 대해서는 주거니 받거니 하면 되는 겁니까?) 하고 물은 것을 두고 퇴계가 인용하는 구절이 있습니다. '주거니 받거니'는 한문으로는 '수작酬酌'입니다. 우리말로는 '수작 부린다'고 하면 꾀를 부리고 음모를 꾸미는 것으로 생각하지요. 그런데 이 말은 원래 술잔을 받고酬 술을 붓는酌 것을 두고 쓰는 말입니다. 술잔을 주거니 받거니 하는 것처럼 여유 있게 삶의 모든 상황에 대처한다는 말입니다. 그러니까, 공부할 때는 한 가지, 곧 마음에 주목해서 집중하면서 일상의 여러 일들은 마치 술잔을 주고받는 것처럼 여유 있게 하면 되느냐고 율곡이 퇴계에게 물은 것이지요. 퇴계는 '아 그거 좋다'라고 답합니다. 이건 〈맹자〉에서 따온 구절인데요. 만일 우리 삶 전체, 모든 순간, 모든 게 다 공부라고 한다면 결국 이룰 수 있는 하나의 경지, 우리가 성장해갔을 경우에 도달할 수 있는 한 경지를 이런 방식으로 표현한 것입니다. 악기 연주든, 학생을 가르치는 일이든, 부엌에서 요리하는 일이든, 텔레비전을 보는 것이든 자기가 하는 일, 자기 전문 분야에는 집중하되 다른 일은 주거니 받거니 여유 있게 수작을 하는 것이 '삶이 곧 공부다'라고 할 때 마지막으로 도달할 수 있는 경지가 아닐까 생각합니다.

악기를 배우든 외국어를 배우든 물건을 만들든 집을 짓든 이 모든 과정에 동일하게 적용되는 것이 있습니다. 제일 먼저 들 수 있는 것이 알고자 하는 마음입니다. 일종의 호기심, 지적 호기심이지요. 호기심은 어린아이들의 특징이기도 하죠. 부모들이 대개 억눌러서 그렇지 호기심 없는 아이가 어디 있습니까. 이 부분과 관련해서 볼 수 있는 게 탐구정신이겠죠. 호기심과 탐구정신을 갖는 것, 여러 수단과 방법을 통해서 문제를 풀어나가고 문제를 제기하는 것, 물음을 갖고 문제의식을 갖는 것, 아주 민감하고 예민하게 마음 쓰는 것, 이를 통해 타인과 소통하는 것, 이 모두가 우리의 삶에 개입되는 것이 아닌가 생각합니다. 그런데 호기심, 탐구심, 문제의식, 민감하고 예민하게 마음 쓰는 것, 타인과의 소통 등은 우리 삶의 어떤 부분에나 필요한 것이 아닐까요? 공무원이 사안을 검토하고 다룰 때, 주부가 부엌에서 요리할 때, 목수가 집 지을 계획을 가지고 자재를 검토하거나 설계를 검토할 때, 이 모든 일에 개입된다고 생각합니다.

공부는 학교 공부에만 한정되는 것이 아니라 우리 삶 자체, 삶의 모든 순간, 모든 부분이 결국은 공부라고 저는 생각합니다. 우리 삶의 각 부분, 각 순간이 애써 노력하지 않고도 이루어질 수 있는 것은 하나도 없습니다. 이렇게 보면 "삶 자체가 공부다"라고 저는 말할 수 있지 않을까 생각합니다. 이것이 제 이야기의 첫 부분입니다.

인문학은 모든 공부의 기초

이제 제 이야기의 둘째 부분으로 넘어가보겠습니다. 만일 삶 자체가 곧 공부라면 그 가운데서 가장 기본적인 것, 기초적인 것이 무엇일까 생각해보았으면 좋겠습니다. 답부터 곧장 말하면 저는 인문학이라고 생각합니다. 요즘 한창 사람들이 많이 떠들고 있는 인문학이 여기에 어떤 자리를 가질 수 있는지 물어보는 겁니다. 인문학이 우리 삶에서 어떤 기능을 할 수 있고, 우리가 인문학에 어떤 기대를 걸어도 좋을까요?

요즘 인문학을 모르는 사람은 없는 것 같아요. 인문학 열풍이라 할 정도로 사람들이 인문학에 관심을 보이고 인문학 강좌도 여기저기에서 열리고 있습니다. 제가 2013년 가을에 수원시와 경기대학이 공동 주최한 모임에 가서 '이웃의 인문학'이라는 주제로 기조강연을 한 적이 있습니다. 우리에게 이웃이 누구인지 물어본 것이지요. 그때 수원시의 인문학 담당 과장이 점심을 나누면서 하는 얘기를 들었는데, 수원시만 하더라도 인문학 강좌가 3천600시간이라더군요. 엄청난 거죠. 경남 통영과 경북 영주가 교육부와 한국연구재단이 지원하는 '인문도시'로 지정되어 시민들이 인문학 강좌를 듣고 인문학과 관련된 활동들을 하고 있습니다. 다른 지역에도 인문학 강좌가 많이 있습니다. 대학에선 아직도 조금 찬바람인데 대중들은 인문학에 엄청난 관심을 갖고 있습니다.

'인문학'이 무엇입니까? '인문학'이라는 말이 번역어라는 사실을 먼저 인식하는 것이 저는 중요하다고 생각해요. 우리가 사용하는 많은 말이 사실은 19세기와 20세기에 등장한 번역어입니다. '교사'도 영어의 '티처teacher'를 번역하면서 제안된 말입니다. 유교 전통 시대에서는 '교사'라는 말을 쓰지 않았습니다. '학문'이라는 말도 마찬가지로 영어의 '스콜라십scholarship'이나 '러닝learning'의 번역어로 채택된 말입니다. 중국 고전에 '박학심문博學深問'이라는 말이 있어요. 그 말에서 가져온 것입니다. 흔히들 사용하는 존재存在, 자유自由, 평등平等, 시간時間, 공간空間, 의식意識, 책임責任, 의무義務라는 말도 모두 번역어입니다. '존재'라는 말이 얼마나 오래됐을까요? 아주 오래된 말 같지만 사실 그렇지가 않습니다. 존재라는 말은 제가 확인한 바로는 1871년에 처음 등장했어요. 어디에서? 일본에서요. 일본에서 '佛和프랑스-일본어사전'을 만들면서 '에트르être' 동사—영어로는 'be', 독일어로는 'Sein'—를 설명하면서 일본어 '아루ある'라는 말과 나란히 '손자이存在', 즉 존재란 말을 썼어요. 사전에 처음 등장한 말입니다. 어떤 철학자는 나중에 이 말에 의미를 부여해서 '존存'은 시간적으로 있는 것이고, '재在'는 공간적으로 있는 것이라고 '존재'를 설명하기도 했습니다. 둘 다 사실은 있다는 말이지요. 중국에서도 이제는 이 말을 도입해서 사용하고 있습니다.

'시간' '공간'이라는 말은 니시 아마네西周라는 일본 사람이 번역해서 처음 쓴 말입니다. 1862년 일본 막부에서 니시 아마네를 포함해 열다섯 명을 네덜란드로 유학을 보냈습니다. 니시 아마네는 1868년 메이지明治유신이 일어나기 전에 란가쿠蘭學, 즉 네덜란드학을 공부했던 사람입니다. 1600년에 일본과 네덜란드가 국교를 맺었습니다. 일본 사람들이 나가사키 앞의 데시마라는 곳에 화란 사람들의 거주지를 만들어두고 서양 문물을 받아들였습니다. 처음에 받아들인 문물 중의 하나가 베살리우스Vesalius의 〈인체해부도〉였습니다. 그래서 일본 사람들은 베살리우스의 책을 번역해서 인체 구조를 상당히 일찍 알게 되었습니다. 당시 우리나라에는 해부학이 없을 때였죠. 네덜란드에서 들여온 과학 기술, 의학, 기하학 등을 공부하는 전통을 일본에서는 란가쿠라고 했는데, 니시 아마네는 그 전통 속에서 자란 사람입니다. 화란으로 간 사람들 가운데 열한 명은 해군전술학을, 두 명은 의학을, 두 명은 법학과 철학을 공부했습니다. 이들이 돌아와서 아주 중요한 역할을 합니다. 주로 번역 작업을 했는데 니시 아마네는 영어의 time을 '시간'으로, space를 '공간'으로 번역했습니다. 그 이전에는 시간, 공간이라는 말이 이 땅에 없었습니다. '의무' '책임'도 니시 아마네가 고안한 번역어입니다.

우리가 쓰고 있는 아주 핵심적인 어휘들이 그 뒤로 번역되었는데,

'인문학'도 이런 번역 작업의 소산입니다. 그런데 누가 처음 '인문학'이라는 말을 썼고 어떤 과정을 통해서 전파되었는지 밝혀진 것은 아직 없습니다. '철학哲學'이라는 말도 앞에 얘기한 니시 아마네가 한 번역인데요, 사실 이 말만 듣고는 '철학'이 무엇을 공부하는 학문인지 알 수가 없습니다. 예컨대, 정치학政治學을 보십시오. 정치가 무엇인지는 잘 몰라도 '정치학'이란 말을 들으면 정치를 공부하는 학문이라고 이해하잖아요? 경제학經濟學은 경제를 공부하는 것이고 수학은 수를 공부하는 것이라고 대개 이해하지 않습니까? 그렇다면 철학은 '철'을 공부하는 것입니까? '철哲'이 뭡니까? 사람들은 이걸 '철鐵'로 오해해서 (물론 농담입니다만) 철학과를 '문과대 금속공학과'라고 말하는 경우도 있습니다. 이 말이 어려운 이유는 이중압축이 되어서 그렇습니다. 마치 '멘붕'과 같아요. '멘'도 귀찮다고 떼어버리고 그냥 '나 붕이야' 하는 꼴이 '철학'입니다. 왜냐하면 니시 아마네가 '철학'이란 말을 번역할 때 썼던 표현이 '희구철지학希求哲智學'이었습니다. 이게 너무 길잖아요. 그래서 이게 '멘탈 붕괴'를 '멘붕'이라 하는 것처럼 '희구철지'에서 '구'와 '지'를 떼어내버리고 여기에 '학'을 붙여 '희철학'이라고 하다가 마치 '멘붕' 하다가 그냥 '붕' 하는 것처럼 '희'가 달아나고 그냥 '철'만 남아 '철학'이 된 것입니다. '인문학'도 이처럼 일본에서 19세기 중후반에 서양 학문 용어들을 번역하면서 출현하기 시작한 여러 말 가운데 하나라는 것을 분명하게 인식할 필요가 있습니다.

그렇다면 인문학은 어떤 말을 번역한 것일까요? 크게 두 가지가 있습니다. 하나는 영어로 '더 휴머니티스the humanities'라고 하는 말과 관련이 있고 또 하나는 영어로 하자면 '리버럴 아츠liberal arts'와 관련이 있습니다. 그런데 이 두 말은 전통이나 뜻이 각각 다릅니다. 십 수 년 전만 해도 '더 휴머니티스'가 인문학을 가리키는 말이라는 걸 아는 사람들이 거의 없었습니다. 대개는 '리버럴 아츠'를 인문학으로 오해했지요. 지금도 우리나라 대학에서 '인문대학' 또는 '문과대학'을 영어로 'College of Liberal Arts'라고 표기하는 데가 많아요. 이건 잘못된 것입니다. 엄밀히 말해서 '리버럴 아츠'는 '인문학'이 아닙니다. 인문학과 자연학, 다시 말해 문과적인 학문과 이과적인 학문, 곧 '문리과'라고 하는 것이 아마 가장 가까울 겁니다.

영어의 '리버럴 아츠'는 라틴어 '아르테스 리베랄레스artes liberales'를 영어로 번역한 겁니다. 어떤 한 어휘, 어떤 한 개념의 의미를 아는 방법 가운데 한 가지가 무엇인지 아세요? 반대말을 아는 겁니다. '리버럴 아츠'는 문자 그대로 '자유로운 기술, 기예'라는 뜻입니다. 그런데 반대말은 '서바일(또는 서빌) 아츠servile arts', 라틴어로는 '아르테스 세르빌레스artes serviles'라고 하는 겁니다. '세르빌레스'는 라틴어 '세르부스servus', 곧 '종從'이라는 말에서 온 말입니다. 그러니까 '아르테스 세르빌레스'는 종의servus 기술 혹은 기예artes라는 뜻이지요. '아르테스 리벨랄레스', 영어로 '리버럴 아츠'는 바로 이 '종의 기술'과 반대되는 말입니다. 그러면 어떤 기술이 '종의 기술'입니까? '종의 기술'은 어떤 것을 위한 기술을 말합니다. 즉 '수단이 되는 기술'이란 말입니다. 예를 들어서 옷 만드는 기술이나 빵 굽는 기술은 옷을 만들고 빵을 굽는 데 사용하는 기술입니다. 다른 말로 '메커니컬 아츠mechanical arts', '기계적 기술'이라고 하는 것이지요. 특정한 목적을 위한 수단이 되는 기술입니다. 중요한 특징은 '유용성'입니다. 특정한 목적을 달성하는 데 유용한 기술, 그것이 '아르테스 세르빌레스', 곧 종의 기술입니다. 그리고 이런 기술들은 '사람됨'과 무관합니다. 빵을 굽거나 옷을 입는 것은 영양을 섭취하고 추위를 피하는 데는 도움이 되지만 사람됨 자체와는 무관한 기술이거든요. 이것에 대비해서 보면 '리버럴 아츠', 곧 '자유로운 기술'은 '그 자체가 목적'입니다. 무엇을 하기 위한 것이 아니라 그 자체로 유용성, 그 자체로 유익한 것이라는 뜻이 있습니다. 그런데 여기서 중요한 것은 이러한 기술을 말할 때는 '리베랄리스liberalis'를, 복수형으로 'artes'와 연관해 쓸 때는 '리베랄레스liberales'를 붙인 겁니다. 로마나 그리스 전통에서 사람의 사람됨과 관련해서 무엇보다 '자유'를 생각했습니다. 무엇에 얽매이지 않고 스스로 판단하고 스스로 생각하는 능력을 최대한 계발해줄 수 있는 '아르스ars'(복수로는 아르테스artes), 우리말로 '기술' '예술' 또는 '학예'를 생각한 거죠.

그렇다면 무엇이 그 자체 목적이면서 동시에 사람을 사람 되게 하고, 사람을 자유롭게 하는 공부일까요? 다시 묻자면 '아르테스 리베랄레스', 영어로 '리버럴 아츠'의 내용이 무엇입니까? 트리비움trivium과 쿠아드리비움quadrivium입니다. 트리tri는 3이란 말이고, 비움vium은 길이라는 말과 관련이 있습니다. 쿠아드리quadri는 4이고요. 그러니까 세 가지 길과 네 가지 길, 우리나라에서는 3학예·4학예 또는 3과·4과 이런 말로 번역해 쓰지요. 그런데 3과는 소리vox와 관계되고 4과는 사물res과 관련됩니다. 소리와 관련된다는 것은 달리 말하면 문文과 관계되고, 사물과 관계되는 것은 리理와 관계됩니다. '문'과 '리'의 기술이지요. '문'은 예를 들어 사람이 옷감이나, 그릇에 새기는 무늬입니다. 자연 자체가 가지고 있기보다는 사람이 자신의 감정과 느낌과 생각을 표현한 것이 '문', 곧 무늬입니다. '리'는 예컨대 옥玉이나 나무가 스스로 그 안에 지니고 있는 '결'입니다. 사물 자체에 내재된 구조요, 패턴이요, 형태인 셈입니다. 나무를 다룰 때, 옥을 다듬고 돌을 다듬을 때 결을 따라 하는 것이 중요합니다. 결을 무시하면 원하는 형태를 만들 수 없지요.

그러면 사람이 사람으로 살면서 자신을 표현하고 타인과 소통할 수 있는 길, 곧 방법이 무엇입니까? 사람이 사람으로 자유롭게 활동하고 교류하려면 말을 할 줄 알아야 하고 글자를 읽고 쓸 수 있어야겠지요? 그런데 글자를 알고 말만 잘하면 되는 건 아니겠죠? 생각도 해야 하지 않겠어요? 그래서 그리스 로마 전통에서는 사람을 사람답게 교육하는 데는 제대로 읽고 쓰고(문법), 제대로 말하고(수사학), 제대로 생각하는 법(논리학)을 가르쳤던 것이지요. 문법과 수사학과 논리학이 신학이나 법학, 의학을 하기 전에 기초적으로 갖추어야 할 소양이라 생각한 것이지요. 이것이 삼과三科입니다. 사과四科는 '사물'과 관계된 것으로 수를 다루는 산수, 도형을 다루는 기하학, 그리고 별을 다루는 천문학, 조화와 균형을 다루는 음악이 있습니다. 이것들은 사물의 구조와 패턴, 형태를 다루는 것, 곧 사물의 결理과 관계된 것으로 요즘 말로 하자면 자연과학적인 훈련이라 할 수 있습니다.

서양의 대학에서는 첫 2년 내지 3년을 지금까지 말한 삼과와 사과 곧 '리버럴 아츠'를 공부한 다음 4년째나 5년째 가서 비로소 법학이나 신학 아니면 의학을 공부했어요. 중세 대학과 근대 대학에는 전반적인 교육을 하는 '리버럴 아츠'가 토대 역할을 하고 그다음에는 전문직과 관련된 공부를 하는 법학부, 신학부, 의학부가 있었습니다. 그래야 '대학'이라는 이름에 어울리는 조직이 될 수 있었던 것이지요. 전문직을 다루는 세 학부는 어떤 의미에서는 병과 관련됩니다. 육체의 질병을 다루는 의학, 사회의 질병을 다루는 법학, 영혼의 질병을 다루는 신학을 공부한 사람이 고급 직업 전선에 나가게 되었던 것이지요. 어떤 직업을 갖든 자유로운 인격체로서 사람이 성장하려면 문법·수사학·논리학(삼과)과 산수·기하학·천문학·음악(사과)을 공부해야 한다고 생각했던 것이지요. 왜 음악이 여기 포함되는지 궁금할 텐데요, 동서고금 전통은 다 같이 영혼의 안정, 영혼의 조화를 위해서 음악을 강조했습니다. 음악의 가장 중요한 기능은 영혼을 다스리는 데 있다고 해서 플라톤이나 아리스토텔레스, 공자 모두 음악의 멜로디를 쉽게 바꾸지 못하도록 했습니다. 멜로디를 바꾸면 인간의 도덕적 심성에 커다란 영향을 준다고 생각했기 때문이지요. 음악은 조화, 하모니의 학문이라고 옛날 사람들은 생각했던 거죠. 이 일곱 과목을 가장 기초적으로 공부했어요. 문文과 리理를 다 했습니다.

그런데 오늘 우리 교육을 보십시오. 초·중·고등학교에서부터 문과·이과를 나누는 것은 재앙입니다. 이걸 빤히 알면서도 못 바꾸는 이유는 과목이기주의 때문이라고 저는 봅니다. 문과, 이과 없애야 합니다. 모든 사람이 무슨 학문을 하든 어떤 분야로 나아가든 인문적 요소와 이과적 요소, 다시 말해 '리버럴 아츠'를 공부해야 토대가 제대로 형성됩니다. 우리나라에서는 '리버럴 아츠'라면 교양과목 정도, 아니면 인문학 정도로 이해하는데 사실 그렇지 않습니다.

사람의 자기 발견,
사람의 무늬를 읽는 것이 인문학

이제 '더 휴머니티스The Humanities' 얘기를 하겠습니다. '휴머니티스Humanities'는 라틴말 '스투디아 후마니타티스studia humanitatis'라고 부르는 것을 영어로 번역한 데서 유래했습니다. '인간성에 대한 공부' 정도로 번역할 수 있겠지요. 키케로가 한 표현인데 이걸 유행시킨 사람은 콜루지오 살루타티라는 이탈리아 피렌체의 재상입니다. 메디치 가가 등장하기 직전 피렌체의 재상을 지낸 사람이죠. 여기서 강조하는 게 고전 공부입니다. 고전 공부는 라틴어와 희랍어로 쓰인 문학과 역사와 철학 텍스트를 공부하는 것이지요. 철학은 여기서 자연철학이나 형이상학 같은 이론적인 철학보다는 "어떻게 살 것이냐?"라는 물음을 생각하고 답하는 철학, 곧 도덕철학이지요. 이런 것들을 공부하는 것을 '스투디아 후마니타티스', 곧 인문학이라고 이름 붙였던 것이지요. 이른바 '르네상스 휴머니즘'이란 다른 것이 아니라 고전 연구를 통해서 인간의 삶의 길을 찾고 그것들을 표현하고 가르치고자 하는 노력입니다.

이런 유의 '휴머니즘'은 오늘날 이야기하는 '세속적 인본주의' '인간중심주의'와는 거리가 아주 멉니다. 르네상스 휴머니즘은 희랍어와 라틴어로 된 고전 문헌 연구라고 하면 가장 가까운 이해가 될 것입니다. 굳이 번역을 하자면 '르네상스 인문주의'라고 할 수 있겠지요. '인본주의'라든지 '인간중심주의'라고 하는 건 옳은 번역이 아니에요. '휴머니즘'이란 1800년 초반에 독일어 '후마니스무스Hunamismus'라는 말로 역사상 처음 등장했는데, 이제 한 200년밖에 되지 않았습니다. 이때도 '휴머니즘'은 고전 연구를 두고 붙인 말입니다.

르네상스 휴머니즘의 효시로 중요하게 주목받는 인물이 앞에서 말한 살루타티가 영향을 받은 프란체스코 페트라르카Francesco Petrarca라는 작가입니다. 작품을 읽지는 못했더라도 이름은 기억하실 거예요. 그의 작품 가운데 1336년 4월 26일에 쓴, 영어로 번역하면 〈The Ascent of Mont Ventoux〉라는 작품이 있습니다. '방투 산 등정기' 정도로 번역할 수 있는 글입니다. 파리 대학에 있는 친구한테 보내는 편지 형식의 글입니다. 방투 산은 1천900미터가 넘는 높은 산인데, 당일에 갔다 온 걸로 봐서 중턱이나 고지에서 시작했던 것 같아요. 페트라르카는 자기 형과 종 두 명을 데리고 방투 산 꼭대기에 올라갑니다. 나무하러 간 것도 아니고 싸우러 간 것도 아닌 그냥 산에 오르고 싶어서 오른 첫 번째 경우입니다. 그래서 알피니스트들의 원조라고 이야기하죠. 산에 오르기 위해 산에 오른 최초의 사람이라고 생각했기 때문입니다(물론 정말 페트라르카가 첫 번째 사람인가는 논란이 있습니다). 이 편지를 보면 이런 이야기가 나옵니다. 자기가 산 정상에 서서—여기가 알프스의 한 부분이죠—아래를 내려다봅니다. 얼마나 웅장하겠습니까. 이때가 4월 26일이니까 눈이 녹기 시작했을 테고요. 그래서 산 아래로 보이는 강이며 계곡에 경탄을 하다가 문득 배낭에 넣어 온 책을 생각했어요. 그 책을 끄집어냅니다. 그래서 아무 데나 펼쳐 듭니다. 그리고 읽기 시작해요. 거기 쓰여 있는 내용은 이렇습니다. "사람들은 여행하는 중에 높은 산이나, 엄청난 파도가 넘실대는 바다나, 아주 큰 강이 넓은 평야를 굽이굽이 흐르는 모습이나, 대양의 조류나, 별들이 운행하는 광경을 보고는 경탄을 금하지 못하면서도, 정작 자기 자신은 까맣게 잊고 지내는 경우가 많습니다." 아우구스티누스의 〈고백록〉에 나오는 구절입니다. 거기서 '아하!' 한 거예요. 발견의 기쁨보다는 아마도 충격에서 온 당혹감이 더 크지 않았나 생각해요. 자연을 감상하기 위해 그 높은 산에 올라가서 자연에 경탄하다가 오히려 자기 자신이야말로 놀라운 존재인 것을 발견한 것이지요. 책을 통해서, 책을 읽는 것을 통해서 말이지요.

아우구스티누스가 하고 싶었던 말은 〈참된 종교〉라는 글에 더 분명하게 나타나 있습니다. 이 책에는 라틴어로 이렇게 쓰인 구절이 있습니다. "Noli foras ire, in te ipsum redi. In interiore homine habitat veritas." "밖으로 나가지 마라. 그대 자신 속으로 돌아가라. 인간 내면에 진리가 거하신다." 밖으로 나가기보다 자신을 돌아보라는 충고를 페트라르카는 듣고 하산합니다. 역사가들은 르네상스 인문학이 이때 탄생했다고 말합니다. 이때 말하는 인문학이 무엇이겠습니까? 중요한 매개는 물론 쓰인 글이고 책입니다. 아우구스티누스의 〈고백록〉이 매개 역할을 했습니다. 그런데 내용은 자기 발견입니다. 인간의 자기 발견, 영혼의 발견, 나 자신이 누구인가, 라는 물음의 발견이 인문학의 '시작', 굳이 희랍어로 하자면 '아르케archē', 라틴말로는 '프린키피움principium'입니다. 물론 '나 자신'은 '말하는 존재'이고 '글 쓰는 존재'이고 '타인과 함께 살아가는 존재'입니다. 그러니까 인문학에서는 자기 인식과 타자 인식이 중요합니다. 자기 자신을 발견하는 공부 가운데 페트라르카는 문학·역사·철학·예술·논리학 등을 중요하게 생각했습니다. 이른바 '페트라르카 인문학'이라는 전통이 형성된 것이지요.

　그러면 왜 서양의 '더 휴머니티스The Humannites'를 '인문학'이라고 번역했을까요? '인문학'이 한자를 사용하는 우리 동아시아(한국, 중국, 일본) 전통에서는 어떤 의미가 있을까요? 20년 전만 해도 학자들은 '인문과학'이란 말을 더 많이 썼습니다. 그러다 10~15년 전부터 '인문학'이란 말을 좀 더 많이 쓰기 시작했지요. 그런데 순전히 동아시아 전통에서 보자면 '인문학'은 어떤 뜻을 담고 있을까요? 앞에서 말한 것처럼 '인문학'은 서양말을 번역할 때 사용되었습니다. 그런데 '인문'이란 말은('인문학'이란 말은 없었지만) 이미 있었던 말입니다. 중국 고전 가운데 어디에 '인문'이란 말이 나올까요? 사서삼경이라 할 때, 삼경 가운데 〈역경易經〉이라는 책이 있습니다. 이 책에는 64괘를 설명하는 부분이 있는데, 그 가운데 산화비山火賁라는 이름을 가진 괘가 있습니다. 산화비괘는 산이 불 속에 담겨 있는, 산이 불타는 형상을 나타낸 괘입니다. 위의 간艮괘가 산을 뜻하고요, 아래 리離괘가 불이죠. 우리 태극기에 다 나오지요? 불이 타오르는 산 모양을 하고 있는 괘이지요. 겉으로 보면 광채가 나고 영화롭게 보입니다. 그런데 이 괘를 설명하는 부분에 이런 말이 나옵니다. '관호천문 이찰시변觀乎天文 以察時變', '천문을 보아라, 그것으로서 시절의 변화를 관찰하고', '관호인문 이화성천하觀乎人文 以化成天下', '인문을 보아라, 그것으로서 사람을 바꾸어 천하를 이룬다'. 여기서 천하는 오늘의 단어로는 '사회'란 뜻이겠죠. 여기에서 '천문天文'과 '인문人文'이 대구를 이루죠. 천문을 보면 시절의 변화, 곧 아침과 저녁, 봄여름가을겨울의 변화를 알 수 있고, 인문을 보면 사람을 변화시켜 사회를 만들 수 있다는 것이지요.

그러면 '인문'은 무엇이고 '천문'은 무엇인가요? 제가 강의할 때 '文' 자가 뭐냐고 물으면 대부분 학교에서 배운 지식을 가지고 '글월 문'이라고 그러거든요. 그렇게 해서는 뜻을 읽어낼 수가 없어요. 글자를 쓰기 전에 뭘 썼습니까? 쐐기문자, 설형문자 등을 썼잖아요? 그렇게 하자면 토기 같은 곳에다 새겨 넣어야 하잖아요? 그렇게 새겨 넣은 무늬가 문입니다. 그러니까 '관호천문'이라면 '하늘의 무늬를 보라', 하늘이 만든 무늬, 하늘이 한 표현을 보라는 것이지요. 하늘이 한 표현이 검고 어두우면 비가 오겠구나, 하늘이 만든 무늬가 아주 밝고 맑으면 날씨가 좋겠구나 알 수 있잖아요. 마찬가지로, '관호인문'은 '사람이 남긴 무늬를 보라'는 것입니다. 그걸 가지고 사람들을 바꾸어서 천하를 이룬다, 사회를 제대로 된 사회로 만들어간다는 것이지요. 사회를 만들어가는 데는 사람의 무늬人文를 알아야 한다는 거죠. 그러면 사람의 무늬가 무엇입니까? 어떻게 사람이 무늬를 만들어냅니까? 사람은 여러 방식으로 무늬를 만들어낼 수 있습니다. 소리로 만들 수 있고, 몸짓으로 만들 수 있고, 글로 드러낼 수 있고, 제사나 제의의 형태로도 할 수 있겠죠. 사람의 생각, 사람의 고통, 사람의 희망, 사람의 좌절…… 이런 것을 소리로 내면 음악이 될 것이고, 몸짓으로 하면 춤이 될 것이고, 글로 쓰면 시·소설·역사나 철학적인 것이 될 것이고, 제의적으로 표현하면 종교가 되지 않겠습니까? 이렇게 사람이 만들어낸 소리와 몸짓과 글과 제의를 제대로 파악하고 이해하여 사람들을 교육하면 천하를, 곧 사람이 살 만한 세상을 만들 수가 있다는 말입니다.

이 말, 이 '인문'이란 말을 동아시아에서는 서양의 '휴머니티스'를 번역하는 데 사용했습니다. 그러니까 예술, 종교, 문·사·철, 그리고 언어는 사람이 무늬를 만들고, 만든 무늬를 해석하고 이해하는 방식입니다. 공부를 한다면, 이것을 먼저 공부하지 않고 무엇을 공부하겠어요? 어떤 일을 하더라도 이런 공부가 가장 기본적인 공부라고 해야 하지 않겠습니까?

저는 인간의 삶에 주어진 삶의 일차적 조건은 시간과 공간이라고 생각합니다. 공간축과 시간축을 중심으로 우리 자신은 타자와 상호 관계를 맺으면서 살아갑니다. 따라서 나와 타인의 관계를 어떻게 볼 것인가가 사실은 굉장히 중요한 문제입니다. 현대 철학자들이 이 문제를 심각하게 논의하고 있습니다. 크게 두 유형만 잠시 이야기하자면, 첫째 유형은 나와 타인 사이에 어떤 본질적 관계도 없다고 주장하는 철학자들입니다. 나는 나고 타인은 타인이다, 각자 자기 삶을 사는데 왜 타인에게 관심을 기울여야 하는가. 둘째 유형은 내가 타인에게 관심을 기울이지 않으면 타인이 당할 억울함, 잔인함을 나도 당할 테니 그러지 않기 위해서라도 타인의 삶에 관심을 두는 게 좋다, 라고 주장하는 철학자들입니다. 첫째 유형의 대표적인 철학자가, 지금은 고인이 된 미국의 철학자 리처드 로티Richard Rorty입니다. 둘째 유형은 마르틴 부버Martin Buber나 레비나스Emmanuel Levinas처럼 타인이 나의 나 됨, 나를 나 되게 만드는 데 본질적으로 기여한다고 주장하는 철학자들입니다.

제가 대학 다닐 때만 해도 부버가 굉장히 인기가 있었어요. 이 사람이 1923년에 쓴 〈나와 너〉라는 책이 유명합니다. 그때는 대학생이라면 모두 읽어야 하는 책으로 알고 있었죠. 이 책에서 부버가 이렇게 말했어요. "Ich werde am Du." 즉 '나는 너에게서 내가 된다.' 그러니까 타자를 무시하고 타자를 배려하지 않는 삶에서는 나도 제대로 살 수 없는, 나도 존재하지 않는 삶의 형태가 만들어질 수밖에 없다는 거죠. 인간에게 가능한 가장 근본적 관계에는 '나와 너'의 관계와 '나와 그것'의 관계가 있다고 부버는 보았습니다. '나와 그것'의 관계는 거래 관계이고 '나와 너'의 관계는 만남의 관계입니다. 부버는 만남을 통해서 비로소 우리는 인간이 된다고 보았습니다. 이러한 것들이 우리 삶에서 아주 중요한 것이라고 저는 생각합니다.

알면 나를 바꿀 수 있고
바뀌면 즐길 수 있는 것이 공부

이제 제 이야기의 셋째 부분입니다. 그러면 어떻게 공부할 것인가? 당연히 이 물음이 생기지 않겠습니까? 주자朱子 이야기를 해보지요. 〈주자어류朱子語類〉에 이런 말이 나옵니다. '독서내학자제이사讀書乃學者第二事.' '책을 가지고 하는 공부는 배우는 사람에게 두 번째 일이다.' 책 읽는 것, 글공부가 최우선은 아니라는 말입니다. 그러면 그보다 앞서는 것이 무엇이 있습니까? 그게 바로 사람과 사람 사이의 관계입니다. 부모·형제·친구와의 관계, 그리고 집 안과 밖의 사람들과의 관계에서 마땅히 해야 할 것을 배우는 것이 먼저라는 것이지요. 말하자면 나와 너의 관계 형성, 부버 식으로 말하자면 만남과 만남에서 오는 관계를 배우는 것이 먼저라는 것이지요. 그리고 그다음 순서로 책을 가지고 공부해야 한다는 것을 주자는 강조했습니다. 유가 전통이나 서양 전통이나 다 같이 공부를 할 때 자기를 세우는 공부, 곧 위기지학爲己之學을 먼저 하라고 가르칩니다. 이와 대립되는 것이 위인지학爲人之學입니다. 남들에게 보이기 위한 공부, 말하자면, 일종의 스펙 쌓는 공부, 취직하거나 인정받기 위한 공부를 말합니다. 물론 주자는 이런 공부를 절대 하지 말라고 하진 않았어요. 〈주자어류〉를 보면 70퍼센트는 위기지학을 공부하고 30퍼센트는 위인지학을 공부하라고 했습니다. 입시도 있고 취직시험도 있으니 위인지학을 전혀 무시할 수는 없죠. 그러나 제대로 된 공부는 자기 자신을 쌓아가고 자기 자신을 형성하고 만들어가는 공부, 즉 위기지학이라고 했습니다.

그렇기 때문에 이러한 공부에는 어떻게 읽어야 하는가, 곧 독서법이 굉장히 중요합니다. 〈주자어류〉에는 책을 읽을 때 우선은 '평심', 즉 마음을 가라앉혀라. 둘째는 '허심', 마음을 비워라, 이런 것들을 강조합니다. 편견을 버리고 책 그 자체에 집중해서 읽으라는 뜻입니다. 곰탕 끓이듯 푹 끓이는 방식으로 숙독하라, 힘을 다해서 읽으라는 뜻에서 열독하라는 것도 강조하고 있습니다. 그리고 반드시 의문을 가지라고 주자는 말합니다. 물으라는 것이지요. 유교는 매우 권위주의적이고 전통주의적인데 의문이 허용되겠느냐고 물을 수 있겠지만 묻지 않고서는, 의심을 갖지 않고서는 공부를 할 수 없으니, 당연히 의심을 갖고 묻는 것을 강조하고 있습니다. 주자는 마치 독에 든 쥐를 잡듯이, 아군의 병영에 들어온 원수를 잡듯이, 피를 흘릴 때까지 붙잡고 씨름하라고 권합니다. 이와 비슷한 것이 서양 수도원을 통해서 내려오는 독서 전통인 '렉티오 디비나lectio divina' 전통입니다. 여기에서 중요한 점은 성경이나 영혼의 양식이 될, 자기를 세우는 데 음식이 되고 양식이 되고 젖이 될 만한 책은 읽고 읽고 또 읽되 소리 내어 읽는다는 것입니다. 동양 전통과 공통점이 있습니다.

현대 교육에서는 오히려 소리 내지 않고 읽는 '묵독silent reading'이 보편화되었습니다. 이 점이 고·중세 독서 전통과 근대 독서 전통의 차이입니다. 옛날 전통은 소리 내서 귀로 들으면서 읽는 거였어요. 시험 치기 위한 공부가 아니고 위기지학을 위한 공부였으니까요. 안중근 열사의 말이 있잖아요. "일일부독서一日不讀書면 구중생형극口中生荊棘," 즉 "하루에 한 번이라도 책을 읽지 않으면 입 안에 가시가 돋친다." 왜요? 소리 내서 읽었으니까 그렇죠. 만일 눈으로만 봤으면 눈에 눈꼽이 낀다 그래야지요. 눈으로 읽는 독서가 아니었어요. 옛날 사람들이 '부모들이 제일 듣기 좋아하는 소리가 집 안에서 나는 책 읽는 소리다'라는 말을 하잖아요? 책을 소리 내서 읽었기 때문이에요. 'auditory reading', 즉 귀로 듣는 청독이 아주 중요했어요. 두 번째는 이를 통한 묵상입니다. 묵상은 그냥 앉아서 눈 감고 생각하는 게 아니고 입으로는 계속 중얼거려요. 그렇게 해서 결국은 다 외웁니다. 중세 수도원 전통에서는 이렇게 외우는 것을 '루디멘타티오rudimentatio'라고 했어요. 되새김이에요. 영어로 '루디멘테이션rudimentation' 하면 소가 되새김질하는 것이잖아요. 다시 끄집어내어 씹고 또 씹는 방식의 공부를 뜻하는 것이지요. 이렇게 독서하지 않으면 피가 되고 살이 되지 않습니다. 여러분 생각해보세요. 지금 초등학교 6년, 중·고등학교 6년, 대학 4년 해서 16년을 그렇게 공부했는데, 그 지식 가운데 내 인격을 형성하고 내가 사람으로서 살아갈 수 있도록 힘을 주고 지혜를 주는 것이 얼마나 되는지. 시험 치고 버리고 시험 치고 버리는 것은 피와 살이 되는 지식이 아니에요.

자, 그러면 이런 방식의 공부는 구체적으로 어떻게 하는 게 좋을까요? 간단히 자전거 비유를 들어 설명하겠습니다. 자전거는 뭐 하려고 있는 겁니까? 타려고 있는 거죠. 그런데 대개는 자전거를 설명합니다. 자전거는 바퀴가 두 개고 체인으로 연결돼 있고 연결된 체인은 페달을 밟으면 힘이 전달되어 자전거가 앞으로 나아간다, 방향은 핸들로 조정한다, 계속 이러는 거예요. 그런데 이러는 동안 자전거를 탈 수 있습니까? 못 타죠. 자전거는 어떻게 탑니까? 올라타야죠. 타야 탑니다. 피아노도, 건반이 몇 개고 구조가 어떻고 아무리 설명해도 직접 치지 않으면 피아노 치는 법을 배울 수 없습니다. 피아노는 쳐야 칩니다. 그런데 우리의 교육, 우리의 공부가 자전거 세워두고 설명하고 배우고만 있는 거예요. 올라타지를 않아요. 올라타지 않기 때문에 자기 것이 안 되는 거예요. 자전거에 대한 정보는 충분히 가져요. 물론 필요하죠. 이 것 없이는 기본적으로 공부가 시작될 수가 없죠. 자전거인지 오토바인지 자동차인지 구별할 수 있어야 하고, 매뉴얼에 따라서 기본은 이해하고 있어야죠. 그런데 아무리 수많은 정보를 가진다 해도, 그 정보는 나를 바꿀 수도, 내가 써먹을 수도 없어요. 그럼 어떻게 해야 해요? 자전거를 타려면 정보만 충분히 갖는 게 아니라 올라타야죠. 굳이 말을 붙이자면 프랙티스practice, 실습·훈련·실행을 통해서 배워야지요. 미국의 철학자 존 듀이John Dewey가 이런 말을 붙였죠. 'learning by doing', 함으로써 배우는, 행동, 행함을 통해서 배우는 거죠. 인생 공부도 수많은 책을 읽어 수많은 정보를 가지고 있다고 되는 게 아니잖아요. 인생 공부 역시 프랙티스하는 거죠. 올라타고 넘어져서 팔도 다치고 그러면서 자전거 타는 법을 배우는 것처럼 인생 공부도 연습하고 훈련하고 넘어지고 깨지고 하면서 자신의 부족함을 깨닫고 다시 배우고 또 배우는 거죠.

그런데 우리가 공부하는 목적이 단순히 정보만 가지고 프랙티스하는 것은 아니에요. 프랙티스를 하면 사실 무슨 일이 일어날까요? 결국 내가 바뀌죠. 자전거에 대한 정보를 공부하면 말하는 사람으로 그쳐요. 자전거와 내가 아무런 연관이 안 되거든요. 자전거가 대상화된 상태예요. 그런데 실제 연습을 통해 자전거를 타게 되면 뭐가 바뀌느냐. 내가 자전거를 탈 수 있는 사람으로 바뀝니다. 자전거를 보는 사람에서 자전거를 타는 사람으로 바뀌는 거죠. 피아노를 보는 사람에서 피아노를 치는 사람으로. 학교 교육뿐만 아니라 모든 인생 공부에서도 단순한 정보에서 변화의 단계, 내가 바뀌는 단계로 나아가야 합니다. 그래야 내 것이 됩니다. 그 단계로 넘어가야 합니다.

자전거에 대해 알고 자전거를 탈 줄도 알면 그다음으로 따라오는 것이 무엇입니까? 신나게 타는 거죠. 저는 그걸 '즐김'과 '누림'이라는 말로 표현합니다. 영어로 쓰는 것을 용서해주십시오. information-transformation-enjoyment 단계로 볼 수 있습니다. 물론 처음에는 기본적인 정보를 배워야 합니다. 정보가 중요합니다. 그런데 지식은 단순히 인포메이션이 아니거든요. 트랜스포메이션, 곧 변화가 따라와야 해요. 지식은 바뀌는 것, 알면 바뀌는 거예요. 대신 이 앎은 객관적으로 떨어져서 아는 게 아니라 해보고 아는 앎이에요. 타보고 아는 앎, 살아보고 아는 앎. 그리고 셋째로 따라오는 게 엔조이먼트, 즐기고 누리고 신나게 공부하는 것입니다. 이때 가면 비로소 '공부가 쉬워, 공부가 맛있어, 공부가 재미있어' 하는 소리가 나옵니다. 공부가 재미없는 이유는 내가 바뀌지 않기 때문이에요. 트랜스포메이션이 아니라 끊임없이 인포메이션만 쌓아가기 때문이죠. 바뀌어야 해요. 바뀌면 즐기고 누리는 그런 사건이 벌어지는 거고 신난다는 소리가 드디어 튀어나오는 거죠. 인생도 공부처럼 너무나 힘들고 어렵다가 우리 인생이 위의 분이 우리에게 주신 선물이구나 하는 소리가 나오는 겁니다. 그때 나는 마땅히 감사하고 기뻐하고 즐거워하겠죠. 나 혼자만이 아니라 타인과 함께 즐거워하게 될 겁니다. 그렇게 되면 공부가 더 이상 경쟁이 아니라 나눔이 되고 다른 사람들과 함께 즐거워하는 일이 된다고 저는 생각합니다. 공부가 경지에 이르면 즐거워할 수 있습니다. 그러면 쉬워지지요. 그토록 어려운 공부가 내가 변화하는 단계를 거치면 참 쉬워지는 것이지요. 그때 우리는 "공부? 그거 그리 어려운 게 아니야!"라고 말할 수 있습니다. 감사합니다.

반복해 읽고 외우는 것이
비판적 학습의 기반

질문 학교 다닐 때는 공부를 즐겁게 한 편은 아니었는데, 나이가 들면서 부모도 돼보고 세상살이도 좀 알게 되니까 이제야말로 공부가 하고 싶더라고요. 요즘 우리나라에 인문학 열풍이 부는데, 저희 세대에 그런 배고픔이 있는 게 아닌가 하는 생각이 듭니다. 지금 저희 자식들이 하는 공부를 보면 아까 말씀하신 '위인지학'이잖아요. 대학을 가기 위한 공부죠. 저는 학벌을 위한 공부에 목숨을 걸라고 해야 하나 하는 의문이 있지만, 무시할 수도 없는 상황이에요. 요새 아이들 하는 공부가 '오염된 공부, 타락한 공부'라고 보게 돼요. 그렇다면 '구속救贖'의 관점에서 어떻게 공부를 해야 할까요? 그리고 아이들이나 젊은이들은 조금 나이가 들어야 지금 40~50대처럼 공부에 허기를 느낄 것 같은데, 스스로 앎에 허기를 느끼려면 어떤 과정을 거쳐야 할까요?

강영안 저는 지적 허기를 느낀 적이 두 번 있었어요. 제가 초등학교 4학년 때 5·16이 일어났어요. 그리고 6학년 열두 살 때 아버지가 돌아가셨죠. 형들, 누나들이 다 외지에 나가 공부하고 있어 저를 챙겨줄 사람이 아무도 없었어요. 그래서 초등학교를 졸업했지만 중학교는 못 간 채 한 1년 정도를 보냈습니다. 그때 영어 공부도 하고, 혼자서 책도 많이 읽었어요. 그러나 아무리 책을 읽어도 허기는 남아 있었어요. 두 번째 허기는 군대에서 느꼈어요. 저는 군대에서 책을 많이 읽었습니다. 주로 독일어로 쓰인 철학책을 읽었는데, 그래도 충분히 허기가 채워지지 않은 상태로 제대하고 복학해서 1년 뒤인 스물일곱 살에 유학을 갔어요. 저는 공부에 허기를 느꼈던 것을 참으로 다행으로 생각해요. 그렇지 않았다면 지금쯤 손 놓고 아는 것만 가지고 슬슬 가르치고 있었을지도 몰라요. 지금도 공부에서 손 떼지 못하고 있는 것은 그런 허기가 있었기 때문이라고 생각합니다.

2011년에 세 번째 안식년으로 미국에 갔다 왔어요. 그때 귀국하면서 책을 800권 정도 사왔어요. 그런데 들어오자마자 학장 보직을 맡고, 급한 논문도 써야 했고, 책도 몇 권 내는 바람에 사온 책을 읽을 틈

조차 없었어요. 지금도 한 달에 몇 십 권씩 프랑스나 독일, 미국 아마존을 통해서 책을 사는데, 그러고 보면 공부에 대한 허기가 엄청난 편이죠.

우리 아이들은 이런 허기가 없어요. 왜냐하면 우리 애들한테는 책이 너무 많아요. 서재 가득 꽉꽉 차 있으니까 책을 가까이할 생각을 아예 하지 않아요. 카이스트의 윤완철 교수가 옛날에 불 때면서 찢어진 신문지 조각도 읽고 반쪽만 남은 책도 읽었다는데, 그런 배고픔이 없다는 것이 오늘날의 보편적 현상 같아요. 읽을거리가 너무나 많고 읽어야 할 것도 많으니 어떤 책을 읽으라는 말이 아이들한테 별로 설득력을 갖지 못하겠죠. 그건 부모가 아무리 심어주려 해도 심어줄 수 없는 듯해요. 일종의 문화이기도 하고요. 책 읽어라 해서 될 일이 아니에요. 저는 제일 좋은 출발은 역시 고통이라고 생각해요. 그런데 일부러 고통을 줄 순 없잖아요? 극기훈련도 보내고 한다지만, 그게 얼마나 도움이 될까 모르겠어요. 저도 그 부분은 참 답답해요. 우리 환경이 지금 넘쳐흐를 정도로 풍부한데, 어떻게 보면 참 영양가 없는 것들로 풍부한 셈이죠. 그래서 많은 책보다 아이 수준에 맞추어 읽게 하는 게 나아요. 제가 우리 아이 고2 때 파스칼의 〈팡세〉와 아우구스티누스의 〈고백록〉을 줬어요. 펭귄에서 나온 영어판을요. 〈팡세〉는 언젠가 다시 서재에 꽂아놨고, 〈고백록〉은 가지고 다니기는 하는데 아직도 안 읽은 것 같아요. 언젠가는 읽지 않을까 싶어서 "그래도 이 책은 읽어라. 아빠가 성경 다음으로 좋아하는 책이다"라고 말해줬어요. 아이에게 허기가 찾아올 때를 기다리고 있죠.

〈이솝우화〉는 2천 년, 2천500년 내려온 이야기잖아요? 이야기 자체만 읽든 교훈을 받든 안 받든 그런 이야기는 초등학생에게 유용할 거예요. 톨스토이의 우화집도 초등학생이 충분히 읽을 수 있어요. 저는 철학을 너무 일찍부터 가르치지 말아야 한다고 생각해요. 먼저 가르쳐야 될 것은 이야기일 겁니다. 이야기를 먼저 읽히면 점점 소설로 폭이 넓혀질 거 아녜요? 저도 중학교 다닐 때 소설을 꽤 많이 읽었어요. 한국문학전집 가운데 나도향의 〈물레방아〉, 손창섭 〈잉여인간〉, 장용학의 〈요한일기〉 등을 읽었는데 요즘 같으면 거의 포르노와 같은 영향을 줬던 것 같아요. 그런 소설들 읽고 나니까 자연스럽게 세계문학전집을 찾아 읽게 되더라고요. 저는 입시하고 무관하게 시골에서 자랐기 때문에 마음대로 책을 읽을 수 있었어요. 이게 제가 성장하는 데는 굉장히 도움이 되었는데, 일반화할 수 있는 건 아니겠지요.

저는 중고등학교 때 교회에서 살다시피 했어요. 교회에서 토론을 자주 했어요. 겨울이 좋냐 여름이 좋냐, 남자가 좋냐 여자가 좋냐…… 뭐 누가 좋으면 어떻겠어요? 학교 과정에 수사학 교육이 없었는데, 그래도 남의 의견 청취하고 논점 잡아서 공격하는 훈련을 이렇게 교회에서 했어요. 인문학에 관심을 갖고 공부하시려면 지금 시중에 나와 있는 인문학 책을 잡을 필요는 없어요. 몇 가지 중요한 고전을 비롯해 아우구스티누스의 〈고백록〉, 재작년 영화로 나와 인기 끌었던 빅토르 위고의 〈레미제라블〉을 읽으세요. 그리고 톨스토이나 도스토예프스키는 지금 나이에 읽어도 우리의 영혼을 일깨우고 때로는 위험하게 만드는, 신앙과 세상에 대해 다시 돌아보게도 만드는 책이라고 생각해요. 그런 작품들을 꾸준히 읽고, 필요하면 몇 사람 규모의 독서그룹을 만들어 꾸준히 토론해나간다면 세상을 보는 눈, 타인을 대하는 태도에 시야가 열리지 않을까 합니다.

　구속救贖의 관점에서 삶을 고민한 작가가 톨스토이나 도스토예프스키라고 저는 생각해요. 고통 받는 세상에 어디에서 희망을 찾을 수 있는가 하는 고민을 담고 있기에 그들의 문학작품을 읽으라고 권하고 싶습니다. 다음으로 전기물, 그런 다음에 철학책들, 이런 순서로 책을 읽는 것이 좋을 텐데요, 이 가운데서도 철학책이 사실 제일 어렵습니다. 철학을 공부하는 가장 좋은 방법은 논리학부터 공부하는 것입니다. 철학은 개념의 학이므로 개념을 정확하게 사용하고 파악하는 공부를 한 다음 철학의 역사를 읽으면 쉽습니다. 그런데 그 과정을 거치지 않고 곧장 어려운 철학책을 집으니까 무슨 말인지 이해가 안 되는 거예요. 단계적으로 밟으면 되죠. 철학도 사람이 생각한 건데 그거 못 따라가겠어요.

질문　동양과 서양의 공부 방법이 좀 차이가 있고 지금 그것이 우리나라 아이들 공부 방법에도 영향을 주는데, 동양은 암기에 익숙한 전통을 갖고 있는 것 같고 서양은 토론하고 자기를 표현하는 전통이 강한 것 같습니다. 왜 그런 차이가 있는지요? 우리가 암기 방법론을 내려놓고 토론 방법론을 받아들여야 된다고 하는데 그것은 우리 전통에 없다 보니 우리에게 대단히 어색합니다. 과연 우리 것은 다 내려놓고 서양 것으로 대체해야 하는 것인가요?

강영안　그냥 지나칠 뻔했던 것을 질문해주셔서 고맙습니다. 공자가 가르치길 '술이부작述而不作', '앞사람이 이야기한 것을 따라 할 뿐이지 내가 스스로 만들어내지 않는다'고 했어요. 이것이 동양 전통의 공부 방법이에요. 독서 방법도 사실상 암기예요. 예를 들어 〈논어〉를 읽었다는 말은 1편 〈학이편〉의 '학이시습지 불역열호'부터 시작해서 마지막 〈요왈편〉까지 본문뿐만 아니라 주자가 붙인 주까지 다 외웠다는 뜻이에요. '읽었다'는 말은 눈으로 읽었다는 것이 아니고 처음부터 끝까지 외우는 것을 말합니다. 그러니까 책 한 권 읽었다고 온 동네에 시루떡 돌리고 잔치한 거죠. 그거 다 외우려면 몇 년 걸리거든요. 외우고 나면 시시때때로 끄집어내서 씹고 생각할 수 있다는 장점이 있잖아요. 고전은 그렇게 공부해야 돼요. 〈성경〉도 〈창세기〉부터 〈요한계시록〉까지 읽었다면 처음부터 끝까지 다 외워야죠. 그래야 읽었다고 얘기할 수 있는 거예요. 경전일 경우, 영혼이 담겨 있는 글은 외워야 돼요. 쉽지는 않죠. 저도 외우려고 무척 애써요. 옛날 장로시험 칠 때 성경 구절은 조금 외워지더군요. 〈골로새서〉, 〈에베소서〉 외우려는데 쉽지가 않아요. 다시 시도해보려고 해요. 외워야 제대로 씹을 수 있어요. 외우는 공부는 앞으로 더욱 강조해야 해요.

그렇다면 서양은 어떻게 다른가? 서양에서 렉티오lectio, 읽는다는 말은 띄어쓰기하는 것을 얘기해요. Inprincipioeratverbum 이렇게 써놓았다 합시다. 못 읽잖아요. 이걸 '인 프린키피오 에라트 베르붐In principio erat verbum' 이렇게 띄어서 읽으면 뜻을 알 수 있잖아요. "태초에 말씀이 계셨다", 이렇게 띄어서 읽는 것, 이게 읽는 것이었어요. 그런데 서양 중세에서는 읽기와 관련해서 두 가지 전통이 생겼어요. 렉티오 디비나 전통, 즉 거룩한 독서 방법이 우선 먼저예요. 이것이 수도원에서의 읽기 방식인데, 네 단계를 밟았습니다.

1. 렉티오(lectio): 읽기.

2. 메디타티오(meditatio): 묵상하기.

3. 오라티오(oratio): 기도하기.

4. 콘템플라티오(contemplatio): 관상하기.

첫째가 렉티오, 읽는 것이죠. 둘째가 메디타티오, 읽은 것을 계속 중얼거리면서 거의 다 외우는 단계입니다. 그걸 바탕으로 해서 셋째가 오라티오, 기도하기. 넷째가 콘템플라티오, 관상하기. 이 네 단계가 렉티오 디비나 전통이에요. 이 방식을 통해서 성경 말씀을 줄줄 외우고, 일할 때든 걸을 때든 뭘 할 때든 그 말씀을 내놓고 자기를 비추어보는 독서 방법이죠. 그리고 수도원이 한창 번성하다가 12세기, 13세기 들어오면서 대학이 생기잖아요. 대학의 읽기 방식을 일컬어 렉티오 스콜라스티카lectio scholastica라고 할 수 있는데요, 여기서는 중요한 것이 읽고 나서 묻는 것이지요. 이것을 퀘스티오quaestio라고 불렀어요. 영어로 질문, 즉 question이에요. 질문을 하고 질문에 맞는 답, 또는 반대 답을 내놓고 토론에 부치는 거예요. 그러니까 서양 대학의 질문 전통에서 토론 전통이 형성된 것이지요. 모든 공부는 질문에서 시작해요. 신은 존재하는가? 인간은 영혼만 있는가, 아니면 몸으로 돼 있는가? 영혼과 몸의 관계는 무엇인가? 이런 방식의 질문을 다루면서 형성된 것이 서양의 변증법 전통이에요. 렉티오 디비나 읽기 방식은 소리 내서 읽는 청독으로, 렉티오 스콜라스티카 읽기 방식은 묵독 전통으로 자리 잡게 되지요.

아우구스티누스의 〈고백록〉을 보면 밀라노에서 암브로시우스를 만나는데, 암브로시우스가 소리를 내지 않고 눈으로만 책을 읽는 것을 아우구스티누스가 보는 장면이 나옵니다. 그 모습이 아주 인상적이었던 거예요. 소리 내어 읽는 게 보통인데 눈으로 읽으니까요. 우선 읽는게 그만큼 빠르지요. 띄어쓰기는 중세에 아일랜드에서 유럽 대륙으로 들어온 전통이에요. 그 이전에는 모든 걸 다 붙여 썼습니다. 띄어쓰기가 없었어요. 아일랜드 사람들이 대륙에 준 일종의 선물이에요. 그러니까 얼마나 읽기가 쉬워졌어요? 그러니 띄어쓰기가 없는 것을 암브로시우스가 읽는 걸 보고 아우구스티누스가 놀랐지요.

중세에는 수도원 전통과 대학 전통이 같이 내려왔잖아요. 그러다 근대 들어오면서 교육 현장에서 수도원 전통이 완전히 사라져버리고 대학 전통만 남았기 때문에 잘못하면 위인지학만 남고 위기지학은 사라져버릴 수도 있어요. 수도원 전통을 전면적으로 살릴 수는 없겠지만, 인간의 영혼을 빚어가고 한 사람을 사람으로 형성하는 텍스트의 경우는 짧게라도 외우게 하는 게 좋아요. 어린아이들은 금방 외워요. 제 아이는 마틴 루터 킹의 유명한 'I have a dream'이라는 연설문을 제 방에 들고 들어가더니 몇 시간 안 돼서 다 외우는 것을 보았습니다. 어릴 때일수록 중요한 텍스트는 외우게 하고, 어느 정도 공부가 되면 비판 정신을 가르쳐야 합니다.

그런데 전통에 근거한 지식보다는 비판적 성찰, 비판적 검토를 앞세우게 된 것은 데카르트에서 시작된 전통입니다. 데카르트의 공부 방법론에서 가장 중요한 점은 무엇이든 의심하라는 것이거든요. 이것이 곧 비판적 태도예요. '의심한 다음, 복잡한 것은 단순하게 쪼개라. 그런 다음 단순한 것에서부터 복잡한 것으로 점점 연역적으로 추론해서 올라가라. 그리고 전체를 다 훑어보라.' 이게 데카르트가 가르친 가장 기본적인 방법입니다. 이 방법론이 사실상 현대 교육에 적용된 거예요. 그러면서 비판적 사고, 비판적 토론이 강조되는데 사람을 형성하는 교육은 현장에서 많이 사라졌어요. 이건 단순히 도덕교육을 하느냐 안 하느냐의 문제가 아니에요. 수학이든 영어든 모든 과목에서 그 부분이 사라져버린 거죠. 일반 문학 텍스트, 역사 같은 데서 우리가 새기고 되씹을 만한 것들은 외우게 하는 것이 좋은 공부 방법이라고 이야기할 수 있어요.

질문 암송 방법론과 현재 암기 위주 교육의 관계가 균형의 문제인지, 서로 어떻게 다른 것인지 정리가 잘 안 됩니다.

강영안 서양에서는 이미 비코Vico라는 사람이 데카르트의 방법론에 반대하고 나섰죠. 데카르트가 1596년에 태어나서 1650년에 죽었는데, 1650년 이후에 데카르트의 저작이 유럽에 상당히 빠른 속도로 퍼졌어요. 그래서 아주 어릴 때부터 수학 교육을 시키는 게 유행이 되었죠. 수사학 공부보다 수학·과학 공부가 훨씬 더 중요하다는 것이죠. 거기에 반론을 펼친 사람이 이탈리아의 잠바티스타 비코라는 수사학자였습니다. 비코는 〈공부방법론〉이라는 책에서 어릴 때는 우선 말부터 가르치라고 강조했어요. 말을 가르칠 때 가장 좋은 수단이 이야기예요. 우리가 어렸을 때 할머니한테 옛날이야기 들었던 것처럼 말입니다. 이야기를 읽고 이야기를 들려주다 보면 저절로 암송이 돼요. 그것이 감성에 기여한다고 보았어요. 이성 계발보다 감성 계발이 먼저라고 생각한 거예요. 이야기를 통해서 감성을 계발하고 감수성을 키워주고 타인과 공감할 수 있는 능력을 키워줄 수 있다는 겁니다. 어떤 주장을 비판적으로 검토하고 따지는 건 조금 더 자라서 할 수 있는 일이지요.

배울 것을 충분히 배운 다음에 비판적 사고를 익혀야 되는데, 초등학교 고학년에서 중학교 1~2학년 정도만 되면 배운 것도 없는데 비판적 사고부터 키워주려고 해요. 이는 기본 콘셉트 자체가 잘못된 생각입니다. 주입식도 필요합니다. 꼭 배워야 할 것, 알아야 할 것은 알도록 해주는 게 필요해요. 그다음에 자기가 배운 게 뭐가 문제였다는 사실을 반성을 통해서 가려내고 새로운 지식을 습득하는 게 중요해요. 현재 대학 교육은 중·고등학교에서 가르친 것을 전혀 토대로 하지 않거든요. 사실 중·고등학교 교육을 완전히 무시하잖아요. 대학에서는 지난 과정을 참고하지 않아요. 뭘 배웠나 생각도 안 하죠. 축적된 지식을 존중하지 않는 거예요. 왜냐하면 대학 교육은 이미 많은 것을 안다는 전제에서 비판적으로 검토하는 단계이고, 그것을 토대로 새로운 것을 만들어내는 단계이기 때문이죠. 그래서 저는 암송이나 전통적 공부법을 중시하는 것과 서양을 통해서 들어온 비판적 교육을 강조하는 것은 선택의 문제가 아니라 연령의 단계, 발달 단계에 따라 적절하게 활용해야 할 문제라고 생각해요. 대학에 가서도 그냥 교수가 가르치는 대로 다 암송한다면 제대로 된 교육이라고 할 수가 없죠. 대학에 가서는 비판적으로 따져 물을 수 있는, 질문하고 질문에 대해서 찬반 논의하면서 좋은 대안을 찾을 수 있는 능력을 키워야지요. 그렇게 훈련이 돼 있으면 비즈니스를 하건 학자가 되건 가르치는 일을 하건 무슨 일을 하든지 그 현장에서 충분히 같이 생각하고 토론할 수 있지 않을까요.

저도 둘째아이가 중학교 때 경험해봤어요. 애가 큰 어려움을 당해 집사람하고 같이 학교를 찾아간 적이 있어요. 애가 계속 질문을 해서 선생님을 너무 힘들게 한다는 거예요. 그래서 학교도 옮기는 등 여러 어려움을 겪었어요. 그러다 애가 중3 때 제가 안식년을 맞아 함께 미국에 갔어요. 이 녀석이 일주일 만에 완전히 물 만난 고기가 되는 거예요. 몇 달 뒤 플랜팅가Plantinga라고 세계적인 기독교철학자가 우리 아이한테 묻더라고요. 한국 교육과 미국 교육의 차이가 뭐냐고요. 그러자 우리 아이가 이렇게 대답하더군요. "첫째, 제가 마음대로 질문할 수 있습니다." 아무리 질문해도 선생님이 막지 않는다. "둘째, 때리지 않습니다. 셋째는, 숙제 같은 것 없이 자율적입니다." 그러니까 우리 아이는 한국 교육은 무조건 암기 교육이라는 잘못된 인식을 갖고 있었던 거예요. 무조건 외워야 한다고 생각해요. 미국에서는 물리나 화학 교과서가 600~700페이지나 돼요. 그런데 시키지 않아도 알아서 공부하는 습관이 생기더군요. 학교에서 충분히 배우고 하교하면 실컷 운동했어요. 럭비도 하고 미시간 주 야구선수로 뛰어다니고. 그걸 보면서 저도 우리 한국의 교육을 되돌아보게 되었고 '이걸 어떻게 하면 좋을까?' 하는 물음과 함께 답답함을 느끼지 않을 수가 없었습니다.

오늘 다른 자리에서 왜 우리는 중·고등학교 교과 과정을 쉽게 해서 쉽게 공부해야 한다고 생각하는지 모르겠다는 얘기가 나왔어요. 왜냐하면 아이들은 얼마든지 해낼 수 있거든요. 아주 어려운 문제에 도전하고 풀어낼 수 있는 지적 능력이 있는데, 왜 그 지적 능력을 계발할 생각은 하지 않고 쉽게 해서 대학 갈 수 있도록 하는 데만 관심을 집중하느냐? 왜곡된 교육 현실, 입시 현실에 대해 치열하게 생각하면서도 어떻게 탁월한 교육이 가능할까? 아까 세 단계 공부법 이야기를 했는데, 사실은 즐거워하지 않으면 그 탁월한 교육을 할 수가 없습니다. 재미있게 하면 얼마든지 어려운 문제나 과제를 헤쳐 나갈 수 있거든요. 머리가 워낙 뛰어난 사람들이 있기 때문에 적어도 몇 사람은 그 분야에서 탁월하게 나아가도록 해주면서도 모든 사람이 그로 인해 고통당하는 일은 없도록 할 수 있는 방법이 무엇인지 우리는 고민하지 않을 수 없습니다. 감사합니다.

6장

꿈이 있는 공부란 무엇인가?

송인수
사교육걱정없는세상 공동대표

사교육걱정없는세상

공부에 대한 몇 가지 오해

왜 이 공부 강좌를 시작했는지에 대해서 두 가지 말씀을 드릴까 합니다. 하나는 우리 사회에서 수단화된 공부가 위험 수위를 넘었다는 판단 때문이었습니다. 모든 공부 행위를 돈으로 바꿔서 가치를 재고, 거기에 도움이 되는 공부 방법론이 완전히 우리 사회를 뒤덮고 있다는 생각이 들었어요.

〈10대, 꿈을 위해 공부에 미쳐라〉, 〈20대, 공부에 미쳐라〉, 〈30대, 다시 공부에 미쳐라〉, 〈공부하다 죽어라〉. 인터넷에 떠다니는 책 표지 내용입니다. 공부에 미치다가 나중에 죽어버리라는군요. 물론 내용이 괜찮은 책도 있습니다. 그렇게 폄하만 할 것도 아니지만 여하튼 우리 사회가 공부에 중독됐다는 것은 분명해 보입니다. 지금 공부는 종교와 신의 반열에 올랐다고까지 얘기합니다. 천주교, 기독교, 불교, 그리고 공신. 이렇게 4대 종교 중에서도 지존은 역시 공부의 신, 즉 공신입니다. 절이나 교회에 가서 왜 절하고 기도합니까. 내 자식 공부 잘하게 해달라는 거지요. 그러니 최고는 공신이지요. 이 공부의 신에게 밉보이지 않으려고 필사적으로 공부를 하고 시험을 치르죠.

요즘 '자기주도 학습' 열풍이 지나칩니다. 자기주도 학습 전형이 2010년 외고 입시에 처음 도입된 뒤 폭발적으로 증가해서 학원 상품으로까지 운용되는 웃지 못할 실태입니다. 물론 진보적이고 깨어 있는 부모님들은 '공부 좀 해'라는 말을 하기를 꺼립니다. 이런 얘기를 잘 안합니다. 왜 그런가요? 왠지 모르게 공부는 출세의 도구고 자기 이익을 도모하는 수단이니, 악한 것은 아닐지라도 뭔가 자기 이익을 추구하는 일에 관련이 된 것이라는 생각이 있는 것이겠지요.

교사로서 제 첫 발령지가 신림고등학교였는데, 그 학교에 공부를 아주 잘하고 심성이 고운 학생이 있었어요. 그 학생이 제게 종종 고민 상담을 요청했습니다. 고민의 핵심은 아버지가 공부를 시키지 않는다는 거예요. 7시까진 무조건 집에 들어와야 하고, 토요일과 일요일에는 공부하면 안 된답니다. 그래서 아빠 몰래 등 켜놓고 한다는 거예요. 아빠는 왜 공부를 하지 못하도록 했을까요? 아빠가 그 학생에게 공부하지 말라고 한 이유는 이렇습니다. "이 세상 권력은 정말 나쁜 사람들이 잡고 있다. 그들을 돕는 것은 공부해서 대학 간 놈들이다. 따라서 공부는 나쁜 일이다. 우리 딸 하나만이라도 대학 가서 나쁜 사람이 되지 않도록 하는 것, 그것이 내가 이 세상에 기여할 수 있는 일이다. 그러니 너 공부하지 마. 고등학교로 끝내." 농담이 아니라 진지하게 이야기했답니다. 아빠는 필사적으로 딸의 공부를 방해했습니다. 그러자 아이도 죽어라 공부했어요. 그게 아빠의 전략이었는지는 모르겠습니다만, 그렇게 해서 그 아이는 서울대학교 사범대에 들어갔습니다. 아빠가 공부하라고 다그쳤다면 어떻게 됐을까요? 학교에 못 갔을까요? 그건 잘 모르는 일입니다. 어쨌든 이런 극단적인 경우도 있었습니다.

사실 우리가 공부를 하지 않을 수 없다는 데는 다 동의하실 겁니다. 단지 학교 공부, 수업, 시험, 이런 것뿐만이 아니라 우리 삶 자체가 공부지요. 이렇게 생각한다면 '공부를 하지 말라'는 것은 '삶을 끝내라'는 말과 같으니 공부를 부정할 수는 없습니다.

사교육걱정없는세상은 지금까지 좀 극단적으로 얘기해서 '학원에 의존하지 말라, 너의 진로를 찾아라'라고 외쳐왔어요. 그런데 그 중간이 비었어요. 즉 학원에 의존하지 않고 내 진로를 찾으라고 하는데, 그럼 매일 내가 학교에서 하는 공부는 무슨 의미가 있습니까? 그 질문을 곰곰이 생각해보면, 그 징검다리가 공부입니다. 공부를 통해서 자기 진로를 찾는 것이죠. 하지만 막상 부모님들이 많이 고민하고 계신, 어떻게 공부할 것인가라는 물음에 우리 단체는 그동안 답을 하지 않았습니다. '그냥 알아서 하는 거지, 뭘 그것까지 떠먹여줘야 돼?'라고 생각하며 일부러 안 하기도 했습니다. 그런데 그렇게 해서는 안 될 상황이 왔고, 그래서 이번 강의를 준비하게 되었습니다.

이와 관련해서 오늘 이야기할 때, 먼저 공부와 관련된 서너 가지 오해를 말씀드리고, 그렇다면 꿈이 있는 공부는 무엇이고, 어떻게 아이를 가르칠 것인가에 대해 말씀드리도록 하겠습니다.

오해 1
좋은 대학, 좋은 직업, 좋은 결혼 같은 '성공을 위한 공부'가 뭐가 잘못인가?

첫째 오해는 이겁니다. 좋은 대학, 좋은 직업, 좋은 결혼 같은 '성공을 위한 공부'가 뭐가 잘못인가? 사실은 우리 사회의 어른들은 물론 중·고등학생들, 심지어는 초등학생들까지도 '공부 왜 하니?'라고 물었을 때 흔히 하는 대답이 '좋은 대학 가서 좋은 직장 얻고 결혼 잘 해서 살래요'입니다. 그 아이들이 태어날 때부터 그런 마음이었을까요? 그렇지 않습니다. 부모님이 아이들 가슴속에 심어줬어요. 무서운 것이, 초등학교 3학년 아이에게도 그런 마음이 있더라고요. 그런데 이런 마음가짐이 왜 문제일까요? 이런 방식의 공부는 결국 무엇을 얻기 위한 수단이라는 것입니다. 이력이라든지 학벌, 좋은 일자리, 승진, 출세, 재산, 고액 연봉, 평판, 권력, 지배, 넓은 집, 안정성, 결혼, 인적 네트워크를 확보하는 것. 공부를 통해 얻기를 기대하는 것들입니다. 이런 것들을 얻기 위해 하는 공부를 뭐라고 할 수 있습니까? 저는 '욕망을 위한 공부'라고 정의합니다.

세월호 참사를 보면서 저는 이런 생각을 하게 됐습니다. '욕망이란 타인과는 관계없이 자기 이익 유지에만 관심 두는 자세'라고. 그러면 욕망의 진로가 뭡니까? 그것은 그 직업을 통해서 나의 이익을 확보하는 일에만 관심을 두는 것입니다. 나의 이익을 확보할 수만 있다면, 그 직업을 통해서 반드시 지켜야 하는 원칙, 직업윤리, 가치관, 이런 게 다 소용없습니다. 나의 이익에 침해가 된다면 그 원칙은 언제든지 다 내려놓을 수 있습니다. 배가 물에 빠졌을 때 선원들만 나와서는 안 되는 일이죠. 우리 사회에는 사람을 지키지 못하는 진로, 직업, 그리고 그것을 위한 공부가 철저하게 뿌리를 내리고 있습니다.

욕망을 위한 공부의 방법론이 우리 사회에서 판을 치고 있습니다. 성인들에게는 자기 계발서라는 이름으로, 학생에게는 공부 방법 학습 도서라는 버전으로 시장이 융단폭격을 하고 있습니다. 인터넷에 자주 등장하는 광고에서 어느 엄친아 탤런트가 "꿈이 무엇이든 공부가 기본이다!"라고 이야기하는데, 이때 공부라는 것은 무엇입니까? 포괄적인 삶, 넓은 의미에서 삶을 얘기하는 게 아니고, 국·영·수 수능시험 잘 보는 것이 공부인 것입니다. 네 진로가 무엇이든 관계없이 국·영·수 수능시험을 잘 봐야 한다는 거예요. "나? 고대 나왔어. 나, 탤런트에 영화배우야. 엄친아야. 이번에 영어로 논문까지 발표했어." 이렇게 이야기하면서 이 모든 걸 가능하게 만든 학습 방법을 가르쳐줄 테니까 돈 내라는 겁니다. 그 스펙으로 다시 욕망을 추구하는 거예요.

욕망을 추구하는 경쟁이 언제 결판나나요? 사람들은 그것이 열아홉 살 고3 끝날 때 결판난다고 생각합니다. 수능에 사활을 걸죠. '수능, 열아홉 살 때 결판나니 고등학교에 들어가면 준비해야지'라고 생각하는 것이 아니라 자꾸 그 연령대가 낮아집니다. 과거에 중학교는 입시 무풍지대였습니다. 마음대로 사춘기 시절을 보낼 수 있었지요. 부모와 충돌이 없었던 것은 아니지만 지금처럼 격렬하지 않았습니다. 지금은 중학교까지 입시 고통이 연장됐습니다. 사춘기라는 게 뭡니까? 독립에 대한 욕구를 품는 시기입니다. 자기 마음대로 뭔가를 시도해야 하는데, 입시경쟁의 부담을 가지고 부모가 창끝으로 목을 겨누니까 그 싸움이 아주 자극적이고 맹렬해지는 것입니다. 따라서 사춘기 자녀와 잘 보내는 방법은 개인적으로 고민할 문제가 아닙니다. 심리적인 문제가 아니에요. 우리 사회 입시경쟁 구조 전체 속에서 풀어야 할 문제이고, 그만큼 쉽지 않습니다.

사람들이 이런 식으로 공포에 질려 있습니다. 그렇다 보니까 그 공포감, 무력감에서 우리를 구제해줄 수 있는 존재가 각광을 받습니다. 그 사람들이 일명 '공신'들입니다. 장승수라는 사람이 쓴 〈공부가 가장 쉬웠어요〉, 〈김동환의 다니엘학습법〉이란 책이 베스트셀러입니다. 그런데 이 공신의 삶을 보면 참 흥미롭습니다.

이들은 우선 열아홉 살 때까지 입시공부에 올인합니다. 대학에 들어간 뒤에는 또 어떻습니까? 학습법을 가르쳐주는 것으로 아르바이트를 하고 돈벌이를 하고, 그 후 직장을 갖습니다. 변호사라든지 뭐 그 비슷한 직업이죠. 그 변호사라는 스펙은 무엇을 위해서 필요합니까? '내가 이런 방법으로 공부했어. 그래서 변호사 됐어. 그러니 내가 쓴 책 사!' 이 스펙이라는 것도 공부 방법 세일즈의 관점에서 보면, 홍보를 위한 도구인 셈입니다. 어떤 공신은 나중에 그 직업마저 포기하고, 아예 공부 방법 가르쳐주는 것을 직업으로 삼았어요.

저는 그분들을 폄하할 생각은 없습니다. 본질이 그렇다는 얘기죠. 공신의 사회적 기여는 학습법을 알려주는 것입니다. 제 문제의식은 뭡니까? 공신의 삶이란 양파껍질이라는 거예요. 그 사람들 삶에 뭐가 있나 봤더니 또 입시 공부 방법, 또 깠더니 입시 공부 방법, 계속 까봤더니 결국 입시 공부 학습 전략 말고는 없다는 겁니다. 그 말은 뭐냐면, 자기 삶이 없어요. 공신만 그럴까요? 우리 사회 전체가 그렇습니다. 공부 말고는 삶이 없는 거예요. 이때 공부라는 것은 시험공부뿐이지요. 나중에 꿈이 있는 공부가 무엇인지 말씀드리겠지만, 일단 욕망을 위한 공부는 꿈이 있는 공부가 아닙니다.

오해 2
성공과 행복, 두 마리 토끼를 다 잡으면 되지 않는가?

둘째로는 이겁니다. 욕망을 위한 공부, 부정은 할 수 없다. 성공은 해야 하지 않느냐? 동시에 당신이 이야기한 가치 있는 삶, 또는 행복한 삶, 그것도 추구해서 두 마리 토끼를 다 잡았으면 좋겠다. 가능한 것 아닌가? 그렇게 이야기할 수 있겠죠. 저는 '병행은 어렵다'고 말씀드립니다. 불가능하다는 건 아니죠. 그렇지만 대단히 어렵다는 얘깁니다.

성공 중심 삶이란 뭡니까? 이것은 타인과 비교하면서 돈과 안정성에서 내가 우위에 서면서 이기는 삶을 살겠다는 것입니다. 그걸 위해 공부하는 것입니다. 홍정욱이라는 분이 있습니다. 여러분도 아시다시피 〈7막 7장〉이라는 유명한 책의 주인공이지요. 아주 유명한 영화배우의 아들로서, 그 역시 미남입니다. 게다가 공부도 잘했습니다. 어린 시절에 미국으로 홀로 가서 공부해서 하버드 대학에 들어갔고 그 후에는 우수한 성적으로 졸업을 하고 귀국했습니다. 귀국 후 한국에서 그는 유명한 언론사 회장, 그리고 국회의원까지 지냈습니다. 즉, 한국 땅에서 누릴 성공은 다 누려본 분이지요. 우리 부모들은 이런 사람을 부러워합니다. 왜 이분을 부러워할까요? 이분이 거둔 성공 때문입니다. 이분의 어떤 성공을 부러워하는 것일까요? 명문 대학을 나와서 얻은 돈과 명예와 권력입니다. 저런 성공을 위해 우리 자식도 열심히 공부를 하도록 시켜야하겠다는 것이지요. 이것이 바로 성공 중심 삶입니다.

이에 비해 가치 중심 삶 또는 행복 중심 삶이란 무엇일까요? 저는 그 삶을 몸으로 가장 잘 표현한 분이 성산 장기려 선생님이라고 생각합니다. 장기려 선생님은 의사로서 우리나라 최초의 민간 의료보험을 도입한 분입니다. 지금 우리가 혜택을 입는 국가 의료보험제도가 이분에 의해서 시작된 겁니다. 돈 없는 환자는 일단 치료해주고 뒷문 열어

주면서 빨리 도망치라고 하셨다지요. 평생 옥탑방에서 혼자 살다가 아무것도 남기지 않고 떠나신 분입니다. 저는 이분이야말로 가치 중심 삶을 산 대표적인 분이라고 생각합니다.

우리 부모들 특히 진보적인 생각을 갖고 있는 부모들은 자식들이 홍정욱 씨의 '성공'과 장기려 박사의 '가치'를 절충한 삶을 살면 좋겠다고 생각합니다. 성공과 행복을 같이 누리고 싶다는 거지요. 성공 중심은 자기의 욕망을 추구하면서 다른 사람의 관심을 받는 겁니다. 가치 중심은 다른 사람에게 자기 것을 내어주면서 사랑을 베푸는 겁니다. 하나는 얻는 것이요, 다른 하나는 버리는 것인데, 이 두 가지를 절충할 수 있겠어요? 계속 타인과 비교하면서 돈과 안정성을 움켜쥐면서 살되, 동시에 자기에게 주어진 하늘의 뜻을 따라 살기도 하자는 것이잖아요. 그런데 자기 이익의 확장과 타인 이익의 확장을 함께 끌어안는다는 건 쉬운 일이 아닙니다. 하지만 우리는 자녀들에게 이런 삶을 기대합니다.

공부를 잘해서, 사회적·직업적으로도 성공하고, 동시에 사회적 약자를 돌보며 가치를 추구하는 삶까지 바라보는 삶, 이것을 네 글자로 줄인다면 무엇일까요? 네, '강남 좌파'입니다. 강남 좌파가 무엇입니까? 일단 나는 잘살고, 가진 것의 일부를 고통 받는 이웃에게 나눠주는 삶을 지향하는 것입니다. 나도 그렇게 살고 싶고 우리 자녀들도 그렇게 살았으면 좋겠다는 거죠. 강남에 말뚝을 박고 좌파 지향 삶을 사는 거예요.

이 강남 좌파의 삶을 많은 사람들이 갈망합니다. 그러나 이런 삶을 가르치는 것이 가능할까요? 강남 좌파라는 게 무엇입니까? 그것은 남을 돕더라도 나의 이익과 안정성이 깨지지 않는 선까지만 돕겠다는 것입니다. 사실 우리 부모에게는 다 이런 이중성이 있어요. 자기 자신은 어떨지 몰라도 자녀만큼은 안전하고 풍요롭게 살기를 원하고 그러면서도 더불어 사는 개념 있는 사람이 되기를 바랍니다. 그런데 이 두 가지는 사실 철학적으로도 정신적으로도 병행하기가 쉽지 않아요. 아이들에게 먼저 '강남'을 주어야 하겠습니까? 아니면 '좌파'의 감수성을 심어주어야 하겠습니까? 강남 의식을 심어주면 과연 언제 그 아이가 '좌파적 감수성' '타인을 돌보고 배려하는 마음'으로 삶을 전환하게 될까요? 대학에 들어간 뒤에 가능할까요? 그럼 먼저 좌파적 감수성을 심어주고 '강남' 의식은 나중에 주면 어떻게 될까요? 남을 위해 자기를 버리라고 교육하다가 나중에 '너도 어느 정도는 살아야지' 그렇게 말하면 아이가 과연 그 말을 들을까요? 제 이야기는 우리 삶에서 강남과 좌파 이 두 가지는 철학과 정신이 다른 것이요, 둘 중 하나를 선택할 일이지 둘 다 움켜쥘 일은 아니라는 것입니다.

오해 3
시험을 위한 암기식 공부는 어쩔 수 없잖아요?

메가스터디 손주은 대표가 〈중앙일보〉에 시골 의사 박경철과 함께 인터뷰한 내용을 보면 굉장히 솔직합니다. 한국 사회에서 어느 누구도 이야기하지 않는 암기식·주입식 교육의 장점을 아래와 같이 아주 웅변조로 설명했지요.

"예전에는 서당에서 〈천자문〉, 〈사자소학〉을 배우고 그 과정에 인지력이 확대되곤 했지만, 지금의 열린 교육은 솔직히 엉망이죠. 시험을 잘치르는 기술이 아니라 초등학교에서 고등학교까지는 지식을 고스란히잘 전달하는 것이 중요하다는 뜻이에요. 한데 우리는 이것을 너무 값싸게 평가해요.

제가 야구를 좋아하는데요. 한국과 일본이 이번 WBC 결승에서 연봉이 100배나 되는 메이저리거를 이긴 것은 주입식 훈련의 반복에 의해안정적 수비 포메이션이 나오고 안정적 타격을 하기 때문이었죠. 한국과 일본은 주입식 교육의 대표거든요. 자율야구와 자율교육은 어느 날은 잘되고 어느 날은 엉망이 되죠. 우리의 입시결과주의가 일부 문제는있지만 그로 인한 반복식 교육은 의미가 커요. 주입식 교육은 우리 국가 능력의 기초였어요. 한국 야구도 이렇게 된 것 아니겠어요. 저는 김성근 감독을 세계 최고의 감독이라고 생각해요. 주입식 야구를 반복하고 거기다 정신력을 가미했지요.

10년 전 소니TV가 있는 집은 부자였죠. 지금 소니TV가 있는 집은돈이 없어 TV를 못 바꾼 집이죠. 10년 만에 삼성이 소니를 이겼는데1970년대 후반 서울대 공대생들이 오늘날의 삼성전자를 만든 것 아닌가요? 그리고 이들이야말로 주입식 교육의 대표 선수들이었죠."

이런 얘기 좀처럼 들어보신 적 없죠? 그런데 말이 됩니다. 전적으로부정할 수는 없어요. 하여튼 두 사람의 논쟁이 격렬했습니다. 학습법, 공부법과 관련해서 동서양을 비교해보지요. 우선 그리스·로마 시대입니다. 이때는 강영안 교수님도 말씀하셨다시피 이성적 판단이 중요한 시대였습니다.

'진리를 발견하기 위해서는 허위의식을 없애고 이성적 판단을 총동원해야 한다. 그런 이성적 사고를 발달시키는 데 수사학, 논리학, 천문학, 문법, 음악, 이런 것들이 필요하다.' 그렇게 정리를 한 것이죠. 방법론으로 질문과 토론을 적극 활용했습니다. 그리스 시대를 지나 로마 시대로 가면 그리스 전통을 이어받아요. 제가 이렇게 '이어받았다'고 장담하는 이유는, 로마 시대에 귀족 자녀를 가르치는 교사가 로마 사람들이 아니었어요. 과거 그리스의 교사들, 철학자들을 노예로 붙잡아 와 자기 자녀들을 가르치게 한 겁니다. 로마 시대 문헌을 보면 아이들은 교과서도 노트도 없이 학교에 그냥 오는 겁니다. 앉아서 교사와 토론하는 거예요. 그래서 결국 웅변을 잘하는 인간으로 키웁니다. 암기 안 해요. 계속 질문하고 토론하는 것이 중요했습니다.

그러다가 로마가 기독교를 받아들이게 되는 중세, 즉 5세기에서 15세기에는 좀 달라졌습니다. 그리스 철학과 교육을 이교도식이라고 다 배척하고 주로 〈성경〉을 가르쳤습니다. 중세 수도원 교육이 등장한 거죠. 수도원에서 〈성경〉은 절대 진리였어요. 그리스·로마 시대에는 진리가 자기 안에 있다고 생각했어요. 자기 이성으로 자기 안에 있는 진리를 충분히 발견할 수 있다는 겁니다. 그러나 수도원에서는 절대 진리는 질문과 토론, 즉 이성적 사고를 통해서 발견할 수 없다고 생각했지요. 절대 진리는 초월 진리로 자기에게 찾아오는 것이어서 그 진리를 받아들이는 과정인 암기와 묵상이 중요한 방법론으로 장려됩니다. 질문과 토론이 과거 그리스·로마 시대처럼 맹렬하지 않았습니다. 중국이나 이스라엘처럼 힘센 종교를 가진 문화권의 교육 방식이 다 비슷합니다.

그러다가 11~14세기가 되면서 대학이 등장합니다. 이 대학들은 대체적으로 수도원 교육과는 관계없이 시작된, 상인과 시민이 조합 형태로 만든 교육기관입니다. 1088년에 생긴 볼로냐 대학이 세계 최초의 대학이죠. 그런데 이 대학들의 교육 과정이 그리스·로마 시대로 회귀한 겁니다. 수사학·논리학·문법을 다시 강조하는 시대가 되었고, 당연히 질문과 토론을 장려하게 됐다는 겁니다. 당시의 대학은 신분 상승을 위한 통로가 아니었습니다. 이미 신분이 결정된 사람들이 보다 높은 교육을 받기 위해서 들어온 것입니다.

그런데 유럽이 18세기에 큰 충격을 받게 되는 사건이 생깁니다. 유럽 사상가들에게 동양의 과거제도가 알려졌습니다. 수나라의 문제文帝가 시작한 거죠. 귀족을 견제하고 중앙집권에 필요한 인재를 확보하기 위한 수단으로 과거제도라는 시험제도를 만들었는데, 굉장히 공정한 인재 채용 방법이었죠. 우리나라에서는 고려 광종 때 도입했지요. 당시 유럽 사회는 모든 관직이 세습이었습니다. 그래서 중국의 인재 채용 방식이 18세기 유럽의 사상가들에게는 매우 매력적이었죠. 선진적인 제도로 비쳤다고 볼 수 있습니다.

19세기에 산업혁명 시대가 되면서 유럽은 대부분의 아이들을 산업을 책임지는 인력으로 활용할 필요가 커졌습니다. 그래서 그들을 대상으로 산업을 위한 기본 교육이 필요했고, 결국 대중교육 시대가 열린 것이지요. 그런데 초·중·고 교육이 시작되면서 그 아이들이 졸업하면 한편으론 직장으로도 가지만 다른 한편으로 대학에 가기 시작합니다. 대학을 졸업한 뒤에는 관직에 나가는 식이 되었죠. 세습이 아니라 초·

중·고, 대학이라는 통로를 통해서 신분의 분배, 부의 분배, 계급의 분배가 시도되었습니다. 초·중·고에서 대학으로 이어지는 과정을 결정해주는 장치가 뭐냐? 당시 대학은 대중들에게 개방된 것이 아니었기 때문에 별도의 선발을 위한 제도가 없었습니다. 그런데 중국을 보니 아주 선진적인 제도가 있었던 것입니다. 그게 바로 시험이었습니다. 그래서 중국의 시험제도를 받아들이게 됩니다. 그리고 학교에서 학생들을 가르쳤지요. 그때 초·중·고에서 가르치는 교육 내용은 많지 않았습니다. 그래서 주입식·암기식 교육을 주로 했던 겁니다.

미하이 칙센트미하이 교수의 〈플로우〉(〈몰입〉, 최인수 옮김, 한울림어린이, 2004)라는 책을 읽다가 깜짝 놀랐어요. 서양에서 이런 주입식·암기식 교육이 사라진 것이 11세기, 8세기, 7세기가 아니고 19세기 들어서였다면서 그 이유를 이렇게 얘기합니다.

(서양에서) 할아버지의 세대에게는 지식이라는 것이 암기와 동일시되었다. 19세기에 접어들어 문자로 된 기록의 가치가 점점 더 떨어지고 또 그러한 기록들을 손쉽게 구할 수 있게 되고 나서야 기억의 중요성이 극적으로 감소하기 시작했다. 오늘날에는 일부 게임쇼에 출연하거나 퀴즈를 풀 때 말고는 뛰어난 기억력이 별로 쓸모없는 것이 되어버렸다. 그들은 연구 결과를 인용해, '기계적 암기'가 정보를 저장하고 습득하기에 효율적 방법이 아님을 증명했다. 그들의 노력 덕택에 기계적 암기법이 학교에서 서서히 사라지게 되었다.

신기하게도 서양에서도 근세에 우리만큼이나 주입식·암기식 교육이 극성이었다는 것을 알 수 있습니다. 지식이 팽창하면서 외워야 할 내용이 너무 많아지다 보니 암기식 공부법이 사라졌다는 얘깁니다. 이게 우리 교육에 주는 시사점이 큽니다. 지금 시대가 18세기, 19세기보다도 외워야 될 지식의 양이 적은가요? 그렇지 않습니다. 엄청나게 많잖아요. 그래도 우리는 여전히 암기를 주된 학습 방법으로 선택합니다. 심지어 논술까지도 암기해서 풀잖아요. 서양은 지식이 팽창하는 근세에 그 한계를 느끼고 원인과 이유를 탐구하는 고대 그리스식 방법으로 전환했는데 말이지요.

라틴어로 학문을 '스키엔티아'라고 설명하는데, 그것은 '원인들에 대한 앎'이라고 정의합니다. 학문을 잘하기 위해서는 현상의 원인, 그 원인의 원인을 자꾸 규명해서 더 이상 설명할 필요가 없는 제1의 원인을 찾아내는 것, 그것이 학문이라는 거죠. 따라서 학문을 하는 방법론도 원인, 'why'를 추구해야 하고, 공부를 하고 그렇게 해서 개발된 지식을 받아들이는 것도 'why'로 풀어야 한다는 거죠. 그래서 질문과 토론이 강조되는 방식으로 다시 회귀했다는 것입니다.

2007년 대화문화아카데미에서 당시 김신일 교육부장관이 하신 얘기가 인상적이었습니다.

"교육 선진국이라고 말하는 유럽의 여러 나라와 미국도 학생부가 좋으냐, 수능이 좋으냐는 우리 식의 논쟁을 많이 겪었어요. 명칭은 각기 다르지만 본고사를 실시해보기도 했죠. 미국 하버드 대학도 제2차 세계대전 전까지 우리 식으로 말하자면 국영수로 뽑았습니다. 놀라웠습니다. 영어, 수학, 라틴어 같은 시험 종류를 고등학교에 요구했는데, 요구

과목이 대학마다 조금씩 다르니까 고등학교의 경우에 도무지 대비할 수 없었습니다. 우리나라 입시제도와 왜 이렇게 같은지 모르겠습니다. 그러다가 1950년대에 들어오면서 그들도 논쟁과 사회적 합의 과정을 거쳐서 지금의 제도를 정착시켰습니다. 논란의 여지없이 그 기반 위에서 다양성을 추구하게 된 것이죠. 유럽은 미국하고 조금 다르지만 바칼로레아니 아비투어니 GCSE니 해서 일종의 고등학교 졸업시험이 있는데, 이것은 대학이 주관하는 시험이 아닙니다. 고등학교가 주관해서 인정해주면 그 결과를 가지고 대학 가는 자격을 취득하는 방식입니다. 우리하고 전혀 다르죠? 소위 본고사, 수능하고도 다릅니다. 고등학교 선생님들이 출제하고 채점하며, 대학은 선택의 여지가 없이 그 결과를 받아들여야 합니다. 거기서도 이런저런 논쟁을 한 끝에 고등학교가 중심이 되어서 평가하는 방식이 정착된 것입니다. 물론 부작용도 있죠. 대학도 불만이 있습니다. 이런 학생을 보내면 어떻게 가르치느냐고. 미국 하버드 대학도 똑같습니다. 미국의 일류 대학 도서관에 가보면 보충교재가 널렸습니다. 기본 실력이 부족한 학생이 많다는 얘기지요. 그렇다고 우리가 평가해야겠다고 나서는 것이 아니라 고등학교의 평가권을 일단 받아들이고 그 위에서 대책을 세우는 것입니다. 독일, 프랑스에서는 그 학교구 선생님들이 시험을 채점하고 합격 여부를 결정합니다. 물론 지역 간 성적이 똑같지는 않겠죠? 당연히 논쟁이 벌어집니다. 그러나 그들은 전국적으로 같은 시험을 만들어 관리하는 제도의 부작용을 고려할 때 차이가 나더라도 각 지역의 특성을 살리는 것이 오히려 더 교육적이라고 결정한 것입니다. 옛 소련의 경우를 인용하고 싶습니다. 졸업자격 시험을 보기 위해서는 고등학교 수준에서 시험, 논술, 면접 등을 치릅니다. 학교 내에서요. 학교 내에서 면접을 치르면 자연히 주관성이 개입합니다. 면접 교사가 아무리 정직하게 성적을 매기려고 해도 누구에겐 유리하고 누구에겐 불리할 수 있습니다. 한때 소련에서는 면접 과정에 부정이 많았던 모양입니다. 신문마다 입시부정에 대한 논쟁으로 요란했습니다. 그들이 내린 결론이 무엇이었는지 아십니까? '맞다. 문제가 있다. 그러나 문제가 있다고 해서 면접 같은 것을 안 하고 객관식으로만 뽑으면 고등학교 교육이 어떻게 되겠느냐? 면접은 비리에서 완전히 자유로울 수 없다. 그러나 그러한 부작용을 감당하더라도 고등학교에서 아이들이 그런 식의 학습을 하는 것이 우리 사회를 위해서 더 필요하다.' 그때는 냉전 시절 아닙니까? 소련 사람들은 나쁘고 무식하다고 생각했는데, 그 역사적 사실 문헌을 읽으면서 '야, 이 사람들 우리보다 확실히 세구나!' 그렇게 인정하게 되었습니다."

김신일 교수님의 이 말씀을 전 지금도 뚜렷이 기억합니다. 우리 사회에서 이 논쟁이 성숙하게 정리되지 않아 애석할 따름입니다.

토론식 수업과 암기식 수업, 이 두 가지 중 어느 하나만 필요하다고 말할 수는 없을 것입니다. 각각 나름의 장단점이 있겠지요. 그런데 서양의 토론식 교육과 동양의 주입식 교육을 통합한 민족이 있습니다. 누군가요? 유대인입니다. 우선 그들은 '암기'를 강조했습니다. 유대교 랍비들 사이에서 가장 훌륭한 학생을 비유로 설명하기를 '콘크리트 물탱크' 같은 존재라고 합니다. 일단 지식을 한번 주면 한 방울도 흘리지 않고 그대로 보관하는 학생. 〈토라〉, 〈모세 5경〉을 완벽하게 암기할 뿐만 아니라 자기 스승의 해석까지 완벽하게 외워야 좋은 학생이에요. 종교적 전통이 유대인의 가슴속에 그대로 살아 있는 거죠.

그런 동시에 토론과 질문의 서양식 방법론을 극단적으로 밀고 갔습니다. 500년경, 그러니까 민족이 뿔뿔이 세계로 흩어졌던 때 〈탈무드〉를 완성하게 됩니다. 총 63권, 〈모세 5경〉, 〈성경〉에 대한 해석집입니다. 〈탈무드〉는 〈성경〉에 대한 랍비들의 상이한 해석 두 가지를 함께 다룹니다. 학생들에게 제시하면서 '너는 어느 쪽 입장에 서겠느냐?' '어느 쪽 입장이 타당하냐?' 논쟁하고 토론해보라고 시킵니다. 이겨보라고 권합니다. 극단적으로 질문 능력을 중시합니다.

물론 교사의 권위를 인정합니다. 그러나 정답을 제시하는 교사의 권위는 인정하지 않습니다. 프랑스만 해도 달라요. 토론을 하더라도 교사의 권위를 상당히 인정하면서 뭐랄까요, 학생들끼리 점잖게 토론합니다. 유대인의 토론은 매우 뜨겁고 격렬하고 예의를 의식하지 않는 거친 방식입니다. 자기주장이라는 것도 백인백색입니다. 언젠가 KBS에서 '세계에서 제일 시끄러운 도서관'이라고 해서 유대인들의 도서관을 소개한 프로그램이 방영된 적이 있습니다. 조용히 홀로 공부해야 할 도서관에서 모든 도서관 이용자들이 옆 사람과 엄청 떠드는 겁니다. 우리 도서관, 자습실에 이런 놈들이 있으면 당장 쫓겨날 것입니다. 그런데 여기서는 안 그래요. 그럼 그 학생들은 왜 떠듭니까? 그것은 바로 모든 학생들이 〈토라〉, 〈탈무드〉의 해석을 가지고 논쟁하는 겁니다. 더욱 놀라운 것은 그들이 서로 모르는 사이라는 거예요. 모르는 학생들끼리 만나자마자 막 토론하고 끝나면 옆 사람하고 붙습니다. 이렇게 극단적으로 토론 문화가 발달되어 있습니다.

도대체 유대인의 이런 극단적 토론 문화는 어디서 비롯된 것일까요? KBS의 〈공부하는 인간〉 다큐멘터리 팀이 조사한 결과는 이랬습니다. '유덴자우Judensau'. 유대인은 1948년까지 국가가 없었습니다. 2천 년 이상 전 세계에 뿔뿔이 흩어져 유랑 생활을 하며 살아왔습니다. 그런데 히틀러 치하에서 어느 날 유대인 600만 명이 학살을 당합니다. 사실은 그때만이 아니고 그 전부터 유대인은 어느 세계에서나 존중받지 못했어요. 셰익스피어의 〈베니스의 상인〉인가요? 거기 봐도 유대인이 수전노로 나오잖아요. 사실은 히틀러의 학살을 유럽 대부분의 사람들이 지지했던 겁니다. 히틀러 같은 소수의 이상한 반유대주의 지도자가 나와서 사람들을 선동해서 그들을 학살한 것이 아니고, 유럽 사람들 대부분이 갖는 유대인에 대한 증오심을 이용해서 유대인을 학살한 겁니다. 그 근거로, 서양 중세 시대 대부분의 교회 예배당에는 유덴자우라는 장식물이 있었다고 합니다. 한 사람이 돼지의 젖을 빨고 있는 모습인데, 이 한 사람이 바로 유대인입니다. 유대인이 가장 싫어하는 동물이 돼지입니다. 그러니까 이것은 유대인에 대한 저주에 가까운 표현입니다. 거의 대부분의 교회에 이렇게 유대인을 자극하고 미워하는 장식물이 붙어 있었다는 겁니다. 그런 의식이 저변에 깔려 있으니까 히틀러가 그것을 싹 다 모아서 600만 명을 학살한 거죠.

그래서 유대인은 항상 정착에 대한 불안, 추방될 가능성을 염두에 두고 살았습니다. 부동산이라는 건 의미가 없어요. 사회적 스펙, 별로 의미가 없습니다. 언젠가 쫓겨날 상황에서 그런 부동산이 무슨 의미가 있겠습니까. 그래서 어느 지역에서 쫓겨나 다른 곳에 가서도 그곳에서 생존할 수 있는 무기가 무엇인가 생각해봤더니 다름 아닌 머릿속의 지식이었습니다. 그것도 가장 경쟁력 있는 지식. 그런데 암기 지식은 경쟁력이 없는 것입니다. 그래서 유대인은 단순히 외워서 암기하는 지식을 선호하지 않았어요. 그 대신, 문제 해결력과 문제 제기 능력, 창의적 사고를 키우는 지식만이 최고라고 생각해 그것을 어렸을 때부터 가르친 것입니다.

유대인들은 학교가 없으면 가정이 학교 역할을 합니다. 부모는 일류 대를 강권하지 않아요. 공부 환경만 갖춰주고 자발성 유도하고 수면 시간 8시간 확보하는 것이 이 사람들에겐 굉장히 중요합니다. 부모가 선생이자 멘토 역할을 합니다. 식탁에서 대화를 많이 합니다. 식사 자리에서 전 세계 지도를 펴놓고 어느 사회에 분쟁이 일어났는데 그 원인은 뭐고 하면서 같이 토론합니다. 'Why 게임'이라고 해서 아빠와 자녀가 식탁에 앉아서 어떤 현상에 대해 '이건 왜 그래?' 하면 상대방이 대답해야 합니다. 자유롭게 질문과 대답을 주고받은 뒤 지는 사람이 납득하는 게 체질화되어 있어요. 이 사람들은 금요일 저녁에는 어디에도 안 갑니다. KBS〈공부하는 인간〉방송에 출연한 한국 입양아 출신 유대인 대학생은 한국에서 입양된 학생인데, 나중에 하버드 대학에 갔습니다. 그런데 유대인 가정에서 생활한 이야기를 하는데, 금요일부터 그다음 날까지 안식일이라서 평생 금요일에 어딜 가본 적이 없다는 것입니다. 집 안에 앉아서 식사를 같이하고 대화하고〈토라〉를 읽고 해석하고 그다음에 대화하고, 이렇게 시간을 보내는 겁니다. 하루 이틀도 아니고 십 수 년, 20년을 계속하니까 암기 지식이 아니라 이유를 찾는 창의적인 문제 해결 능력이 뿌리를 내리는 겁니다. 거기에〈토라〉,〈모세 5경〉암기까지 더해지니 대단한 겁니다.

이처럼 암기와 토론, 이 두 가지 학습 방법을 병행하는 것이 유대인

교육의 장점입니다. 칙센트미하이 교수는 과학적 지식을 쌓는 데는 암기가 필요 없지만, 영혼을 자유롭게 하는 데는 암기가 중요하다고 합니다. 세계적으로 유명한 과학자들도 사실은 시, 역사적 사실, 정보, 경전의 금언을 굉장히 많이 외웠다고 말하면서 암기와 토론은 통합돼야 한다고 말합니다.

그러면 우리는 어떤지 살피고 마무리를 짓겠습니다. 아무래도 우리 이야기를 하려면 먼저 우리에게 큰 영향을 준 중국 이야기를 안 할 수 없습니다. 중국에서 지식은 자기 바깥에 있는 거예요. 탁월한 지혜자가 정리를 해주면 그것을 받아 암기하는 것이 전통이죠. '왜 그래요?' '그건 말도 안 되잖아요?'라고 해서는 안 됩니다. 그때는 농경사회였어요. 표준이 중시되되 튀는 것은 반가워하지 않았습니다. 탁월한 선지자가 한번 정리해주면 그것을 외웠지요. 나중에 과거시험과 고전이 연결되면서 암기가 더 장려됐어요. 원나라가 등장한 뒤부터 중국 문명이 쇠퇴했죠. 중국의 고급 문명이 서양으로 다 흘러가 서양의 과학 지식이 팽창하는 동안 중국은 멈춰버렸어요. 외워야 할 것도 별로 많지 않았죠. 암기식 교육이 지속되었습니다. 공부라는 것은 따지고 보면 과거시험에 합격하기 위한 것, 삶과 공부와 시험이 떼려고 해도 뗄 수 없이 돼버린 것입니다. 우리나라도 흡사해요. 아까 말씀드렸듯이 삶이 없다고 했잖아요. 시험을 위한 공부가 삶이라고 했잖아요. 우리 사회만이 아닌, 동양 문화의 특징입니다.

등수와 관련한 재미있는 사례가 있습니다. 중국 학교에는 학교 벽에 전교생의 석차가 붙어 있습니다. 아주 잔인할 정도예요. 사람 이름, 총점, 석차. 그런데 놀랍게도 북한도 다르지 않습니다. 2007년에 제가 찍

평양 제일중학교 벽에 붙은 학생 등수 사진

은 평양 제일중학교 사진입니다. 김정일이 졸업했다는 그 학교입니다. 세상에 '충성을 위하여 공부하자'라고 써 붙여놓았는데 전교 1등, 2등, 심지어 꼴찌 사진까지 붙어 있었습니다. 꼴찌는 전학가야 합니다. MB 정권 시절에 전교조 선생님들이 일제고사 거부했다 해서 빨갱이라고 얘기했잖아요. 그런데 빨갱이들이 일제고사를 보거든요.

무슨 말인가요? 동양식의 공부, 시험 위주의 공부에 익숙한 사회에서는 보편적으로 드러나는 현상입니다. 다 암기하는 거죠. 인도 사람들도 수업 시간에 굉장히 시끄러워요. 일반 학교에서도 〈리그베다〉 같은 경전을 암송합니다. 일본은 암기 기록과 노트가 굉장히 발달했습니다. 도쿄 대학 합격생의 노트를 모아 장사를 하는 사이트도 많습니다. 옛날 중국에서는 다양한 '커닝' 방법이 개발됐습니다. 과거를 9일 동안 보는데 칸막이 방이 2만 개나 있었대요. 2만 명이 한 번에 들어가서 과거시험을 보는 겁니다. 9일 동안 두루마리에 계속 써야 되는 거예요. 그걸 어떻게 다 씁니까? 암기를 해도 해도 안 되는 부분이 있지 않습니까? 그래서 결국은 조끼를 입고 거기에다가 글자 몇 십만 자를 적어가지고 '커닝'을 했다는 겁니다.

그런데 다시 강조하거니와, 주입식·암기식 교육은 오늘날과 같이 팽창하는 지식의 시대에서는 더 이상 통용되지 않습니다.

그럼 이제 우리 아이들은 어떤 공부를 해야 하는 건지, 어떤 공부 방법이 필요한 것인지, 함께 고민해보도록 하겠습니다.

우리 아이들을 기다리는 세상이, 미래가, 어떻게 펼쳐질지 아는 것이 중요하지 않겠습니까? 앞으로도 우리나라는 수출이 중요하겠지요. 다른 나라와 거래를 하면서 물건을 팔아야 해요. 아마 섬나라였던 베네치아와 상당히 유사할 겁니다. 베네치아는 부존자원이 없었어요. 1천 년 동안 물건을 중개해 먹고살았습니다. 우리도 비슷해요. 그리고 일자리가 갈수록 늘지도 않을 겁니다. 고용 없는 성장이라고 하죠? 지금 협동조합이 득세합니다. 앞으로 어떤 정권이 들어서도 협동조합은 피할 길이 없어요. 그런데 협동조합의 문제가 뭡니까? 창의적인 생각이 없으면 죽습니다. 아이디어가 안 나오는 협동조합은 망합니다.

미국의 한 연구 보고서에 따르면, 앞으로의 산업 전망을 이야기하면서 손보다 머리 쓰는 것, 반복적인 것보다 창의적인 것, 사람과의 상호작용이 중시되는 시대다, 이렇게 정리했습니다. 한국 사회도 산업구조가 그렇게 돌아가고 있죠. 우리 단체가 이번에 발간한 〈찾았다 진로!〉라는 소책자에도 나오는데, 미래 사회에서 요구되는 능력은 첫째, 지식을 활용하는 능력, 둘째, 이질적인 문화에서 소통하는 능력, 셋째, 자립하는 능력, 이 세 가지가 중요합니다.

이렇게 따지고 볼 때 우리 사회에서 필요한 능력이 뭡니까? 우리 사회, 우리 아이들이 직면하게 될 미래는 무엇과 같을까요? 그것은 유대인이 직면했던 미래와 거의 유사합니다. 스펙이 없어도 버틸 수 있고, 한국에 살지 않고 한 1년 후에 미국 가도 살아남을 수 있…… 그게 뭘까요? 유대인은 경전을 제외하고 지식을 암송하는 것은 별로 의미가 없다, 왜why를 추구하는 학문의 본령에 익숙한 방식으로 공부하는 것이 맞다, 이렇게 생각했지요. 우리에게도 그것은 피할 길이 없는 현실입니다.

꿈이 있는 공부: 외재적 목적과 내재적 목적

이제까지는 '공부의 방법론'과 관련된 말씀을 드렸다면, 이제는 적극적으로 '꿈이 있는 공부'란 무엇인가를 정리해볼까 합니다. 그러려면 먼저 꿈을 정리해야 합니다. 아까 저는 욕망은 꿈이 아니라고 얘기했습니다. 이력, 학벌, 일자리, 승진, 출세, 재산, 고액 연봉, 평판, 권력, 지배, 넓은 집, 안정성, 결혼, 인적 네트워크 같은 것들은 다 가짜 꿈입니다.

진짜는 뭘까요? 저는 강의를 준비하면서 〈지금 공부하는 네가 모두를 놀라게 할 것이다〉(프롬북스, 2013)라는, 이투스 김형중 사장이 쓴 책을 봤어요. 전 깜짝 놀랐어요. 물론 입시에 성공하는 학습법을 주로 다룬 책입니다. 그런데 이분의 관점이 좋더라고요. 학원에 종사하는 분도 이렇게 훌륭한 관점을 가질 수도 있구나, 이투스가 참 괜찮은 곳이구나 하는 생각도 했습니다. 그분이 꿈에 대해서 이렇게 이야기합니다.

특정 직업이 꿈이 될 수는 없다. 사람 생명을 지키기 위해 연구하는 꿈을 꾸었고 그 꿈을 이루는 수단이 '의사'라는 직업을 선택한 이유가 되어야 한다. 의사나 변호사라는 직업과 그 직업으로 인해 얻을 수 있는 사회적 지위, 경제적 풍요가 꿈이었던 대부분의 사람들은 행복하지 않다. 그러나 아픈 사람을 고쳐주는 일, 곤경에 빠진 사람에게 법적인 도움을 주는 일이 꿈이었던 사람은 변호사나 의사로 많은 돈을 벌지 않아도 행복하다. 바로 꿈이 실현되는 공간에서 살고 있기 때문이다. 그것이 바로 진짜 꿈이다.

참 정확한 지적이라는 생각이 들었습니다. 또 김진애 선생님이 쓰신 책 〈왜 공부하는가〉에도 꿈에 대한 인상적인 정의가 나옵니다.

우리에게는 개인을 넘어서는 더 큰 꿈이 필요하다. 개인의 욕망을 넘어서는 꿈이 무슨 뜻일까? 나 혼자 잘한다고 이루어지는 게 아닌 꿈, 많은 사람들이 비슷한 꿈을 꾸어야 비로소 실현될 수 있는 꿈, 발상을 바꾸어야 실천이 가능한 꿈, 사회의 근본 구조를 혁신해야 실현될 수 있는 꿈, 그리고 그 꿈의 실현에 어떤 방식으로든, 아무리 작은 역할이든 자신이 참여할 수 있는 꿈, 그래서 여전히 희망으로 마음을 설렐 수 있는 꿈이다. 야무진 꿈은 살아가는 동기가 될 수도 있고 일하게 만드는 소명이 될 수도 있고, 우리를 앞으로 나아가게 하는 동력이 될 수도 있고, 뜻있게 사는 보람이 될 수도 있다. 무엇보다 공부를 하게 만드는 꿈이자

이 같은 꿈에 대한 정의에 저는 상당히 공감합니다. 자기가 삶을 통해서 추구하는, 공부를 통해서 목적하는 바가 자기 삶의 울타리 안에 있을 때, 자기 이익을 추구하는 일에 관심 있을 때, 그것은 욕망에 불과합니다. 그러면 꿈이 무엇이냐. 그것은 자기 삶의 울타리 바깥에 있는 사회의 어떤 필요에 응답하는 것에 목적을 두고 있을 때, 그때 품은 마음은 꿈입니다.

저는 메르크Merch라는 기업을 늘 인용하는데, 세계적으로 위대한 기업으로 평가받는 곳입니다. 여러 해 전, 이 회사는 멕티잔이라는 약품 개발을 두고 고민에 빠진 적이 있습니다. 우선 그 기업에서는 멕티잔이라는 약이 풍토병으로 고생하는 아프리카 사람들을 위해서 꼭 필요한 약이라고 생각했습니다. 그런데 왜 고민을 했을까요? 그것은 바로 그 약을 개발해봤자 정작 약을 필요로 하는 아프리카 환자들은 돈이 없어서 구입할 수 없다는 것입니다. 어떻게 할 것인가 고민하다가 결국 큰돈을 들여 개발하고 또 막대한 돈을 들여 배포를 합니다. 그래서 약 7억 명을 살렸다는 기록이 있습니다. 위대한 기업입니다. 〈성공하는 기업들의 8가지 습관〉(짐 콜린스·제리 포라스 지음, 워튼포럼 옮김, 김영사, 2002)에 나온 대표적인 기업입니다. 그런데 왜 그 기업은 이윤도 생기지 않는 그 일을 하기로 결정했을까요? 그것은 창업자 조지 메르크 2세가 만든 회사의 경영 방침과 철학 때문입니다. 그가 1950년에 한 얘기를 들어보세요.

"나는 우리 회사가 지지해온 원칙을 종합적으로 결론짓고자 한다. 우리는 의약품이 환자를 위한 것임을, 그리고 인간을 위한 것임을 잊지 않으려 한다. 의약품은 이익을 위한 것이 아니고, 이익 자체는 부수적인 것임을 기억하는 한 이익은 저절로 따라다닌다."

그 기업이 왜 위대한 기업이냐. 그것은 바로 돈을 잘 벌기 때문이 아니라 기업이 존재하는 이유가 자신의 이윤이 아니라 인간과 사회적 약자에 있다는 명확한 인식을 갖고 있기 때문입니다. 그게 바로 꿈입니다. 메르크 기업은 그런 의미에서 적어도 '욕망'이 아니라 '꿈'을 위해 존재하는 기업인 셈이지요.

그럼 꿈을 추구하면 먹고사는 문제는 어떻게 하느냐 물을 수 있습니다. 그러나 조지 메르크 2세가 하는 이야기에 유의해야 합니다. 이윤이 아니라 인간과 약자를 위해 일하면 이윤은 저절로 따라온다는 말. 그의 지적대로라면, 우리가 꿈을 추구하면 먹고사는 문제는 해결됩니다. 물론 떵떵거리며 사는 정도, 배에 기름기가 좔좔 흐르는 정도는 아니겠죠. 그렇지만 먹고살 수는 있다는 겁니다. 꿈을 추구하는 것이 결핍을 의미하지 않습니다. 이웃을 위해 존재하는 삶이라는 꿈을 추구하는 순간 하늘에서 그에게 필요한 것을 채워줍니다. 저는 그 사실을 굳게 믿어야 한다고 생각합니다.

꿈에 대해서 말씀드렸는데, 이제는 '꿈이 있는 지식, 꿈이 있는 공부'에 대한 이야기를 할까 합니다. 저는 파커 팔머의 가르침을 가지고 시작할까 합니다. 파커 팔머가 누군가요? 〈가르침과 배움의 영성〉(이종태 옮김, IVP, 2006)이라는 책을 보시면 "To Know As We Are

Known"이라는 말이 있습니다. 이게 제목입니다. '우리가 알려지는 것만큼 알기.' 이게 뭡니까? 내가 무엇인가를 알아가는 것인데, 그와 동시에 내가 발견되는 것이 또 아는 것의 목적인 겁니다. 아주 깊은 이야기입니다.

파커 팔머가 서양의 지식에 대해서 근본적으로 회의하면서 '지식의 생성에 새로운 동기가 필요하다'는 취지로 1945년 8월 6일, 나가사키와 히로시마에서 터진 원자탄에 대해서 이렇게 얘기합니다. "과학자들이 호기심으로 이것을 개발했다. 순수과학은 호기심으로, 실용과학은 지배를 위해서 지식을 생산했다. 그 결과, 인간에게 파멸을 일으킨 것이 1945년 8월 6일 사건이다." 그러면서 "일단 악한 동기로 만들어진 지식을 선한 용도로 제어하는 것은 매우 어렵다. (……) 순수 학문은 호기심이란 열정, 실용 응용 학문은 지배의 욕망으로 만들어지기 쉽고, 이로 인해서 대상을 죽일 수 있다. 그리고 그로 인해 그와 세상이 단절된다. 지식을 추구하는 열정은 자비, 사랑 등 영적 유산에 기초해야 한다. 이것을 통해 깨어진 자아, 세계와의 재결합이 되어야 한다. 배움의 동기만 아니라 지식을 생산하는 행위 자체가 사랑에서 시작되어야 한다. 배우는 내용을 통해 배우는 우리 자신이 바뀌어야 한다." 이렇게 이야기했어요.

이 말은 곧 지식을 생산하는 과정이, 그 욕구가 사랑에서 시작돼야 하고 자비에서 시작돼야 하고, 그리고 그렇게 생산된 지식을 학습하는 욕구 자체도 사랑과 자비에서 시작돼야 한다, 이것은 서양이 잃어버린 아주 뼈아픈 영적인 유산인데, 이것이 지식의 생성과 지식의 학습 과정에 결합해야 한다, 이런 말입니다. 사랑과 지식을 분리했기 때문에 인류의 재앙이 오늘날까지 그치지 않았고 앞으로도 그럴 것이라는 말이지요.

이원석 씨가 쓴 〈공부란 무엇인가〉(책담, 2014)라는 책에서 알게 된 사실입니다만, 바버라 매클린톡Barbara McClintok이라는 과학자가 있습니다. 여성 과학자로서 아주 독특한 분입니다. 세계적인 옥수수 유전학의 권위자로 노벨상까지 받은 분입니다. 지금까지 지식은 나와 대상을 분리해서 대상을 정복하기 위한 것이었는데, 이분은 "과학자가 종양을 이해하기 위해서는 종양이 돼야 한다"고 했습니다. 그러니까 대상과 주체의 합일이 참된 연구 방법이라고 이야기한 것입니다. 이분이 이런 이야기를 했습니다. "농장의 옥수수 하나하나에 이름을 붙여주고 틈틈이 말을 건넸더니 옥수수가 자기 세포 안에서 일어나는 생명 현상에 대해서 알려줬다." 비유적으로 한 얘기가 아니고 옥수수와 자신을 동일시하고 옥수수 하나하나에 애정을 쏟으면서 일체감을 느꼈더니 그 옥수수가 자기 영혼에게 해준 이야기가 있었다는 겁니다.

유홍준의 〈나의 문화유산답사기〉에 "사랑하면 알게 되고, 알면 보이나니, 그때 보이는 것은 이전과 다르다"는 말이 있습니다. 조선시대 유한준이라는 문장가가 쓴 글을 유홍준 씨가 인용한 겁니다. 보통 우리나라 문화유적 하면 다 불국사, 첨성대, 남대문, 경복궁 이런 것만 생각하죠. 그런데 이분은 우리나라 국토의 소중한 부분을 애정을 가지고 지켜보니까 남대문만큼이나, 아니 그 이상으로 소중한 것이 해남에 있더라, 강진에 있더라, 이렇게 해서 문화유산답사기 제1호를 해남과 강진으로 정한 겁니다. 그때까지 그런 게 있는지 누가 알았겠어요. 그 동네 사람들도 자기들이 사는 곳이 문화유산 1호라는 사실은 몰랐을 거예요. 이분이 애정을 가지고 우리나라 국토에 있는 그런 문화유산을 보기 시작하면서 남들이 못 봤던 것을 보기 시작한 겁니다. 그렇게 해서 만든 것이 이 책입니다. 그러니까 사랑으로 발견하면서 얻게 된 지식인 것이죠.

기술도 그렇습니다. 사랑과 기술이 관계가 있어요. 여러분, 사랑하면 다른 것을 만들어요. 아프리카에선 물이 부족하니까 물동이로 먼 곳으로 나르지요. 그런데 중간에 물이 다 없어져요. 물을 안전하고 값싸게 나를 방법을 생각하다가 타이어 방식으로 굴려가며 물을 이동시키는 물동이를 개발했어요. 또한 '90퍼센트의 사람들을 위한 디자인'이라고 해서 흙탕물에서 간이 정수를 시킬 수 있는 값싼 정수기를 개발해서 아프리카 사람들한테 준 겁니다. 이것은 기술과 디자인이죠. 그런데 1퍼센트, 10퍼센트를 위한 것이 아니고 나머지 90퍼센트 사람들을 위한 기술과 디자인입니다. 이런 기술을 뭐라고 합니까? '적정기술'이라고 하죠. 물론 어떤 때는 첨단기술도 필요하죠. 그렇지만 적정기술은 사랑과 기술이 결합된 아주 상징적인 형태입니다.

저희 단체도 적정기술을 개발했습니다. 90퍼센트를 위한 디자인, 90퍼센트를 위한 지식, 그것은 바로 사교육비 경감에 도움이 되는 지식을 담은, 〈아깝다 학원비!〉, 〈아깝다! 영어 헛고생〉, 〈찾았다 진로!〉 같은 소책자 3종 시리즈입니다. 물론 이 적정기술을 만드는 것은 결코 쉬운 일이 아닙니다. 우리가 지난 6년간 수없는 토론과 조사 과정을 거쳐서 만들었습니다. 쉽게 쓸 수 있다고 해서 쉽게 만드는 게 아니라는 겁니다. 우리 단체는 앞으로도 더 많은 적정기술을 만들어 보급할 것입니다.

사교육걱정없는세상이 90퍼센트의 시민들을 위해 개발한 적정기술.

꿈이 있는 공부의 개념에 대해 이젠 좀 정리하겠습니다. 꿈이 있는 공부란, 재능과 적성에 맞는 공부로 직업을 선택해서 그 직업을 통해서 사회를 바꾸고 다른 사람의 이익에 봉사하고 공동체의 관계를 복원하고 그래서 자기는 보람을 느끼면서 경제적으로 자립 생활을 하게 되는 것, 그것을 가능하게 하는 것이 '꿈이 있는 공부'입니다. 이것은 사랑에 기초한 공부죠.

그러나 이것만으로는 '꿈이 있는 공부'를 제대로 설명하지는 못합니다. 다른 하나가 보완되어야 합니다. 지금까지 말씀드린 공부는 나쁜 목적으로 공부하지 말고 선한 목적으로 공부해야 꿈이 있는 공부라고 했고, 공부는 그런 선한 목적을 위한 도구라는 것입니다. 그러면 공부는 수단으로서의 기능, 그러니까 '무엇을 위한', 수단으로서의 기능 외에는 없는가 하는 겁니다. 좋은 의미든 나쁜 의미든 써먹을 용도가 없어도 그 자체로 의미 있는 공부는 없겠는가 하는 것입니다.

그런데 KBS 다큐 프로그램인 〈공부하는 인간〉에서 이에 대해 언급한 사례가 아주 인상적이었습니다. 외국의 어느 노부부가, 그러니까

89세 남편과 86세 아내가 아침마다 일어나서 수학 문제를 풀어요. 둘이 열심히 풉니다. 수능 대비하려고요? 직장 생활하려고요? 아니지요. 그냥 푸는 거예요. 심지어 이 할머니는 86세에 남편한테 프랑스어를 배우기 시작합니다. 그 나이가 되어서 통역하려고? 프랑스에 놀러 가려고? 그게 아닙니다.

이 할머니한테 왜 그렇게 공부하느냐고 물었더니 "세상의 일을 지켜보는 게 아주 흥미롭다"는 겁니다. 과거로부터 배우고 그것을 통해서 적극적으로 살아갈 때 '아 내가 여전히 세상의 일부구나' 그런 생각이 들고 세상과 연결된다는 느낌을 갖는다는 겁니다. 이것은 실용성, 유용성과 관계없어요. 이분이 "세상과 그렇게 관계를 맺을 때 우리의 삶에서 더 이상 은퇴는 없다." 이렇게 말씀하시는 것입니다. 그 말씀이 너무도 인상적이었습니다.

한국인에게 은퇴는 초라합니다. 정신적인 퇴행과 동일어인 경우가 많아요. 아름답게 노년을 보내는 방법이 실용과 유용성을 떠난 공부에 천착하는 것이구나, 그래서 그 공부를 통해서 내가 세상의 일원이고, 세상과 관계 맺고 있다는 느낌을 갖는 것, 이것이 은퇴가 주는 비루한 감정으로부터 자유롭게 되는 것이구나 하는 생각이 들었습니다. 비록 무엇을 위한 수단은 아니지만 이렇게 자기 삶 자체의 풍요를 위해 하는 공부도 있는 것입니다.

공부에는 두 가지 목적이 있는데, 하나는 '외재적 목적', 나머지 하나는 '내재적 목적'입니다. 이것은 서울대학교 사범대학 이홍우 교수님이 내린 유명한 정의지요. 이분이 쓰신 〈교육의 목적과 난점〉(교육과학사, 1998)에 보면, 무엇 무엇을 위한 수단으로서의 공부는 외재적 목적이라고 이야기합니다. 이분은 수단으로서의 공부를 극단적으로 혐오합니다. "설사 모든 사람을 천사로 만드는 목적이라도 교육에서 목적이 있으면 안 된다"라고까지 이야기합니다. 저는 이것은 지나치다고 생각합니다. 여하튼 이분이 힘써서 강조하려는 것은, 외재적 목적에 가려진 내재적 목적을 드러내는 것이죠. 그리고 외재적 목적으로 하는 교육을 교육이라고 얘기하면 안 된다는 얘깁니다. 그럼 무엇이 교육입니까? 이홍우 교수님은 수단으로서의 교육은 훈련, 기술이지 교육이 아니라고 말합니다. 그럼 교육은 뭡니까? 그 물음에 이분은 다음과 같이 답했습니다.

"교육은 현상 이면에 있는 구조에 대한 이해와 깨달음, 안목의 형성을 갖추는 것이고, 보이지 않는 것을 더 중요하게 생각하는 활동이다."

우리는 대개 어떻게 합니까? 외재적 목적으로 공부를 시작합니다. 시험을 통과하려고 공부합니다. 좋은 대학에 가려고 공부합니다. 그런데 공부하다 보니까 '어, 공부가 굉장히 재미있네' 하면서 공부 그 자체에 빠져버려요. 대학, 고시 패스하려고 공부하다가 계속 공부에 매달리는 경우도 있습니다. 공신들의 책을 보니까 그분들에게도 그런 모습이 보입니다. 유용성을 목적으로 시작했지만, 그래서 공부를 하다가 이젠 아예 공부 그 자체에 흥미를 느끼는, 내재적 목적에 심취하는 것도 소중하다는 얘깁니다.

이나영이란 배우가 있습니다. 굉장히 매력적인 배우죠. 이 배우가 내재적 목적의 공부의 맛을 아는 사람입니다. 이 배우는 이른바 SKY 대학을 나온 사람은 아닙니다. 그런데 이나영이라는 배우는 드라마를 찍거나 영화 촬영을 할 때 시간이 남으면 우리가 고교 때 공부했던 〈수학정석〉을 펼쳐놓고 수학 문제를 푼답니다. 재수나 삼수하려고? 그게 아닙니다. 사람들이 왜 푸느냐고 물었더니 이렇게 대답했답니다. "재밌으니까요." 사람들이 그 배우를 "희한한 사람"이라고 이야기한다는군요. 왜 그럴까요? 대부분의 한국 사람은 그렇게 안 한다는 거죠. 공부의 내재적 목적을 잘 모른다는 얘깁니다. 한국 사람은 다 외재적 공부에 능통하고, 그게 다예요. 그러나 우리 아이들에게는 내재적 목적을 키워주는 것이 중요합니다.

강영안 교수님이나 다른 분들이 지금까지 강조했던 내용을 제가 내재적 목적으로 정리해서 말씀드리면 다음과 같습니다. 즉, "생각의 힘을 키워 무지몽매한 상태에서 자유케 되며(이게 인문학의 특징이라고 그랬죠? 특히 그 일곱 가지 교양 교과가 그렇습니다), 동시에 세계와 나의 일치, 타인과의 만남의 회복, 나를 변화하기 위해서 공부한다(이것이 내재적 목적 중의 하나고, 이것은 사실 실용성과 관계없죠). 그리고 이유를 찾고 탐구하는 공부는 그 자체로 정신을 맑게 하며, 사람의 마음을 자유롭게 하고 호기심을 촉발하므로 지적인 흥분과 즐거움을 준다. 그것이야말로 배움에 대한 사랑, 대상에 대한 사랑과 관심이다."

여기서 제가 강조하려는 것은, 내재적 목적으로 공부를 하는 것도 사랑과 관련이 있다는 것입니다. 내재적 목적으로 공부하든, 적정기술을 중심으로 하는 참된 외재적 목적으로 공부하든 지식과 사랑은 관련되어 있어요. 결국, 공부는 외재적 목적, 내재적 목적 두 가지가 있는데 이 두 가지가 다 사랑에 뿌리를 내리고 있다면, 이 두 가지를 통합한 방식의 목적에 합당한 공부는 의미가 있다, 이렇게 정리할 수 있겠죠.

파커 팔머는 아까 얘기했던 책에서 이런 얘기를 합니다. "사랑으로부터 시작된 지식은 우리에게 자신이 아는 바를 위해 변화할 것을, 심지어 희생할 것을 요구한다." 이런 표현을 썼어요. 사랑으로부터 시작된 지식은 우리 자신을 바꾸라고, 우리 자신을 희생하라고 요구한다. 그러니까 사랑으로부터 시작된 공부를 하다 보면 우리가 바뀌고 우리를 희생하는 일들까지도 생긴다는 이야기겠죠. 소설가 김훈이 '소설가 김훈의 서재'라는 인터뷰에서 이런 이야기를 했습니다.

"자꾸만 사람들이 책을 읽으라, 책을 읽으라 하잖아요. 그게 틀린 말은 아닌데…… 저는 이렇게 생각해요. 〈근사록〉이라는 책을 보면 '공자의 논어를 읽어서 읽기 전과 읽은 후나 그 인간이 똑같다면 구태여 읽을 필요는 없다'라는 이야기가 나와요. 그러니 다독이냐 정독이냐, 일 년에 몇 권을 읽느냐, 이런 것은 별 의미가 없죠. 책을 읽는다는 것보다도 그 책을 어떻게 받아들여서 나 자신을 어떻게 개조시키느냐는 게 훨씬 더 중요한 문제죠. 책에 의해서 자기 생각이 바뀌거나 개조될 수 없다면 구태여 읽을 필요는 없는 거죠. 책은 우리가 모든 세상과 직접 관계해서 터득하고 경험의 결과를 얻기는 어렵기 때문에 그 보조적인 수단으로 필요한 것이에요. 세상을 아는 여러 가지 수단 중 하나입니다. 책 속에 길이 있다고들 하는데, 내가 보니까 책 속에는 길이 없어요. 길은 세상에 있는 것이지. 그러니까 책을 읽더라도 책 속에 있다는 그 길을 세상의 길과 연결을 시켜서 책 속의 길을 세상의 길로 뻗어 나오게끔 하지 않는다면 그 독서는 무의미한 것이라고 생각합니다."

저는 대단한 탁견이라고 생각합니다. 사실 우리 부모들 어떻습니까? 위인전 많이 읽히잖아요. 이런 우스갯소리가 있잖아요. '부모는 아이에게 간디의 책을 읽기를 권하지만, 간디처럼 살려고 하는 것은 반대한다.' 간디 책을 왜 읽힙니까? 수능에 또는 논술시험에 나오니까. 사고력을 증진시키니까. 정작 사고력의 증진을 통해서 내가 간디처럼 살겠다고 할 때는 펄쩍 뛴다는 것이 참 아이러니합니다.

우리 중고등학생은 책을 통해서 변하지 않습니다. 입시라는 과중한 부담 때문이지요. 그런데 1970, 1980년대에 대학 가서 얻게 되는 지식은 놀라웠습니다. 학교에서 가르쳐주지 않고 언더서클에서 배우는 지식을 통해서 세상에 대한 학생들의 고정관념이 깨져나가고, 리영희 교수 등의 책을 통해서 사람들이 바뀌어나갔습니다. 그러면서 자기를 희생하는 일들을 서슴없이 하게 됩니다. 그러나 요즘 대학은 그렇지 않습니다. 중·고등학교와 똑같습니다.

저도 1980년대에 대학을 다녔는데 지금도 인상적으로 기억하는 사건이 하나 있습니다. 1986년 5월이었습니다. 한 학생이 사회를 바꾸기 위해서, 독재에 저항하기 위해서 학생회관 위에서 몸에 불을 질러 투신했습니다. 저는 거기서 200미터 정도 떨어진 곳에서 다른 집회에 참여하고 있었습니다. 그때 그 학생이 투신한 사건에 충격을 받아서 사교육걱정없는세상까지 오게 됐습니다. 그러니까 제게 그 학생은 100권의 책보다도 더 강력한 영향을 끼쳤다는 것입니다.

"의롭게 갔으니까 그걸로 됐어." 이 말은 세월호 사건으로 돌아가신 남윤철 선생님의 어머니가 하신 말씀입니다. 사건이 터지고 나서 전원다 구출됐다고 들었는데 나중에 그게 아니고 배 안에 200명 이상의 아이들이 갇혀 있다는 얘기를 듣고 어머니는 그렇게 판단하셨다는군요. "아, 그 배 안에 우리 아이들이 있다고? 그러면 우리 윤철이도 있겠구나." 이게 뭘 의미할까요? 부모가 평상시에 그런 의로운 삶을 강조하고 삶으로 말로 그것을 보여주고, 또 자식이 그것을 학습해서 공부해서 내면화했고, 그래서 막상 위기 상황에서 자기가 배운 대로 삶을 살아야 되는 그 시점에서, 부모는 자식이 그대로 살리라고 믿었다는 겁니다. 지식을 통해서 자기가 희생해야 될 것을 요구받았을 때 희생했다는 것입니다. 그런 의미에서 부모의 삶과 가르침이 책이었죠. 그로 인해서 자녀가 변화하고, 그래서 정작 중요한 순간에 수많은 아이들을 살려냈다는 것입니다.

꿈이 있는 공부를 종합적으로 정리하자면 이렇습니다. 즉, "▲세상과 타인에 대한 사랑으로 이웃과 사회에 기여하기 위해 공부하며, ▲생각의 힘을 키워 무지한 상태로부터 자유케 되고, 세상을 보는 새롭고 깊은 안목을 얻게 되며, ▲소중한 것을 기억하며, 끊임없이 질문하며 그를 통해 자신이 변화되는 것이다. ▲세상과 자연에 대한 관심을 잃지 않되, 생활 속에서 책을 손에서 놓지 않는다. ▲다른 누구의 삶과 비교하지 않더라도, 그 자체로 자신의 삶이 풍요롭고 기쁘다." 이것이 꿈이 있는 공부의 온전한 정의이며, 우리는 아이들을 이렇게 키워야 한다고 저는 생각합니다.

욕망이 있는 공부는 목적 달성 후에 멈춰요. 더 이상 공부하지 않습니다. 그러나 꿈이 있는 공부는 멈추지 않습니다. 꿈이 있는 공부는 이웃을 사랑하는 행위이며 자신의 끝없는 성장과 관련이 있는 공부이니까요. 또한 욕망이 있는 공부는 작은 승리에 만족합니다. 그 결과로 허무와 공허와 비교의 긴장만 있고 자신의 변화는 없습니다. 그러나 꿈이 있는 공부는 자긍심과 보람이 있고, 지식을 습득한 후에 나의 변화와 희생까지 동반합니다. 모든 것을 쏟아부었던 공부의 축을 이제는 꿈이 있는 공부로 바꾸는 일이 필요한데, 우리 사회 어디에도 이 꿈이 있는 공부로 공부의 패러다임을 바꾸자는 운동을 하는 곳이 없습니다. 파고 들어가 보면 사실은 전부 다 욕망을 위한 공부입니다.

이른바 자기주도 학습이란 것도 욕망을 위한 학습법입니다. 오늘날 자기주도 학습이란 무엇입니까? 그것은 스스로 하는 겁니다. 사실 공부 방법론과 목적론은 밀접히 연결돼 있어요. 목적과 방법, 목적과 수단은 긴밀히 연결돼 있습니다. 목적에 맞지 않는 잘못된 수단은 불필요해요. 학원과 부모가 중심이 돼서 학습 관리도 못해주면서 문제 해결 능력, 질문 능력을 망가뜨리는 것은 자기주도 학습이 아니죠. 최근 들어서 '자기주도 학습관'이라는 말이 유행하지 않습니까? 이름은 그렇게 붙여놓고 실제로 학습 관리는 안 해줍니다. 최소한의 것도 안 해주죠. 물론 학원과 부모에게 의탁하지 않고 자기 스스로 공부하는 학생도 있습니다. 스스로 학습 관리도 하고 문제도 잘 풀어요. 그런데 마음속에 욕망이 있어요. 그것이 자기주도 학습일까요? 그것은 가짜 자기주도 학습입니다. 이른바 공신들이 가짜 자기주도 학습에 심취한 사람들이고, 그 사람들이 세일즈하는 책은 살 필요가 없습니다. 스스로 학습 관리를 하고 주어진 문제를 풀기도 하지만 스스로 문제를 만들어내는 능력도 갖추면서 또 그 추구하는 바에 이타성이 있을 때, 그것이 진짜 자기주도 학습입니다.

그래서 앞으로 학습 방법에 대해서 얘기할 땐 반드시 목적과 가치를 함께 붙여서 설명해야 합니다. 우리 사회에 사이비 자기주도 학습이 굉장히 많습니다. 눈을 부릅뜨고 그것에 오염되지 않도록 봐야 합니다. 왜 그런지 아십니까? 자기주도 학습 방법이라며 '나는 수단만 얘기해줄 뿐이야'라고 말하기 때문입니다. 그러나 그런 방법론 뒤에 뭐가 숨겨져 있는지 아십니까? 욕망이 깔려 있어요. '서울대, 명문대 가서 성공해서 살아. 그것을 위해서 이 학습법이 필요해. 학원에 의존하지 말고 이 방법으로 살아봐.' 이렇게 얘기하는 겁니다. 목적이 빠진 수단은 참된 수단이 아니지요.

그러면 꿈이 있는 공부를 위해서 어떻게 할 것이냐? 저는 다음 일곱 가지 목표가 중요하다고 생각합니다. 앞서의 강연을 통해서 강사님들이 주신 내용과 제 생각을 정리해본 것입니다.

꿈이 있는 공부를 위한 7가지 가르침

꿈이 있는 공부라는 것은, 우선 ▲목표를 '자신의 꿈에 대한 탐색'에 두어야 해요. 그리고 ▲타인, 특히 약자에 대한 공감, 그러니까 사랑이 있어야 합니다. 또한 ▲무엇에 매이지 않는 사고의 자유 ▲문제를 제기하고 푸는 힘이 있어야 합니다. 풀기만 하면 안 돼요. 우리나라 학생들이 문제 풀이 능력은 뛰어나다고 하는데, 문제를 제기하는 능력은 없다고 얘기하지 않았습니까? ▲문제를 제기도 하고 풀기도 하는 힘, 그리고 ▲자기의 생각과 감정을 글로 표현하는 힘 ▲독립적이고 자립하는 힘 ▲공부하는 행복과 기쁨. 이 일곱 가지가 함축된 목표를 잘게 썰어서 어떻게 달성할 것인가, 하는 것을 우리 부모들이 고민해야 한다는 겁니다.

진로 탐색: 아이의 주도성

우선 진로 탐색에서는 아이의 주도성이 중요합니다. 이것은 정기원 선생님이 강의를 통해서 이야기하셨죠. 그런데 여기서 아주 중요한 것 중 하나가 '자신 속에 있는 것을 발견'하는 것이며, 진로의 발견은 '일찍 결정되지 않는다'는 점을 저는 덧붙이고 싶습니다. 최용우 대표가 저희 단체 이사이자 도움과나눔 대표이기도 한데, 그분이 말씀하기를 '나는 변호사야' '나는 카피라이터야'라고 어린 시절에 자기 진로를 구체적으로 결정하고 그에 관련된 스펙을 갖춰가는 방식은 위험하다고 했습니다. 그의 말입니다.

"한 가지 패로 인생을 사는 것은 위험합니다. 직업을 일찍 정해놓고 그 직업을 위해 매진하다 보면 나중에 당황하기 쉽습니다. 물론 진로를 상상하는 것은 필요해요. 그러나 진로 상상은 어디까지나 학습 의욕을 키워주는 장난감일 뿐입니다. 특정 진로가 아이의 미래를 결정한다고 보면 나중에 배신을 당합니다. 진로는 계속 달라집니다."

가슴에 와 닿죠? 이 장난감을 가지고 놀면서 학습에 대한 상상력, 학습에 대한 욕구를 자극하는 겁니다. 그러다 장난감은 또 바뀌어요. 같은 장난감을 10년 동안 갖고 노는 아이는 없어요. 그러니까 이런 조기 진로 결정론에는 마음을 줄 필요가 전혀 없다고 볼 수 있겠죠.

타인 이해, 가치 감수성

타인에 대한 이해, 가치 감수성, 공감 등을 이야기했죠. "타인에 대한 이해와 가치 감수성, 공감 능력은 꿈이 있는 공부를 위한 핵심"입니다. 이건 꿈과 연결된 겁니다. 자기의 진로를 꿈과 연결하는 능력인데, 물론 의도적이고 언어적으로 강조하는 것도 중요해요. 부모들이 강조하는 것도 중요합니다. 그러나 이것만으로는 한계가 있어요. 사실은 감수성과 성품이 타인에 대한 이해와 공감 능력으로 연결되게끔 하는 것이 중요한데, 그러려면 다른 사람들의 관심이나 시선과는 관계없이 스스로에게 만족하는 삶을 살아야 돼요. 그러니까 타인을 배려하는 삶을 살기 위해서는 타인의 시선을 의식하지 않고 자기 삶에 만족하면서 살아야 하는 거예요. 자긍심이 깊어야 타인에 대한 배려가 나타날 수 있다는 얘기입니다.

그럼 어떻게 하면 스스로에게 만족할 수 있느냐? 부모의 깊은 사랑입니다. 부모의 깊은 사랑이 있어야 진짜 꿈을 달성하기 위해 필요한 타인에 대한 이해가 가능합니다. 여러분 대부분 다 가정생활 하시죠? 그것이 언제나 자동적으로 잘되는 게 아니에요. 내가 자식을 깊게 사랑하는 것이 언제나 잘되는 게 아닙니다. 사람마다 인생의 그림자가 있어요. 또 가족의 내력이란 게 있어요. 남편과 아내가 잘 안 맞아요. 퉁탕거립니다. 그럴 때 아이는 사랑이라는 감정을 부모로부터 오롯이 받으면서 살기가 부족한 경우가 있습니다. 이것을 어떻게든 극복하는 것이 중요합니다. 그것을 어떻게 할 것인가의 문제는 이 강의의 목적을 넘어서는 부분이라 생략하겠습니다.

정신의 자유를 주는 독서

　정신의 자유를 주는 독서가 중요합니다. 대체적으로 독서는 초등학교 때 많이 합니다. 부모의 강요 내지는 지도 아래서 말입니다. 그러다가 중학교 때 독서와 인연을 끊습니다. 열에 여덟이 그래요. 사춘기는 직접적인 자기 탐색의 욕구가 맹렬한 때입니다. 그렇기 때문에 간접 경험에 별로 관심이 없어요. 게다가 중학교는 아이들이 독서에 대한 열정을 포기하도록 만드는 데 놀라운 능력을 가지고 있어요. 중학교 가서 1년도 안 돼 책과 담을 쌓습니다. 그러다가 고등학교 때는 입시를 위한 공부에 집중하면서 책을 더 안 읽어요. 대학교 때는 취업을 위한 공부에 매진하지요? 성인이 되면 어떻습니까? 전철 안에서 책 안 읽잖아요. 집에서도 책을 안 읽습니다. 서양에서는 전철 안에서 다 책을 읽어요. 그 사람들은 스마트폰이 없겠어요? 그래도 다 책 읽습니다.

　어떻게 하면 독서에 대한 감수성을 키워줄 수 있을까요? 이 고민이 깊어야 합니다. 원론적인 것은 중요하지 않습니다. 다 아는 거니까요. 그런데 독서를 안 하는 사춘기와 고등학교 때 어떻게 할 것이냐가 우리의 과제입니다. 독서를 하기 시작하는 때가 있습니다. 일단 철이 들고, 자기 삶에 대한 고민이 깊어지면 책을 읽게 됩니다. 자기의 직접 경험으로 도무지 해결 안 되는 문제에 봉착하면서 '내가 이 문제를 풀지 않으면 내 생애 돌파구는 없다'고 생각할 때, 비로소 책을 들게 됩니다. 저도 그랬으니까요.

　제가 좋은교사운동을 위해서 학교를 퇴직하고 보니 제 경험치로는 조직운동을 이끌어가기가 쉽지 않겠더라고요. 그래서 읽었던 책이 경영서였습니다. 그리고 3천 명 이상의 사람들을 감당할 만한 인격을 갖추는 데 도움이 될까 싶어서 읽었던 책이 위인전과 자서전이었습니다. 그리고 세상에 변화를 가져오기 위해서는 큰 스케일의 책이 필요하다고 생각해서 읽은 책이 〈레미제라블〉인데 작년에 읽었습니다. 〈카라마조프 가의 형제들〉과 〈죄와 벌〉도 작년에 읽었습니다. 문제의식이 쌓이니 늦더라도 시작하는 것입니다. 아이들도 마찬가지죠. 어떻게 삶의 문제의식, 공부의 문제의식을 갖게 할 것인가, 그것이 숙제입니다. 그러나 그것은 부모가 적극적으로 노력해서 얻어지는 것이 아니라, 스스로 철이 들면서 누구에게나 찾아오는 고민입니다. 그런데 부모가 아이 인생에 지나치게 간섭하면, 이런 문제의식은 길러지지 않는다는 것을 유념해야 합니다.

문제를 제기하고 푸는 힘

문제를 제기하고 푸는 힘은 서울대학교 황농문 교수가 자신의 책 〈공부하는 힘〉에서 이야기한 것이지만, '죽을힘을 다해서 풀겠다는 자세로 집중하면 풀린다'는 말씀은 저는 중요하다고 생각합니다. 개인들도 그렇고요, 가정이나 직장에서 풀리지 않는 문제를 대하는 자세와도 관계있다고 생각합니다. '문제가 안 풀리는 이유는 아이큐의 문제가 아니고 죽기 살기로 달라붙지 않았기 때문이다.' 이렇게 생각하면서 자기가 붙든 문제에 천착하는 습관이 일정 시간 쌓이면 어느 순간 딱 풀린다는 이야기죠. 칙센트미하이 교수는 〈몰입〉이라는 책에서 '몰입을 돕는 가정 조건'을 이렇게 정리했습니다.

몰입을 돕는 가정 조건

- 부모가 자신들로부터 기대하는 것이 무엇인지를 명료하게 알 것.
- 부모가 좋은 대학이나 좋은 직장에 대한 관심보다는, 지금 현재 자녀들이 하는 일의 구체적 경험과 감정에 관심을 가지고 있다고 믿는 자녀의 지각.
- 아이들은 선택한 것에 대한 결과를 책임질 수 있다면, 부모가 세운 규칙도 깰 수 있다고 생각하며, 다양한 가능성을 갖고 있다고 생각함.
- 자녀가 부모의 보호 아래 충분히 편안함을 느껴 자기가 관심 있는 어떤 것이든 간에 참여할 수 있게 하는 부모의 신뢰성.
- 자녀들에게 몰입을 행동할 수 있는 기회를 제공하는 부모의 헌신.

우선 '부모가 자신들로부터 기대하는 것이 무엇인지 명료하게 알아야 한다.' 부모가 '여기까진 돼' '여기까진 안 돼' 이런 정리를 정확하게 해줘야 한다는 얘기죠. 그리고 '좋은 대학이나 좋은 직장에 대한 관심보다는 현재 자녀가 하는 일의 구체적 경험과 감정에 관심을 가지고 있다는 자녀의 믿음'이 필요합니다. 그리고 '네가 선택한 것을 책임질 수 있다면 부모가 세운 규칙 깨도 좋아. 대신 책임져. 깨도 좋아' 이렇게 생각하는 허용성. 그다음 넷째로, 편안한 감정 상태를 주는 것, 안정감과 소속감을 주는 것, 몰입을 행동할 수 있는 기회를 제공하는 것이 중요합니다. 그는 이렇게 말합니다.

무엇을 할 수 있는지 없는지를 아는 아이, 규칙과 통제에 대해서 자주 논쟁할 필요가 없는 아이, 항상 머릿속에는 자식의 성공을 생각하는 부모의 기대에 대해서 걱정하지 않아도 되는 아이들에게는 무질서한 가정에서 필요한 주의에 대한 요구가 없다. 따라서 자유롭게 자신의 자아를 계발할 수 있는 활동에 관심을 쏟을 수 있다. 그렇지 않은 가정 아이들은 많은 에너지를 끊임없는 협상과 다툼에 소진한다. 아이들은 지시가 아닌 다른 사람들의 목표에 의해서 압도되지 않기 위해 또한 자신의 연약한 자아를 보호하기 위해 이러한 심리적 에너지를 써버리는 것이다. (……) 이런 아이들은 내적인 보상을 추구하는 데 쓸 에너지가 없어서, 삶에서 몰입을 추구하는 것 대신에 가능한 많은 쾌락을 얻는 것에 만족하는 성인으로 발전할 가능성이 높다. ―칙센트미하이, 〈몰입〉, 한울림, 170쪽.

우리가 반드시 새겨들어야 할 내용이라고 생각합니다.

생각과 감정을 글로 표현하는 힘

자기의 생각과 감정을 글로 표현하려면 부모의 억압적인 기대에 눌려 있지 않아야 합니다. 그래야 특정한 계기와 만날 때 내면의 욕구가 확 살아납니다. 저희 집 이야기를 간단히 하겠습니다. 제 아내는 공부 방법 전문가입니다. 그러나 아이가 초등학교 5학년 때부터 공부 지도를 하려다가 자신의 방식이 통하지 않는다는 것을 알게 됩니다. 그러고 나서 아이를 자신의 방식으로 강요하지 않았어요. 그렇게 아이에게서 손을 떼고 아이의 진로 선택에 대해 관용적으로 바뀌게 됩니다. 그러나 저는 아이가 중학교 때부터 사춘기를 겪으며 흔들리는 모습을 보면서 개입했습니다. 그래서 크고 작은 일로 다투기 시작하고, 그렇게 1년 반 정도 끌면서 '이러다가는 아이와 관계가 영영 끊어지겠구나'

라는 위기의식을 느껴 저도 제 방식을 내려놓고 아이와의 소통에 집중했습니다.

아이는 부모가 만들어준 넓은 울타리, 관용적인 분위기 속에서 지난 6년 동안 제 나름대로 하고 싶은 일을 다 했습니다. 대신 저는 아이와 끈을 유지하기 위해 일주일에 한 번 있는 교회 성경 공부를 책임졌습니다. 아이가 얼마나 싫어했겠어요? 그러나 아이는 의외로 괜찮다고 이야기했습니다. 교사는 저 한 명인데 학생은 총 세 명. 그렇게 성경을 공부하면서, 아이들한테 제가 의외의 질문을 많이 던졌습니다. 그러니까 호기심이 팽창하더라고요.

예를 들어, 〈성경〉에 이런 말이 있습니다. 어떤 사람이 예수가 진짜 메시아인지 내가 가서 확인해봐야겠다, 그러면서 옵니다. 그런데 자신에게 가까이 다가오는 사람을 보고 예수님은 대뜸 '너 참 훌륭한 사람이다, 네 속에 간사한 것이 하나도 없구나' 하고 칭찬합니다. 초면에 그렇게 칭찬하니 이 사람이 의아해하지요. '아니, 당신이 나를 어떻게 알아요?' 이렇게 묻습니다. 그러자 예수님이 '내가 너를 무화과나무 아래 있을 때 봤다' 했더니 갑자기 이 사람이 무릎을 꿇습니다. 그리고 '아, 당신은 참으로 하나님 아들입니다.' 이렇게 고백합니다. 이게 웬 황당한 대화입니까? 말이 안 되잖아요. 도대체 무슨 사건이 있었길래 이런 놀라운 대화가 이루어지는지 알 수가 없습니다. 그런데 이것을 주석서나 다른 목사님 설교집을 보지 않고 저 혼자 끙끙대다가 아이들에게도 물어보고 캐 들어갑니다. 어차피 정답은 없는 것이니까 아이들도 이런저런 답을 하다가, 어떤 대목에서 서로 '아, 그것이다!' 그런 깨달음을 얻기도 합니다. 이런 식으로 2~3년 하니까 아이가 호기심을 키우고, 정답이 없는 것에 자기 식의 답을 제기하는 능력이 발달하기 시작했습니다.

그렇게 하며 아이는 성장하는 것입니다. 그러나 그렇게 해서 성적과 점수로 연결이 안 되면 어떻게 합니까? 부모의 역할은 성적으로 표현되지 않는 아이의 장점과 가능성 그리고 내면의 성장을 크게 봐주는 것이라 생각합니다. 아이가 작년 고등학교 2학년 때 이전에 한 번도 하지 않은 행동을 시작했습니다. 어느 날 제게 조심스럽게 오더니, "아빠, 제가 시를 써왔는데 한번 봐주시겠어요?" 하는 겁니다. 제가 놀랐죠. 고등학교 남자아이가 시를 쓴다는 것은 정말 남다른 것입니다. 그것이 성적으로 반영되든 안 되든, 시를 쓰는 것 때문에 공부할 시간을 뺏기든 어떻든 그것은 정말 놀라운 지적인 성장입니다. 물론 공부는 안 하고 웬 시냐, 하고 나무라는 부모들도 있겠지만, 제겐 정말 놀라운 일이었습니다. 그래서 제가 다소 흥분된 마음으로 가져와보라고 이야기했습니다. 아이가 처음으로 쓴 시입니다.

비
 — 송여명

하늘에서 네가 오는 날이면
흔들리는 연꽃 한 장 둘러쓰고
너를 맞으러 나아간다.

환희를 머금은 웃음을 짓자면

비록 제대로 바라보기 힘들더라도
너의 소리 느끼며 서 있는다.

네 온 곳으로 돌아가는 너를 느끼면
내 몸 내 가슴 아직 갈라진 사막 같지만
너를 빙그레 눈물로 보낸다.

하늘에서 네가 오는 날이면
일곱 빛깔 오선지만 홀연히 남아
너 왔었노라 노래한다.

저는 깜짝 놀랐어요. 잘 쓰고 못 쓰고를 떠나 나름 자신의 감정 흐름을 이렇게 시로 표현할 수 있다는 것이 대단해 보였습니다. 비록 시험과 무관할지라도 그렇게 자기감정을 표현한다는 것은 세상을 이해하고 자기감정을 풀어내는 감수성이 생기기 시작했다는 신호지요. 그래서 제가 할 수 있는 가장 큰 격려를 했어요. 그 뒤부터 아이는 본격적으로 시를 쓰기 시작했습니다. 공부하다가 답답해서 운동장을 돌면서 갑자기 시상이 떠올라 쓰고, 비 오는 하굣길에 차에서 내려서 귀가하다가 시상이 떠올라 은행 현금인출기 부스에 들어가 기록합니다. 수첩에 시를 기록하기 시작합니다. 네이버 메일함에 한 편 한 편 저장하더니 수십 편의 시를 모았습니다. 그 모든 출발은 이 〈비〉라는 시였습니다.

아이는 어느 날 학교에서 야간자율학습 시간에 책 읽는다고 되게 혼났답니다. 그렇지만 저는 시험과는 관계없이 이 아이가 내적으로 성장하는 것을 격려해줘야 한다고 생각했습니다. 부모란 뭡니까? 세상의 어떤 사람도 못 보는 자녀의 성장을 알아차리고 지켜줘야 할 책임이 있는 존재입니다. 세상에서 유일한 존재입니다.

그 후로 아이는 장르를 옮겨서 긴 글을 쓰기 시작했습니다. '권력과 부와 명예의 차이에 관하여' 이런 식의 글을 쓰기 시작해요. 시험기간이 임박해도 그렇게 합니다. 그러나 저는 비난하지 않고, 마음속으로 다짐합니다. '우리 아들은 지금 성장하는 중이다', 이렇게 말입니다. 아이는 본격적으로 컴퓨터에 글을 쓰기 시작했습니다. 어떤 날은 '두 가지 종류의 아름다움에 관하여'라는 주제로 긴 글을 썼습니다. 내적인 아름다움, 외적인 아름다움을 비교하면서, '과도한 화장은 도덕적이지 않다'고 자기 나름의 논지를 갖고 글을 풀었습니다. '연한 화장은 자기 내면의 아름다움을 드러내는 것이기 때문에 괜찮지만 과도한 화장은 안 되고 성형은 더 비윤리적이다' 이렇게 얘기합니다. 이걸 검토해달래요.

제가 반박했죠. '장애가 있어서 성형하는 건 어떡하니?' '아 그건 빼고요.' 예외가 나오기 시작합니다. '거짓말했다고, 은폐를 했기 때문에 문제가 되고 비도덕적이라고 비판한다면, 그럼 자기가 성형했다고 떳떳하게 인정하면 그건 윤리적인 거 아니니?' 그렇게 얘기했더니 얘가 한동안 고민하다가 다음 날 제 주장에 반박하는 글을 정리했습니다. 이게 작년에 있었던 일이에요. '최대한 꾸미지 않고 치장하지 않고 빨리 나오는 것이 도덕적이다'라고 생각하기 시작하면서 요즘엔 외출 준비하는 시간이 짧아지기 시작했습니다. 자기가 한 얘기가 있기 때문이죠. 이런 지적인 성장 과정을 글로 표현한다는 것은 아주 중요한 성장의 과정이라는 것입니다. 그리고 이런 성장을 보이는 아이들이 수능과 같은 시험을 끝까지 망칠 수는 없는 일 아닐까요?

거듭 이야기합니다. 아이의 성장이란 것은 성적으로 표현되지 않을 수도 있습니다. 그러나 성적으로 표현되지 않더라도 아이는 성장합니다. 그런 보이지 않는 영역에서의 성장을 지켜봐주고 중요하다고 인정하면서 아이를 지켜주는 것이 부모의 역할입니다. 그렇게 하면 아이는 그에 화답하고 그토록 부모가 걱정하는 부분들에서 부족한 것을 채우고 어느 날 대견하게 우리 곁에 서게 됩니다.

공부하는 기쁨과 행복

"입시는 단순 암기라고 생각하시나요? 천만에요. 그 과정에서 앎의 기쁨과 쾌감을 느끼는 아이들만 성공해요. 수능 문제는 엄청난 사고를 요구해요. 사고력 시험이죠."

이 얘기는 공부하는 기쁨과 행복에 대한 것입니다. 아까 누누이 말씀드렸던 메가스터디 손주은 사장이 한 얘기입니다. 말이 되죠.

"입시공부 속에서도 얻을 것이 있다."〈공부가 가장 쉬웠어요〉의 저자인 장승수 씨가 한 얘깁니다.

공부를 시작하면서 느꼈던 재미는, 책을 읽거나 다른 사람의 이야기를 듣거나 직접 자기 눈으로 어떤 현상을 목격하면서 '아, 그래서 그렇구나!' 혹은 '아, 사실은 이런 것이로구나!' 하는 식으로 마음의 깨달음의 감탄부호를 찍게 만드는 순간에 느끼는 희열이다. -장승수, 〈공부가 가장 쉬웠어요〉, 김영사, 2004.

이 책을 보면 이 사람은 이홍우 교수가 말한 '내재적 목적'을 경험하고 있더군요. 저는 공신의 책 중에서 이 책이 제일 낫다고 생각합니다. 물론 입시공부를 통해서도 얻을 것이 있어요. 학교나 학원 강사들이 잘 가르쳐서가 아니고, 공부를 대하는 학습자의 자세에 따라서 그 내용을 재구성하게 됩니다. 자기 성장에 도움이 되는 방식으로 말이죠. 그럴 가능성이 큽니다. 장승수 씨는 물리에 관계되는 공부를 할 때면 냇가로 갑니다. 그리고 파장이론을 습득하려고 돌을 던집니다. 몇 시간이고 돌을 던지는데 건너편에서 아이들이 '아저씨 뭐 해요? 돌 던져요? 저도 던질게요' 합니다. 역으로 오는 파장과 만나는 모습을 보면서 갑자기 물리 이론을 깨닫기 시작합니다. 뭐 이런 깨달음을 자기 혼자서 얻어갔습니다. 그러니까 '우리 아이가 입시공부를 떠나 공부의 기쁨을 얻도록 미국에 보낼 거야' '대안학교에 가서 그다음에 어떻게 할 거야' 하는데, 그것만이 능사는 아니라는 겁니다. 5지 선다 수능과 학교 내신을 위해 공부하더라도 아이가 스스로 깨달음을 얻을 수 있는 가능성이 없는 것은 아니기에, 아이가 그런 깨달음을 얻을 수 있도록, 부모가 마땅한 역할을 해줘야 한다는 얘깁니다.

독립적이고 자립하는 능력

학원 의존적이고 부모 의존적인 아이들은 설령 공부를 잘하게 된다 하더라도 나중에 직장 생활을 하는 데 문제가 많습니다. 학원이 제시하는 예상 문제를 푸는 것에만 익숙한 아이들은 인생을 살 때 밑도 끝도 없이 나오는 문제 상황에 당황해합니다. 초등학교와 중학교 9년간 학원에 의존해온 아이들은 자기 인생의 역량을 발휘해야 할 대학과 성인 생활에서 제 역할을 못하기 쉽습니다. 학교 성적이 좋은 아이들이 나중에 학교나 방송국처럼 이른바 '잘 나가는 직장'에 가서 의외로 적응하지 못하고 힘겨워하는 경우도 있고, 또 일반 기업에 들어가서도 입사까지는 어떻게 가능하지만 그 후에 직장에서 새로운 문제 상황에 대처하지 못한 채 업무 수행에 어려움을 겪는 경우도 적지 않습니다.

그럼, 꿈이 있는 공부를 하다가 입시에 실패하면 어떻게 하는가? 이게 부모들의 일반적인 고민이죠. 꿈이 있는 공부를 하다가 실패한다는 것은 무엇을 의미합니까? 원하는 대학에 못 간다는 말인가요? 그럴 수도 있겠지요. 그러나 꿈이 있는 공부를 하는 아이는 이미 성공한 아이입니다. 그리고 앞으로 '인 서울' 중심 대학의 패권주의도 변하게 돼 있습니다. 지방대와 서울권 대학 간의 이런 극한 차별은 국가 자체의 존립을 위태롭게 하는 일이니 국가적 차원에서 이를 관리할 것이고, 그런 변화의 길로 가도록 사교육걱정없는세상은 현재 애를 쓰고 있습니다.

무엇보다, 꿈이 있는 공부를 위해 우리 부모들은 이 승자독식 사회에서 참답게 잘사는 길을 아이들에게 알려주는 게 중요합니다. 우리 아이들 대부분은 앞으로 여러 번 직장을 바꾸게 될 것입니다. 정규직이 못 될 가능성이 거의 80퍼센트입니다. 비정규직이면서도 자기 인생을 맘껏 누릴 수 있는 능력을 키워주는 것이 중요합니다. 따라서 정규직 생활을 지향하며 안전하게 키워낼 생각만 하지 말고, 대부분의 아이들이 비정규직의 삶, 가난한 삶을 살아갈 텐데 그 속에서 어떻게 주눅 들지 않고 살 것이며, 하는 일에서 성취감과 보람을 느끼면서 타인과의 연대의식을 가질 것인가? 그때 필요한 능력을 지금 길러주는 게 중요합니다.

저는 생일날 꼭 편지를 받는데, 올해 초 새로운 편지 한 장을 아이에게 받았습니다. 저는 그 편지를 읽으며 우리 아이가 '꿈이 있는 공부'를 자기 나름대로 조금씩 경험하며 살아가는 것 같아서 감사했습니다. 그 편지로 오늘 강의를 마무리 짓도록 하겠습니다.

아빠, 안녕하세요? 제가 이렇게 생신 편지를 쓰기 시작한 지도 어느새 시간이 흘러 고등학교 마지막 학년이자 12년간의 입시 준비의 막바지를 달리는 시간까지 오게 되었네요. 안녕하세요, 고3입니다. 이렇게 주위에서는 벼슬처럼, 그러나 한편으로는 무슨 고인의 이름을 말하는 것처럼 부르던 그 칭호를 제 이름표 앞에 달자니 조금 새롭다고 해야 할까, 착잡하다고 해야 하나, 말로 표현할 길이 없네요. 노력한 만큼 많은 성과가 주어질 수도 있지만, 오히려 지금까지 만큼의 성과도 나오지 않는 시간일 수도 있기에 한발 한발 떼는 발걸음이 무겁기만 합니다.

아빠, 생신편지에 이런 내용 적는 것이 조금 우습기도 하지만, 그럼에도 불구하고 적는 것은 공부와 관련해서 한 가지 부탁드리고 싶은 것이 있어서입니다. 제가 공부를 잘할 수 있게, 집중을 할 수 있게, 다른 생각이 들지 않게, 이렇게 부탁드리는 것이 아니라 제가 하나님이 주신 일을 하는 모습을 수시로 상기하게(그러니까 '꿈이 있는 공부를 수시로 상기하게'라는 표현이라고 생각합니다), 그렇게 해주셨으면 좋겠다는 기도 제목을 부탁드립니다. 이제 달려가야 할 시기가 와서, 그리고 제가 진로에 대해서 생각할 것이 없는 것도 아니니, 제가 조금 더 앞을 내다보는 삶을 살 수 있도록 발걸음이 조금 가벼워질 수 있도록 그렇게 기도해주셨으면 감사하겠습니다.

저에게나 아빠에게나 중요하지만 힘든 시기라는 것을 아는지 날씨마저 춥습니다. 오늘 등교할 때와 조금 전 꽃이 있는 베란다에 라디에이터를 틀라고 하신 말씀에서 새삼스럽게 겨울의 한기를 느끼게 됩니다. 그런데 이런 상황에서 중학교 때 생각이 나는 것은 왜일까요? 저는 그 시절이 여자 친구와의 다툼처럼 물론 이성 간의 사랑이 아니라 온전한 사랑이라는 신비한 감정의 차원에서 보면 그때 힘들었던 그 시절도 오히려 저희 부자관계를 다시 확인하고 더욱 견고하게 이어주는, 아름답지 않았지만 소중한, 그런 콘크리트 같은 시간이었다고 생각합니다. 그처럼 지금의 각자 힘든 시간들도 하나님이 주신 극복할 수 있는 겨울바람처럼 또 인생에서 그런 콘크리트 같은 그런 시간일 것이라고 생각합니다. 이만 줄이겠습니다. 생신 축하드려요.

2014년 1월 9일, 아들 송여명 올림

저희 아들은 아직도 갈 길이 먼데, 그래도 꿈이 있는 공부를 조금 맛은 보고 있다고 생각합니다. 비록 그 과정이 오롯이 성적으로 100퍼센트 반영되는 것은 아닐지라도, 아이는 성장하고 있고 그 성장에 부모가 흥분하고, 아이에게 '야, 너 대단하다!'라고 이야기하면서 대화의 끈을 유지한다면, 우리 아이들은 절대 실패하지 않는다고 생각합니다. 그런 꿈이 있는 공부를 우리 아이들에게 선사하는 모습을 우리가 끝까지 유지했으면 좋겠습니다.